Jörg Wurzer **Pioniere, Gründer, High-Tech-Unternehmer**

Jörg Wurzer

Pioniere, Gründer, High-Tech-Unternehmer

Deutschland auf Innovationskurs

Deutsche Verlags-Anstalt

Die Deutsche Bibliothek – CIP-Einheitsaufnahme

Wurzer, Jörg:
Pioniere, Gründer, High-Tech-Unternehmer : Deutschland auf Innovationskurs / Jörg Wurzer. – Stuttgart : Dt. Verl.-Anst., 1999
ISBN 3-421-05301-4

Druck- & Bindearbeiten: Clausen & Bosse, Leck
Printed in Germany
ISBN 3-421-05301-4

Inhalt

Deutsche Firmengründer auf Innovationskurs

Mit der Wirtschaft verhält es sich wie mit der psychologischen Kippfigur, dem Lieblingsspielzeug der Seelenklempner: Die einen sehen eine schwarz verhängte Zukunft im weltweiten Wettlauf um den günstigsten Wirtschaftsstandort, wenn sie besorgt durch die Wirtschaftsbeilage einer Tageszeitung blättern. Andere dagegen wittern in den Veränderungen, Umbrüchen und Aktiensprüngen ihre Chance, legen ihr Geld an oder suchen ein Trittbrett, um auf den fahrenden Zug aufzuspringen. Wieder andere lassen sich von den Nachrichten wenig beeindrucken. Für sie sind es lediglich Rahmenbedingungen, mit denen man umzugehen lernen muß.

Eine Mischung aus den letzten beiden Typen kennzeichnet die jungen Unternehmer in Deutschland, die nicht den Kopf in den Sand gesteckt haben, sondern mit einer innovativen Idee eine eigene Firma aufbauen. Sie glauben an sich und ihr Produkt oder ihre Dienstleistung. Das ist kein blindes Vertrauen oder Leichtfertigkeit. Im Gegenteil: Sie sehen die verschärften Bedingungen eines globalen Marktes, nutzen das Wissen darum aber anders als diejenigen, die sich bereits den schwarzen Anzug für die Beerdigung des Wirtschaftsstandortes Deutschland gekauft haben. Die Jungunternehmer suchen nach Chancen, und diese wird es immer geben. Gerade in Zeiten großer Veränderung gibt es zwar Unternehmen, die ins Schwitzen geraten, weil unter dem Druck der Kosten und der Konkurrenz eines globalen Marktes die Margen geringer geworden sind; doch wache Köpfe finden in dieser Situation neue Geschäftsideen, seien es technische Erfindungen oder Dienstleistungen. Am Anfang steht die Erkenntnis, tatsächlich etwas bewegen zu können. Dr. Catrin Bludszuweit etwa steuerte zielbewußt auf eine

Lücke in den Ingenieurswissenschaften zu. Angeregt von Verfahren, die es Firmen erlauben, Prototypen virtuell zu testen, kombinierte die Rostockerin dieses Know-how mit der Entwicklung künstlicher Organe und dem entsprechenden medizinischen Wissen.

Pioniere und Dinosaurier

Eine Reihe findiger Existenzgründer erkannte in der ersten Hälfte der 90er Jahre die Gunst der Stunde – als das Internet heranwuchs, Multimedia am Horizont auftauchte und eine neue Ära der Telekommunikation bevorstand. Es war eine Zeit der Pioniere und experimentierfreudigen Visionäre. Vorbilder gab es keine, als Paulus Neef beispielsweise die heute so erfolgreiche Multimedia- und Internetagentur PIXELPARK aufbaute. Die Brüder Zeutschner programmierten das erfolgreichste Internetkaufhaus zunächst als Experiment, um Stoff für ihre journalistische Arbeit zu haben. Monat für Monat wuchs die Zahl der Besucher und stellte alle ihre Erwartungen in den Schatten. Händler, die ihre Ware über den digitalen Vertriebsweg anbieten wollten, spielten ebenfalls mit. So wuchs das Business, das schließlich in eine Unternehmensgründung mündete.

Neugierde und Lust am Abenteuer steckt in den Pionieren. Die neuen Medien beflügelten ihre Phantasie ebenso wie den Wunsch, etwas auszuprobieren und an der Entwicklung teilzuhaben. Obwohl harte Arbeit hinter den Firmengründungen steckte, standen die Signale von Multimedia und Internet auf grün.

Heute ist die Situation wieder eine andere. Wer im Bereich Neue Medien einsteigen will, findet in der Regel »verbrannte Erde« vor oder die abgesteckten Territorien der Marktführer. Die Beute wurde bereits verteilt. Wer sich im World Wide Web auf Reisen begibt, wird den Eindruck nicht los, daß jede nur erdenkliche Idee bereits ihren Platz gefunden hat: Fachkräfte finden im Internet Jobs, Yahoo navigierte sich mit der gleichnamigen Suchmaschine zum Ufer des Erfolgs, Amazon macht Geschäfte mit der Gutenberggalaxis. Konzerne haben feste Partner damit beauftragt, ihren Webauftritt zu realisieren.

Ein weiterer Trend ist zu beobachten: Nachdem die Pioniere nun den Markt des Internets und der Neuen Medien aufgebaut haben, regen sich die kapitalkräftigen Konzerne. In den Medien werden die Konzerne als schwerfällige Tanker verspottet, die von den kleinen, wendigen Unternehmen überholt werden. Aber der Tanker ist in Bewegung, und wenn er kommt, müssen ihm die kleinen Platz machen.
Zu Beginn der Internetära entstanden in jeder größeren Stadt mittelständische Internetprovider, die Unternehmen und Privatpersonen die Möglichkeit bieten, auf den digitalen Wellen des weltweiten Netzes zu surfen. Heute sind viele von ihnen ins Strudeln geraten oder aufgekauft. Und wer sich die Aktienmehrheit ehemaliger Pioniere anschaut, wird erkennen, daß sich die kapitalstarken Konzerne auch hier eingenistet haben, beispielsweise im vielgelobten Intershop. Die Vorzeigefirma Netscape gehört mittlerweile zu America Online, über dessen deutsche Niederlassung der Verlagsriese Bertelsmann seine Hände hält. Die totgesagten Dinosaurier finden immer wieder Futter. Der junge Unternehmer Ingo Münzer sieht in diesem Trend jedoch keine unüberwindbare Hürde. Zwar ist er sich darüber im Klaren, daß er als kleiner Provider in Zukunft wenig Chancen hat, sieht aber dennoch einen Weg für sich. Ende 1998 ging sein Unternehmen EUROPOP AG an den Start, das gewissermaßen als Provider für Provider auftritt. Eine Eigenentwicklung ermöglicht seinen Kunden eine vollautomatische Netzverwaltung. Die einzige Investition, die der Kunde dafür tätigen muß, ist ein silberner Alukoffer mit Laptop und Software für 20000 Mark. Wie viele der innovativen Gründer wählte Münzer die Unternehmensform der Aktiengesellschaft, weil sie durch eine einfachere Form der Kapitalaufnahme schneller wachsen kann.
Die Chance, auch in einem abgesteckten Markt einen Platz zu finden, wird mittlerweile ebenfalls von den Telefongesellschaften aufgegriffen. Die Tätigkeit als Provider wird wieder interessant, da teure technische Investitionen nicht mehr nötig sind. Gerhard Schmid (MOBILCOM) setzte auf dem Spielfeld der Wirtschaft seine Figur gleich um einige Felder vor. Er erkannte, daß die Vermittlung von Telefonaten nicht mehr ausreicht, um sich von den inzwischen unübersichtlich vielen Mitbewerbern abzuheben. 1998 kaufte er unter anderem Topnet und startete

ebenfalls ins Internetgeschäft. Die erfolgreichen Unternehmer bestechen zwar in der Regel durch ihre realistische Position, sind aber genauso in der Lage, ihr Handeln permanent zu hinterfragen. Statt festzustellen, welcher Zug nun wieder abgefahren ist, fragen sie sich: Welche Chancen bietet die veränderte Situation? Welcher neue Bedarf entsteht? Vielfach besteht das Neue in einer genialen Kombination des Alten. Die LIVING SYSTEMS AG in Villingen kombinierte das Internet mit dem Auktionsprinzip und stieg in einen weiteren Zweig des E-Commerce ein, der dem Unternehmen ein unglaubliches Wachstum verspricht. Schon jetzt, wenige Jahre nach dem Start, steigt der Wert der Aktiengesellschaft in schwindelerregende Höhen.

Der eigene Weg

Gerade in dem Moment, in dem die Pionierphase der Neuen Medien abgeschlossen ist, greift die Politik das Thema auf und legt Förderprogramme auf; Technologiezentren und Handelskammern bieten Beratungen an. Doch schon der Vergleich mit den Milliardensubventionen in veraltete Wirtschaftszweige wie den Kohleabbau zeigt, daß es sich hier in erster Linie um eine PR-Kampagne der Politik handelt. Die Antwort des Forschungsinstituts für Telekommunikation auf eine Förderanfrage ist bezeichnend. Obwohl das Institut mit der Umsetzung der Landesinitiative mediaNRW betraut ist, wußte man weder, wieviele Gelder es gibt, noch wer diese letztlich vergibt. Handelskammern und Technologiezentren kauen auf Informationsveranstaltungen lediglich alte Zeitungsmeldungen und Binsenweisheiten über Globalisierung und Neue Medien wieder. Von den Unternehmensgründern, die in diesem Buch vorgestellt werden, ist niemand aufgrund der Beratung eines Politikers oder einer Gründungsveranstaltung auf seine Unternehmensidee gekommen. Im Gegenteil: Wer sich auf die Selbständigkeit einlassen will, muß lernen, die Rufe der selbsternannten Propheten und Berater zu überhören. Sie laufen Trends hinterher, anstatt neue zu setzen. Ähnlich verhält es sich mit Ratgebern und Checklisten über Gründerpersönlichkeiten. Für eine Existenzgründung sind diese Informationen völlig überflüssig. Wer ein Unternehmen gründen will, kann es tun, gleichgültig, ob er introvertiert oder extrovertiert ist. Das einzige, was eine Gründerpersönlichkeit auszeichnet, ist vermutlich die Tatsache, daß ein Unternehmer niemals einen der Eignungstests ausfüllen würde, die in den Broschüren abgedruckt sind. Kaufen kann er sich von dessen Ergebnis nämlich nichts.

Jeder der Befragten hat seinen eigenen Weg gefunden: Der kämpferische Paulus Neef träumte von der internationalen Präsenz des Multimediaunternehmens PIXELPARK. Die beiden Physiker Ronnebaum und Springer fanden dank ihrer Forschernatur das Ziel in der ausgefallenen Dienstleistung ihres Ingenieurbüros.

Erfolgreiche Existenzgründer glauben an sich selbst und an ihre Idee, ohne sich der Realität zu verschließen. Wer in sein Produkt verliebt ist, droht zu scheitern, wenn der Markt es in dieser Form nicht annehmen will. Ähnlich verhält es sich mit Forschung und Entwicklung, die in innovativen Firmen eine ungewöhnlich große Rolle spielen. Sie dürfen nicht zur Spielwiese eines Forschergeistes werden, sondern müssen immer auf den Markt und das Marketing abgestimmt sein. So entschied sich Friedrich von Bohlen, Mitgründer von LION BIOSCIENCE, die entwickelte Analysedienstleistung direkt großen Pharma- und Chemiekonzernen anzubieten, statt eine lange, der Forschung gewidmete Vorlaufzeit in Kauf zu nehmen, wie dies bei Gentechnikfirmen die Regel ist. Sein entschlossenes Handeln trägt heute Früchte. In knapp einem Jahr hat sich das Heidelberger Unternehmen bereits einen Namen gemacht.

Wer das Ohr nah am Kunden hat, scheut auch nicht die Konsequenz, ein Vorhaben wieder zu verwerfen. Die vier Journalisten von UP2DAY klammerten sich nicht mit aller Macht an Aufträgen zur Gestaltung von Internetmagazinen fest, sondern folgten ihrem Gespür, daß sich auf dem Gebiet des E-Commerce viel tun wird. Heute baut das Unternehmen auf eigenes Risiko komplette Marketingplattformen auf, unter anderem für den Verkauf von Abos.

Entweder global oder gar nicht

Daß die gute Idee allein ausreicht, ist ein Mythos. Niemandem fiel der Erfolg in den Schoß, trotz der smart überlegenen Gesichter, die in den jungen Wirtschaftsmagazinen zu finden sind, die seit 1998 auf dem Markt auftauchen. Der Gründer muß nach dem Start einen Kundenstamm aufbauen, Personal einstellen und führen, Managementfunktionen wahrnehmen, den Markt kennen und Trends aufspüren. Als größte Hürde wurde von den in diesem Buch befragten Unternehmern die Beschaffung des Gründungskapitals empfunden. Viele Banken blocken sofort ab, wollen Sicherheiten, wo es keine gibt, oder bringen unverdeckt zum Ausdruck, wie lästig König Kunde ist, wenn es »nur« um ein paar hunderttausend Mark geht. Völlige Unkenntnis über das Gründungsvorhaben vervollständigt das Bild. Positiv dagegen wird immer wieder die Sparkasse erwähnt, die entweder einen Start unterstützte oder dem Unternehmen in Krisensituationen unter die Arme griff. Erst seit kurzem setzen sich die Venture Capital-Unternehmen durch, die nach erfolgversprechenden Konzepten von Gründungswilligen suchen. Was in den USA schon längst bewährte Praxis ist, macht jetzt auch in Deutschland im Eilverfahren die Runde. Anstelle eines Kredites vergibt der Venture Capitalist Kapital auf eigenes Risiko und ohne Zinsen dafür zu verlangen. Nach etwa drei Jahren soll der Wert des Jungunternehmens so gestiegen sein, daß er seine Anteile mit mindestens 50prozentigem Gewinn verkaufen kann. Besonders beliebt sind Aktiengesellschaften, deren Anteile beispielsweise am Neuen Markt in Frankfurt den Besitzer wechseln können. Der zukünftige Unternehmer sollte jedoch darauf bedacht sein, welchen Teilhaber er sich ans Bein bindet. Liegt das selbst eingebrachte Kapital unter 50 Prozent, ist ein anderer als er der Herr im Hause. Der Traum von der großen Freiheit wird für viele Jungunternehmer dadurch zur großen Enttäuschung.

Doch ohne Geld läuft nichts. Im Bereich der Neuen Medien muß man äußerst schnell reagieren, will man den Vorsprung nicht anderen überlassen. Zum Nulltarif ist diese Aufholjagd nicht zu haben. Deutschland hat den Vorteil, daß viele der weiterentwickelten Techniken und Dienstleistungen noch nicht auf dem hiesigen Markt Fuß gefaßt haben. Jungunternehmer in Deutschland haben aber erkannt, daß ein Start nur dann gelingt, wenn er von Anfang an global ausgerichtet ist. Erstaunlich wenige Innovatoren lamentieren über den Wirtschaftsstandort Deutschland. So selbstverständlich sie hier unter schwierigen Bedingungen ihre Firma aufbauen, so selbstverständlich verlagern sie aber auch Teile davon ins Ausland. JOBS & ADVERTS erledigt mittlerweile einige Arbeiten von Thailand aus. Der Arbeitsplatz Internet ist unabhängig von der Ortsansässigkeit der Mitarbeiter. Dennoch sind es die innovativen Jungunternehmer, die neue, vor allem hochqualifizierte Arbeitsplätze schaffen. Oft ist es allerdings schwer, die richtigen Leute zu finden, so daß sich die ersten Unternehmen dazu gezwungen sehen, im Ausland nach geeigneten Arbeitskräften zu suchen. Die Münchner Softwareschmiede BLAXXUN, die sich auf virtuelle, dreidimensionale Welten im Internet spezialisiert hat, war seit ihrer Gründung in San Francisco präsent. Der E-Banking-Profi BROKAT hat sich in Atlanta niedergelassen. Entweder global oder gar nicht, lautet die schlichte Erfolgsformel. Selbst der Dienstleister PIXELPARK ist in New York anzutreffen. Mit Hilfe eines guten Venture Capital-Partners läßt sich das erreichen. Manche von ihnen überlassen die Unternehmensführung dem Gründer, geben ihm freie Hand und holen sich ihren Profit, wenn das Unternehmen nach einer gewissen Startzeit an der Börse ist. Die meisten Venture Capitalisten wollen ohnehin zu diesem Zeitpunkt aussteigen.

Die Selbständigkeit und ihr Preis

Das schnelle Geld ist mit einer Unternehmensgründung aber nicht zu machen. In der Regel bereiteten die Existenzgründer ihr Produkt in anspruchsvoller Forschung und Produktentwicklung lange vor. Ein abgeschlossenes Studium ist nicht unbedingt Voraussetzung, um heute als Gründer erfolgreich zu sein, wenn auch alle der hier portraitierten Macher die Universität besucht haben. Sowohl Naturwissenschaftler und Betriebswirtschaftler als auch Geisteswissenschaftler sind unter ihnen. Einige wuchsen bereits während der universitären Ausbildung in die Selbständigkeit hinein und brachen ihr Studium dann irgendwann ab. Ein solcher Weg ist typisch für selbstbewußte und unkonventionelle Unternehmerpersönlichkeiten. Wer immer nur vorgegebenen Mustern folgt, vom abgeschlossenen Studium über die Traineestelle in die Führungsposition, geht selten den Weg zum Unternehmertum. Rolf Wessel und Jens Höft steckten noch mitten in ihrem Studium, als sie unternehmerisch aktiv wurden und dafür ihren eigenen Computer bauten. Stefan Röver war sich schon früh darüber im Klaren, daß er kein Studium brauchte, um später einmal erfolgreich zu sein. Heute gehört er zum Vorstand der BROKAT INFOSYSTEMS AG, die als Weltmarktführer E-Banking-Systeme entwickelt und vertreibt.

Den Preis, den Jungunternehmer zahlen müssen, ist hoch. Eine Wochenarbeitszeit von 80 bis 100 Stunden ist keine Seltenheit, sondern geradezu typisch für die erste Unternehmensphase und sogar darüber hinaus. Nur wenige genießen wie die beiden Sounddesigner Ronnebaum und Springer aus Hannover die Freiheit, je nach Auftragslage auch einmal nur 30 Stunden pro Woche zu arbeiten. Die meisten Gründer der High-Tech-Firmen verzichten auf Freizeit, Zeit für ihre Familie und Freunde. Als in den Interviews die private Seite zur Sprache kam, suchten die Gesprächspartner mitunter nach Ausflüchten. Positives Denken wird vorgespielt. Das Hobby sei zum Beruf gemacht worden. Über Beziehungen und Gefühle wird im Business selten geredet. Und wenn doch, zeigen sich alle glücklich, leistungsbereit und cool ihrem Publikum gegenüber. Ängste sind tabu. Nur in einem Nebensatz ist dann von der Belastung die Rede, die der Unternehmer auch nach Feierabend mit nach Hause nimmt. Geld spielt in Wirklichkeit eine untergeordnete Rolle. Menschen mit diesem Ziel sind nach einem VWL-Studium und Auslandsaufenthalt als leistungsbereite Krawattenträger in den Konzernen und Consultingunternehmen anzutreffen. Den Unternehmern dagegen geht es vielmehr um die Lust, etwas Eigenes aufzubauen, zu gestalten und wachsen zu sehen. Sie brauchen weder Rituale noch feste Strukturen. Mitunter trägt der Vorstandsvorsitzende Jeans und Sweatshirt; statt im abgeschirmten Büro zu sitzen, ist er für jeden Mitarbeiter sichtbar. Gerhard Schmid von MOBILCOM sitzt gleichsam im Glashaus und läßt sich in die Karten schauen. Bei einigen ist die Motivation hoch, sich zu beweisen sowie vorzuführen, eine Firma aufbauen und managen zu können. Sie wollen Leistung zeigen, die Spitze erreichen und nochmals Leistung zeigen. Unternehmergeist und Neurose liegen manchmal eng beieinander.

Neue Unternehmenskultur

Einzelgänger sind die innovativen Gründer im Geschäftsleben nur selten. Die Visionäre sind kommunikativ und offen für Netzwerkstrukturen. Die Firma BLAXXUN startete mit acht, BROKAT mit vier Gründern, andere wie HÖFT & WESSEL zu zweit. Die Gründer haben sich meist im Studium oder bei der Arbeit kennengelernt. Gemeinsam geht es besser, so die Überzeugung der Unternehmerteams. Vor allem die Verteilung der Kompetenzen stellt sich als wertvolle Hilfe bei der Existenzgründung heraus. Während der eine mehr von Technik versteht, kennt sich der andere in Betriebswirtschaft und Organisation aus. Wieder ein anderer mag sich auf das Marketing spezialisiert haben. Überhaupt setzen die Jungunternehmer auf die Managementfunktionen, wie sie aus amerikanischen Unternehmen bekannt sind. An der Spitze steht der Chief Executive Officer (CEO), neben ihm der Chief Operative Officer (COO) und der Chief Financial Officer (CFO). Im Hintergrund steht die Akzeptanz im Ausland, aus dem zum Teil Venture Capital fließt.
Am Anfang einer Firmengeschichte verläuft vieles spontan, chaotisch kreativ und unstrukturiert. Noch sind die Unternehmensgründer mit fast allen Prozessen innerhalb ihres Unternehmens selbst vertraut. Diese Situation verändert sich mit dem Wachstum und der größeren Mitarbeiterzahl und stellt die Managementfähigkeiten der Gründer auf die Probe: Aufgabenbereiche und Entscheidungskompetenz werden abgegeben, viele Prozesse erfahren eine neue Definition. Starre Strukturen und Abteilungsdenken entstehen dabei aber erstaunlicherweise nicht. Die Jungunternehmer pflegen von Beginn der Expansion an eine eigene Kultur. Bei dem Biotechnikhaus EVOTEC etwa gibt es

keine Türen; Wandelemente, zum Teil aus Glas, verdeutlichen Offenheit. Bei der Firma Living Systems hat jeder Mitarbeiter Teil an einem Stock Option-Programm. Gleichgültig, ob langjähriger Entwickler oder Auszubildende – jeder besitzt die Möglichkeit, sich durch den Kauf von Stimmaktien an dem Unternehmen zu beteiligen. Pixelpark arbeitet mit *Units*, selbständigen Einheiten im Unternehmen, die einen Geschäftsbereich übernommen haben und deren Leiter sogar finanzielle Verantwortung tragen. Flache Hierarchien sind also gefragt. Um so mehr zählen in der neuen Unternehmergeneration Engagement, Leistung und Verantwortung.

Freilich bedeuten flache Hierarchien nicht automatisch auch Freiheit für die Mitarbeiter. Totalitäre Systeme weisen die flachste Hierarchie auf, wie wir an Ludwig XIV. erkennen können: Der Staat bin ich. Einigen Pionieren fällt es schwer, nach dem Boom das Zepter aus der Hand zu geben und dabei Detailwissen zu verlieren. Aber nur so kann eine Firma wachsen und schnell auf den Markt reagieren. Mehr und mehr gerät der Gründer in die Rolle des Managers.

Von MobilCom bis Bioscience

Für die Gründung eines erfolgreichen Unternehmens gibt es kein allgemeingültiges Modell. Deshalb geht das vorliegende Buch nicht auf theoretische Weisheiten ein, sondern schildert praxisnah die Wege, die die Gründer gegangen sind, um zu ihrem Erfolg zu kommen. Jeder, der mit dem Gedanken spielt, sich auf das spannende Abenteuer Wirtschaft einzulassen, kann aus den realen Firmengeschichten Schlußfolgerungen ziehen und daraus lernen. Sowohl die befragten Internet- und Multimediafirmen als auch die Biotechnologie-Unternehmen sind Beweis dafür, daß ein Einzelner viel bewegen kann. Dazu muß man kein Perfektionist sein, aber genau wissen, wo die eigene Kompetenz ihre Grenzen hat, um sich entsprechende Unterstützung zu holen.

Gerhard Schmid hat mit MobilCom den Kampf mit dem Goliath Telekom aufgenommen. Als erstes Unternehmen wagte er den Gang zum Neuen Markt in Frankfurt, der Börse für junge Unternehmen nach dem Vorbild der Nasdaq. Schmid wußte schon immer, was er wollte, und führte MobilCom durch eine klare, einfache Strategie zum Erfolg: preisgünstiges Telefonieren in Deutschland. Dafür zieht er alle Register. Die Discountstrategie ging Weihnachten 1998 sogar bis zum kostenlosen Ferngespräch. Jungunternehmen rät der Manager zu einer hohen Frusttoleranz. In der Führungsetage wird niemand bemitleidet, wenn es Rückschläge gibt. Existenzgründer müssen sich immer wieder selbst motivieren können.

Höft & Wessel aus Hannover hat mit Geräten zur mobilen Datenerfassung Erfolg gehabt. Die beiden Gründer setzten auf die Entwicklung von kleinen und leichten Computern, mit denen die Schaffner im Zug Fahrkarten verkaufen können. Viel Entwicklungszeit hat das Unternehmen darin investiert. Mehrere Prototypen wurden gebaut und der Bahn vorgestellt. Die Beharrlichkeit wurde belohnt: Das Auftragsvolumen belief sich schließlich auf 60 Millionen Mark. Nun standen die nächsten Herausforderungen an: Die Produktion mußte anlaufen, schnell und qualitativ hochwertig. Auf ihren Lorbeeren ruhten sich Höft und Wessel allerdings nicht aus. Vielmehr entdeckten sie einen großen Bedarf an elektronischem Ticketing durch die Umstellung der Währung auf den Euro. Zu einem guten Unternehmergeist gehört immer auch eine Portion Unzufriedenheit, die gleichzeitig Ansporn dafür ist, immer weiter zu machen.

Ihren Wissensvorsprung wußte die Ingenieurin Dr. Bludszuweit zu nutzen, die nach ihrer Promotion in Glasgow vor der Entscheidung stand, entweder die Forschungsresultate in der Schublade verschwinden zu lassen, sie an ein bereits existierendes Unternehmen zu verkaufen oder die Erkenntnisse selbst zu vermarkten. Die Unternehmerin aus Rostock entschied sich für letzteres. Internationale Kongresse hatten ihr wertvolle Kontakte eingebracht, u. a. ihren ersten Kunden, mit dem sie in die Selbständigkeit starten konnte. Ihre Profession ist die Simulation von künstlichen Organen auf dem Computer, um deren Konstruktion zielgenau zu optimieren. Welche Früchte die Kombination verschiedener Wissensgebiete tragen kann, führt die ADVANCED SIMULATION & DESIGN GMBH exemplarisch vor.

Metin Colpan wurde 1997 zum Unternehmer des Jahres gewählt. Er baute mit ehemaligen Studienkollegen die Biotechnologiefirma QIAGEN AG auf. In der Gründungsphase scheute er sich nicht, buchstäblich von Tür zu Tür zu gehen, um das Produkt an den Mann zu bringen. Bis heute ist die konsequente Hinwendung zum Kunden für ihn der entscheidende Faktor für den Erfolg seines Unternehmens. Von zuviel Kompromißbereitschaft hält er dagegen nichts. »Konsens bedeutet immer Abstieg«, ist seine Überzeugung.

Aus QIAGEN entstand unter anderem das Unternehmen EVOTEC in Hamburg. Die fehlenden Türen in den Büros sind Zeichen für die offene Kommunikation, die zwischen den vielen Wissenschaftlern aus unterschiedlichen Disziplinen und Nationen besteht. Der High-Tech-Betrieb brachte unter anderem eine Maschine hervor, mit der sich die Forschung nach Pharmamolekülen verkürzen läßt.

Paulus Neef ist mit seinem Multimediaunternehmen PIXELPARK bis nach New York gekommen. Obwohl die Firma wächst und wächst, hat sie ihre Beweglichkeit beibehalten. Gleichsam autonome Units arbeiten wie Unternehmen im Unternehmen. Und doch nutzen alle die vorhandene Kompetenz und das angesammelte Wissen gemeinsam. Die Brücke zu den USA macht PIXELPARK für international agierende Konzerne interessant, die, sei es für E-Commerce oder die Unternehmenskommunikation, Multimedia und Internet nutzen wollen.

Die beiden Physiker Thorsten Ronnebaum und Nils Springer haben eine eher exotische Idee verwirklicht: Statt Karosserien oder Konsumgüter zu gestalten, beschäftigen sich die beiden Existenzgründer mit Sounddesign. Ein vom Magazin *Impulse* ausgeschriebener Preis für Gründungskonzepte hatte einen deutlichen Anschub für das heutige

Ingenieurbüro gegeben. Neben dem Preisgeld bekam SOUNDDESIGN RONNEBAUM & SPRINGER eine gründliche Beratung durch die Initiative »Alt hilft Jung« als Managementrüstzeug für die Gründung mit. Um auf dem Markt Fuß zu fassen, finanzieren die Unternehmer Soundanalysen vor, damit sich der Kunde von der Qualität überzeugen kann.

Dr. Kay von Dultzigs Geschäftsidee zog schon weite Kreise, als der eigentliche Unternehmensstart noch bevorstand. Über die Messung des Hautwiderstandes bei Testpersonen kann der Düsseldorfer Unternehmer prognostizieren, ob eine Werbung Erfolg haben wird oder nicht. Sogar ein Produktdesign läßt sich daraufhin prüfen. Die Akquisestrategie, die Dr. von Dultzig wählte, beweist viel Unternehmergeist. Ohne Auftrag analysiert er Werbespots und sendet das Ergebnis an seine Zielgruppe, kostenlos und zusammen mit einer handfesten Aussage. Zusätzlich hat er sich ein zweites Standbein aufgebaut: eine Akademie für die Ausbildung von Fachkaufleuten im Bereich Marketing.

Einen langen Weg bis zum Erfolg hat Michael Bernhard von der ASOC AG hinter sich. Für die Auswertung komplex verknüpfter Daten schrieb er ein Programm namens *sphinxVision*. Es bereitet die Information optisch so auf, daß der Anwender mit einem Blick die Zusammenhänge zwischen den Daten erkennt. Ein Ex-IBM-Manager professionalisierte die Unternehmensstrukturen. Nun will der Gründer sein Programm zum weltweiten Standard machen. Durchhaltevermögen und Flexibilität zeichnen ihn und seine Firma aus. Darüber hinaus dachte sich Bernhard ein System für ein Wissensnetzwerk aus, das über das Internet zu nutzen ist und mit dessen Unterstützung der Handel mit Wissen und der Austausch von Forschungsergebnissen völlig neue Möglichkeiten des Geldverdienens eröffnet.

Ein Team von fünf jungen Männern gründete das Unternehmen BROKAT INFOSYSTEMS, dem es gelang, zum Weltmarktführer im Bereich E-Banking aufzusteigen. Die verschiedenen Kompetenzen von der Softwareentwicklung bis zum Beratungs-Know-how aus dem Hause McKinsey führten zu einem unschlagbaren Mix. Heute arbeiten rund

200 Mitarbeiter in der Stuttgarter Brokat-Zentrale, die an einem Stock Option-Programm teilhaben können. Das Unternehmen ist ein gutes Beispiel dafür, wie ein neuer Markt zu besetzen ist.

Die Europop AG ist ein vielversprechender Newcomer für Internetdienstleistungen. Dem Gründer Ingo Münzer gelang es mit seinem Team, das scheinbar Unmögliche möglich zu machen: Nur wenig technisches Know-how und Investitionen sind notwendig, um in Zukunft als Internetprovider aufzutreten. Alles, was der Provider dazu braucht, bringt Europop in einem handlichen Alukoffer unter. Ingo Münzer ist ein Unternehmer, der sich nicht unterkriegen läßt: Die Wehrpflicht zwang ihn zur Aufgabe seines ersten Unternehmens, eines Computerhandels. Seine zweite Idee wurde von den Banken abgelehnt. Nach der Tätigkeit als Provider und Internetredaktion darf man bei der Europop AG auf Erfolg hoffen.

Die Firma Blaxxun aus München arbeitete sich mit Siebenmeilenschritten vor. Die Erfahrung der Sofwareentwickler bescherte dem Unternehmen einen Marktvorsprung im Bereich der dreidimensionalen virtuellen Welten im Internet. Deren Teilnehmer bleiben nicht länger stumme Beobachter von Internetsites, sondern nehmen in Gestalt virtueller Personen am Geschehen teil.

Die Medienagentur Zeutschner in Erlangen hatte ihr Internetkaufhaus Netzmarkt zunächst als Experiment geplant. Aus dem Vorstoß entwickelte sich ein Erfolgskonzept. Die Zugriffsraten verdoppelten sich, der Handel zeigte Interesse. Das Gründerduo zog die Konsequenz und gab sein Journalistenbüro auf, um sich ganz dem neuen Medium zu widmen. Der Mut hat sich auch in diesem Fall bezahlt gemacht.

Ebenfalls aus dem journalistischen Umfeld kommen die vier Gründer der Agentur Up2Day. Gemeinsame Projekte brachten sie zusammen. Ein Auftrag von 1 & 1 führte schließlich zur Unternehmensgründung. Ihr Erfolgsgeheimnis ist Eigeninitiative, verbunden mit dem eigenen Weg. Während unzählige Firmen das Internet zu einer großen Plakatwand für ihre PR- und Werbeabteilungen machten, setzte Up2Day auf redaktionelle Inhalte. Daher rührt auch der unglaubliche Erfolg der Internetadresse »kostenlos.de«. Dort findet der Besucher gut recherchiert all das, was kostenlos im Internet zu haben ist.

Die Zeichen der Zeit erkannte auch Dr. Roland Metzger, der bei einem Messebesuch auf die Idee kam, Stellenanzeigen über das Internet zugänglich zu machen. Mit zwei Personen begann er Jobs & Adverts. Das rasante Wachstum erweiterte das Blickfeld vom nationalen zum internationalen Stellenmarkt. Eine Niederlassung arbeitet bereits in Thailand, und jede Woche werden neue Mitarbeiter eingestellt.

Konzentration auf die Kernkompetenz praktiziert die Tevox GmbH in Köln. Ihr Gründer Dr. Stefan Lichter hat sich auf virtuelle Charaktere spezialisiert. Eine seiner Konstruktionen ist die Moderatorin Kira Day, die komplett aus dem Rechner entsteht, wenn sie in Fernsehsendungen auftritt. Lichter weiß, daß eine faszinierende Technik allein nicht ausreicht. Seine Figuren müssen auch eine Biographie bekommen.

Auf dem hart umkämpften Markt der Computerspiele behauptet sich Thomas Hertzlers Firma Blue Byte. Während die Konkurrenz häufig einen Ausstoß von 40 Spielen im Jahr zu verzeichnen hat, konzentriert sich die Softwareschmiede aus dem Ruhrgebiet auf die Entwicklung und das Marketing von wenigen, qualitativ hochwertigen Produkten wie etwa *Pro Tennis Tour* oder das Strategiespiel *Siedler*. In einer Situation, in der das Unternehmen auf der Kippe stand, bewies Hertzler unternehmerische Initiative und beschloß, auch die Kontrolle über die Vermarktung – im In- und im Ausland – selbst in die Hand zu nehmen. Mit Erfolg, wie ein Blick auf die mittlerweile zehnjährige Firmengeschichte zeigt.

Virtuelle Agenten, die selbständig den Kauf von Wertpapieren aushandeln, hat die Living Systems AG aus dem Schwarzwald möglich gemacht. Das Gründerteam hatte von Anfang an den internationalen Markt im Blick und setzte auf die USA, die vor allem für Softwareanbieter strategisch von Bedeutung sind. Doch die LIVING SYSTEMS AG tanzt auf vielen Hochzeiten; sie sucht auch nach neuen Entwicklungen im Internet, um diese möglichst zu überholen.

LION BIOSCIENCE in Heidelberg schließlich besticht durch die schnelle Präsenz auf dem Markt. Ihr Gründer, Dr. Friedrich von Bohlen, ist nicht nur Naturwissenschaftler, sondern auch Betriebswirt. Vor der Unternehmensgründung sammelte er Erfahrungen in einem Automobilkonzern und bringt diese nun in den High-Tech-Betrieb ein.

Der Deutschen Telekom auf den Fersen

Anfang 1998 fiel der Startschuß für einen erbarmungslosen Wettlauf: Telefondienstleister, mit und ohne eigene Leitungen, stürmten los, um einen Anteil an dem Markt des ehemaligen Monopolisten, der Deutschen Telekom, zu ergattern. Keine Zeitschriften- und Zeitungsausgabe schien es mehr zu geben, in der nicht eine Anzeige von einem der vielen Anbieter zu sehen war, darunter Arcors Werbefiguren mit den knallroten Haaren. MobilCom hat den Start ebenfalls genutzt, gegenüber der Konkurrenz jedoch mit einem großen Vorteil: Bereits seit 1991 ist das mittelständische Unternehmen auf dem Markt, das zunächst als Service Provider im Mobilfunksegment auftrat. Mit Geschick baute der Gründer und heutige Vorstandsvorsitzende Gerhard Schmid einen Kundenkreis auf, ohne damals selbst ein Netz zu betreiben. Von Anfang an lockte das Unternehmen mit günstigen Preisen für Telefonierer in den D-Netzen. Später kam auch E-Plus hinzu. Wer glaubt, mit dieser simplen Idee, noch dazu verbunden mit Niedrigstpreisen, sei kein Geld zu verdienen, muß sich durch die Börsenkurse von MobilCom eines Besseren belehren lassen. Als erstes Unternehmen ging MobilCom 1997 an den Neuen Markt in Frankfurt, der dem Vorbild der erfolgreichen Newcomerbörse Nasdaq nacheifert. Das Wagnis, sich aufs glatte Börsenparkett zu begeben, hat sich gelohnt. Heute gehört MobilCom zu den erfolgreichsten Unternehmen dieses Segmentes. Obwohl das noch mittelständische Unternehmen Mitte 1998 »nur« 773 Mitarbeiter beschäftigte, zählte der Telekommunikationsanbieter bereits zu den Kandidaten für den DAX. Der Vorstand hofft, bereits im Jahr 2000 in den ausgewählten Kreis der deutschen Top 30 aufgenommen zu werden.

Mit Cityline verschaffte sich MobilCom einen Stand im Festnetzmarkt über Einwahlknoten – »Switches« genannt –, die das Cityline-Netz mit dem der Deutschen Telekom verbinden (DTAG). Finanziert werden die bis zu drei Millionen Mark teuren Knotenpunkte mit der 1997 erfolgten Kapitalerhöhung. Im Juni 1998 meldete Cityline bereits 210 Millionen Gesprächsminuten. Gerade einmal ein halbes Jahr war nach dem Start ins Festnetzgeschäft vergangen, als die Aktiengesellschaft den größten deutschen Internet-Service-Provider Topnet aus Krefeld übernahm. Hinzu kam der Kauf des Mobilfunk-Service Providers Cellway. Durch den Zukauf von Cellway verfügt das Unternehmen nun über weit mehr als 3000 freie Fachhändler als Partner. Darüber hinaus vervollständigt sich der Telekommunikationsmix, der schon heute in der Anwendung eine Einheit bildet. Über eine Beteiligung an Kielnet bietet MobilCom Dienstleistungen an, die von einem modernen Telekommunikationsunternehmen nicht mehr wegzudenken sind: Datenübermittlung, Netzwerkmanagement, Internetzugänge, Videokonferenzen und Zusatzdienste wie E-Mail, Mailbox und Call Center. 36 000 Kilometer Verbindungskabel standen Ende 1997 für dieses Produktportfolio zur Verfügung. Seit Mai 1998 arbeitet von Kiel aus ein eigenes MobilCom-Call Center. Der Halbjahresbericht von 1998 verzeichnete verdreifachte Umsätze und verfünffachte Gewinne. Die Grafik zur Kursentwicklung zeigt eine steile Gebirgswand – eine Lust für jeden Börsen-Luis Trenker. Eine der Erfolgsstrategien des Unternehmens ist ein sehr dünner Fixkostenblock. MobilCom hält die Zahl der Mitarbeiter in Grenzen. Andere technische variable Kosten lassen sich kalkulieren und erlauben eine knappe Preisgestaltung nach dem Aldi-Prinzip, wie ein Analysenreport der West LB die Strategie bezeichnet.

Der Unternehmer als Generalist

Auf die Unternehmensidee kam Gerhard Schmid 1990, als er noch bei der Autovermietung Sixt arbeitete. Ein Vertreter fragte ihn, welchen Typ von Autotelefon er in den Wagen einbauen würde, wenn er es zu einem sehr günstigen Preis bekäme. Schmid zeigte sich interessiert und wollte mehr wissen. »Von da an habe ich gewußt, daß ein Riesenmarkt auf uns zukommt«, erzählt der 46jährige Unternehmensgründer. Einen großen Markt vorauszusehen, ohne daß jemand weiß, wie er genau funktionieren werde, sei die beste Chance für einen gelungenen Start. Sein kaufmännischer Hintergrund verhalf Schmid dazu, die einmal gefaßte Idee Wirklichkeit werden zu lassen. In einer kaufmännischen Lehre und einem Studium hatte er das nötige Handwerk erlernt. Nachdem er einen Businessplan geschrieben hatte, brauchte er für den Start nur wenige Monate, die er vor allem darauf verwandte, das Startkapital zu besorgen. »Da bin ich eben von Bank zu Bank gelaufen und habe mir die Finanzierung besorgt«, erzählt Schmid kurz. Der Unternehmer macht nicht viele Worte. Wie seine Ziele bringt er auch das, was er zu sagen hat, immer genau auf den Punkt. Da dem Existenzgründer Eigenkapital fehlte, nutzte er schon damals die Möglichkeit von Eigenkapitalhilfe und Fördergeldern. Seine Informationsquelle war eine Broschüre, in der die damaligen Beteiligungsgesellschaften aufgeführt waren, die er schlichtweg durchging. »Ich habe mir überlegt: Warum sollte jemand investieren? Ich bin sehr schnell darauf gekommen, daß meine einzige Chance Gesellschaften sind, die in Arbeitsplätze investieren wollen«, erinnert sich Schmid. Bei der Kapitalbeteiligungsgesellschaft Schleswig-Holstein wurde er schließlich fündig, die sogar noch einen weiteren Geldgeber mit ins Boot holte. 2,5 Millionen standen bereit. Darüber hinaus lieh sich der Geschäftsmann 350000 Mark, während er noch einmal die gleiche Summe als Eigenkapital aus ERP-Mitteln der deutschen Ausgleichsbank dazu legte.

Der Existenzgründer ging dabei ganz alleine den Weg zum Erfolg; denn einen Berater hätte er sich aufgrund der hohen Honorare nicht leisten können. Als schwierig empfand Gerhard Schmid diese Pionierphase aber nicht. »Sie darf sich auch nicht als problematisch erweisen, denn als Unternehmer müssen Sie ein Allrounder sein«, meint der Vorstandsvorsitzende. »Sie können nicht sagen, ich habe zwar Ideen im Kopf, kann sie aber nicht umsetzen.« Ein Unternehmer könne einem Vertriebsmann nicht beibringen, was er zu tun hat, ohne das Geforderte selbst zu beherrschen. Nur Generalisten – nicht Spezialisten – seien imstande, Unternehmer sein. Für Schmid gibt es in jedem Business Räder, an denen ein Unternehmer drehen kann, damit ein Geschäft läuft. Kennt er diese Zusammenhänge, funktioniert es auch. Zwar lerne er selbst noch jeden Tag dazu; jedoch gebe es eine Art Grundausstattung, über die jeder Existenzgründer verfügen sollte. Dazu gehört eine Persönlichkeit mit dickem Fell, die streßresistent ist und sich durch Mißerfolge nicht entmutigen läßt. »Sie müssen Niederlagen schnell wegstecken. Sie können sich nicht selbst bemitleiden, weil kein anderer sie aufrichtet. Das müssen Sie schon selber tun«, weiß der Vorstandsvorsitzende aus eigener Erfahrung. Eine zweite entscheidende persönliche Voraussetzung sei die Bereitschaft zum Risiko. Als Belastung habe Gerhard Schmid es nie empfunden, alles auf eine Karte zu setzen; vielmehr habe ihm die Existenzgründung Spaß gemacht. Schwächen und Schwierigkeiten kommen in dem positiven Selbstbild, das der MobilCom-Chef zeichnet, nicht vor. Und er wirkt entspannt und prahlt nicht mit einer übertriebenen Arbeitszeit. Zwischen 50 und 60 Stunden arbeite er pro Woche, manchmal auch nur 40.

»Management ist …«

»Die wichtigste Lernerfahrung, die ich gemacht habe, bestand darin, den Unterschied zwischen Ertrag und Einnahmen zu begreifen«, erzählt Schmid. Ertrag und Liquidität seien zwei Paar Schuhe. Wer unaufhörlich wachse, habe irgendwann Schwierigkeiten, die Mitarbeiter zu bezahlen. Zugleich steht der Unternehmer vor der Herausforderung, die Organisation den neuen Strukturen anzupassen. Das funktioniere allerdings nicht ausschließlich über eine Änderung des Führungsstils. Wer ein *Management by Objectives* einführen will, muß darauf achten, daß auch die Mitarbeiter entsprechend darauf vorbereitet sind, indem sie wissen, was es bedeutet, ergebnisorientiert zu arbeiten. Ein Wechsel des Führungsstils irritiert nach Meinung von Gerhard Schmid eher. »Wenn jemand einen Stil hat, dann hat er eben diesen Stil. Wenn er sich umstellt und ein anderer sein will, wird ihm das nicht gelingen, nur weil er es will«, erklärt der Unternehmer. Der Besuch von

Seminaren wäre dabei auch nicht hilfreich. Sich selbst beschreibt Schmid als positiven Denker, der bereit ist, Fehler zu akzeptieren.

Das A und O in einer erfolgreichen Firmengeschichte ist für Gerhard Schmid die Unternehmenskultur. Bei MobilCom drückt sie sich durch das neue Firmengebäude in Rendsburg aus. Alle Wände zur zentralen Halle hin sind aus Glas. In den Großraumbüros ist jeder zu sehen, selbst der Chef ist im Blickfeld, unabhängig davon, ob er Besuch hat oder den Telefonhörer in der Hand hält. Man grüßt sich durch die Glaswand. Die riesige Halle ist zugleich Treffpunkt für die Mittagspause. So spiegelt das neue MobilCom-Haus die Firmenkultur wider, die von Offenheit, aber auch ständiger Beobachtung geprägt ist. Gerhard Schmid sieht im Vorleben der Kultur den besten Weg, ein Unternehmen zu prägen. Daraus entwickele sich eine Eigendynamik. »Man kann nicht planen und sich sagen, morgen gehe ich ins Unternehmen und stelle die Unternehmenskultur um«, meint der Vorstandsvorsitzende. Ein Unternehmen sei etwas anderes als ein großes Organigramm. Vielmehr gleiche es einem Lebewesen.

Gerhard Schmid gibt zu, daß sich seine Rolle im Unternehmen geändert hat. In seiner Topmanagerfunktion hat der Gründer nicht mehr viel mit den Details seines Produktes zu tun. Am Anfang war er selbst derjenige, der die größte Nähe zum Kunden und der Dienstleistung des Unternehmens aufwies. Als Zahlenmanager, der nur auf Bilanzen und Kenngrößen achtet, sieht sich Schmid jedoch nicht. »Es kommt vor allem darauf an, die Leute bei Laune zu halten und eventuell politische Dinge zu machen«, führt der Geschäftsmann aus. Früher habe er sich darüber Gedanken gemacht, wie das Produkt preislich am besten zu verkaufen sei. Heute gehe es nicht mehr um diese Details, sondern eher um die grundsätzliche Frage, ob MobilCom den richtigen Weg auf dem Markt eingeschlagen hat: Will sich das Unternehmen so aggressiv darstellen? Ist das Image vom Niedrigpreisanbieter das richtige? Vom Unternehmer werde ständige Reflexion darüber verlangt, ob die einmal vorgegebene Richtung noch stimme.

Zufällige Entwicklungen gibt es für den MobilCom-Chef in einer Firma nicht, auch wenn es nicht unbedingt einen schriftlichen Unternehmensplan geben muß. Wichtig sei die Wachsamkeit in Bezug auf

Reibungsverluste innerhalb der Firma, die eine Veränderung erfordern. Von den Managementmethoden, die in unzähligen Seminaren als erfolgversprechend gepriesen werden, hält der Unternehmer des Jahres 1998 wenig. »Das ist alles Quatsch«, meint Gerhard Schmid. »Management by ...« gebe es nicht. »Management ist ...«, müsse es heißen, da es immer von der Persönlichkeit der Führungskraft abhänge. Management zeichne sich dadurch aus, Menschen zu motivieren und für die Firma zu gewinnen. Ein Gründer brauche deshalb auch nicht ein Seminar zu besuchen, sondern solle einfach so sein, wie er ist. Ständiges Anpassen funktioniere nicht. Gerhard Schmid setzt auf Charisma, auch dann, wenn er auf Kongressen oder Tagungen auftritt. Der Funke muß überspringen, wenn man Menschen bewegen will.

Führen heißt nicht zuletzt, Entscheidungen zu treffen. Sie betreffen die Strategie und die Leitlinien des Unternehmens. Dabei ist es Schmid wichtig, daß die Mitarbeiter vielfach selbst entscheiden. Eine allgemeine Regel, die vorschreibt, was und worüber ein Mitarbeiter selbst entscheiden solle, lasse sich jedoch nicht aufstellen. »Jeder weiß, was er zu tun hat. Entscheidet er zuviel, bekommt er eins drauf. Entscheidet er zu wenig, bekommt er auch eins drauf. Macht er etwas richtig, wird er gestreichelt«, meint Schmid. Natürlich müsse eine gewisse Struktur vorhanden sein, aber nicht in Form eines schriftlich fixierten Aufgabenkatalogs. Das lerne der Mitarbeiter in seinem Umfeld selbst. Statt dessen müsse die Führungskraft erklären, welche Arbeitsergebnisse sie erwarte. Für MobilCom sei es wichtig, bewußt Grauzonen in den Verantwortungsbereichen zu haben. Wenn sich keiner für eine Aufgabe zuständig fühlt, müssen die Mitarbeiter die Organisation selbst in die Hand nehmen. Die Möglichkeit, daß dabei Arbeit doppelt gemacht wird, weil sich zwei um dieselbe Sache kümmern, sieht Schmid gelassen. »Das ist der Preis, den man dafür unter Umständen zu zahlen hat«, kommentiert er. Erfolg stelle sich nur dann ein, wenn Mitarbeiter aktiv würden. Fehler seien in diesem Fall ganz normal. Damit Entscheidungskompetenz vorhanden ist, brauchen die Mitarbeiter Information, die MobilCom durch die offene Unternehmenskultur und Investitionen in Weiterbildungsmaßnahmen erreichen will. Um die Servicequalität zu sichern, verstärkt die Rendsburger Aktiengesellschaft ihre Aus- und

Fortbildungsoffensive mit internen und externen Schulungen. Die Ausbildungsquote lag 1997 bei 11,3 Prozent. Ein internes Computernetzwerk mit Mailsystem unterstützt schnelle Ad-hoc-Problemlösungen. Zusätzlich haben die Mitarbeiter durch dieses Netzwerk Zugriff auf eine Volltextsuchmaschine, um selbständig und papierlos nach Lösungen zu recherchieren. »Wir bilden uns, indem wir über E-Mail und anderen technischen Kram verfügen. Aber trotzdem reicht das allein nicht aus«, ist Gerhard Schmid überzeugt. Deshalb setzt das Unternehmen nicht nur auf virtuelle Kommunikation, sondern ebenso auf den spontanen und direkten Austausch.

Börsengang

Gerhard Schmid hängt an seinem Unternehmen, das er mit Risikobereitschaft und hohem Einsatz aufgebaut hat. In dieser Hinsicht ist er noch der deutsche Mittelständler und weniger der typische US-Manager, der jederzeit bereit ist, das eigene Unternehmen wieder aufzugeben. Weil er die Umwandlung in eine Aktiengesellschaft schon lange vorgehabt hatte, erkundigte sich der Gründer nach den Möglichkeiten, mit MobilCom an die Börse zu gehen. Dafür hätte er gute Ergebnisse über einen Zeitraum von fünf Jahren nachweisen müssen. Unmöglich für sein junges Unternehmen; denn der Markt war gerade einmal drei Jahre alt. Mit dem Neuen Markt in Frankfurt wendete sich jedoch das Blatt. Ein erster Kontakt ergab sich auf einer Veranstaltung zum Thema »Eigenkapital«, auf der Schmid jemanden von der Deutschen Börse kennenlernte, der ihm diesbezügliche Möglichkeiten für junge Unternehmen aufzeigte. Die Banken von MobilCom waren jedoch alles andere als begeistert und übten skeptische Zurückhaltung. So galt es dort erst Überzeugungsarbeit zu leisten, bevor sie das mutige Vorhaben unterstützten. Daß die Entscheidung, am 10. März 1997 an den Neuen Markt zu gehen, richtig war, ist inzwischen leicht zu erkennen. Während MobilCom neues Kapital für sein Wachstum erhielt, änderte sich auch die Rolle des Unternehmers als Vorstandsvorsitzender. »Ich halte mir nun ein Zeitbudget für die Investoren frei«, erklärt

Gerhard Schmid. »Wenn ich Geld von Leuten haben will, muß ich ihnen auch erklären, was ich damit vorhabe.« Das sei die Konsequenz, wenn er schneller und stärker wachsen wolle als alle anderen.

Schmid hat Spaß am Erfolg und zieht selbstbewußtes Voranschreiten einem bescheidenen Schattendasein auf dem Markt vor. Die Unternehmensvision ist für ihn klar formuliert: »In drei bis vier Jahren sind wir bei etwa fünf bis sieben Milliarden Mark Umsatz, stehen an zweiter Stelle hinter der Telekom und sind dabei profitabel.« Für die intern kommunizierte Vision sei diese Formulierung allerdings zu weit vom konkreten Arbeitsplatz und dem Horizont der Mitarbeiter entfernt. Für sie zählt allein der Erfolg, der immer größer wird. Um noch mehr Effizienz bei den Mitarbeitern zu erreichen, führte der Vorstand nicht nur ein Stock Option-Programm ein, sondern auch einen Anwesenheitszuschlag von 3,5 Prozent auf das Grundgehalt für den Fall, daß ein Angestellter keine krankheitsbedingten Fehlzeiten aufweist. Wenn ein Mitarbeiter bemerke, daß er etwas im Unternehmen bewegen kann, führe dies zu sehr viel größerer Motivation. Der größte Fehler dagegen sei, im Unternehmen über Probleme zu reden und sich als Looser darzustellen. Gerhard Schmid fallen dabei alte Frauen ein, die im Café zusammenhocken und über Krankheiten und die Vergangenheit reden. »Dann denke ich: Die Welt ist vorbei«, meint der Geschäftsmann. Ähnlich verhalte es sich mit einem Unternehmen. Nicht über Probleme, über Chancen müsse man sprechen.

Das Wachstum von MobilCom beinhaltete 1998 auch den Zukauf von zwei fremden Unternehmen. Mit Topnet stieg die Rendsburger Aktiengesellschaft in das Internetgeschäft ein. Einen Widerspruch zu der Lehrbuchweisheit, die eine Konzentration auf Kernkompetenzen empfiehlt, sieht der Vorstandsvorsitzende darin nicht. Zur Vision von MobilCom gehöre es, ein umfassendes Telekommunikationsunternehmen zu sein, zu dessen Kerngeschäft der Mobilfunk, das Festnetz und die Datenverarbeitung gehören. »Sie können auch nicht sagen: Ich baue ein Auto ohne Motor.« Die 50prozentige Beteiligung beim Citycarrier Kielnet sei dagegen eine Investition, durch die MobilCom lerne, Technik vor Ort zu installieren, etwa wie schnell der Aufbau eines eigenen Netzes funktioniert. Ein reines Experimentierfeld ist Kielnet jedoch nicht; denn der junge Netzbetreiber erwirtschaftet bereits guten Profit.

Rahmenbedingungen

Trotz aller Debatten über den Standort erschien es Gerhard Schmid sinnvoll, den Sitz einer Telekommunikationsgesellschaft für Deutschland auch im Land zu belassen. Dennoch würde er sich mehr Optimismus wünschen. Häufig werde die Debatte der Standortfrage von Fehlinterpretationen bestimmt. Man müsse sich nur die Zahlen der deutschen Telekom anschauen. »Sie ist das reichste Telekommunikationsunternehmen in Europa, mit den besten Margen bei den geringsten Investitionsraten«, stellt der MobilCom-Chef fest. Sie stelle sich aber dar, als handle es sich um das ärmste Unternehmen von allen, das morgen den Bach heruntergeht. Kein Mensch von der British Telecom dagegen lamentiere, fast pleite zu sein, obwohl diese auf der Rangliste weit hinter dem deutschen Konzern stehe.
In Deutschland sei das Sicherheitsdenken zu hoch, und vielfach würden neue Ideen und Veränderungen kritisiert, statt Chancen darin zu sehen. Seit Jahren werde über den Standort Deutschland geredet, aber es bewege sich zuwenig. So gebe es mehr Feinde und Neider als Bewunderer von MobilCom. »Man macht ein neues Produkt, und der Deutsche fragt: Wo ist der Haken?« kritisiert Gerhard Schmid die deutsche Haltung. Der Vorstandsvorsitzende erinnert sich an ein Gespräch mit einem Architekten, das er in der Nähe von Kiel führte. Dieser fragte ihn, wie denn die Qualität seines Entwurfes gesichert werden könne, wenn die Stadt nicht mehr daran beteiligt sei. Schmid war erstaunt darüber, daß der Stadt mehr Interesse an der Qualitätssicherung zugestanden wird als dem Investor, der das Geld gibt. »Jahrelang hat der Architekt gelernt, daß der Bauherr der Böse ist, obwohl doch gerade er der Anwalt des Bauherrn ist«, meint der Unternehmer. So etwas komme nur in Deutschland vor. Eigentlich müsse der Architekt dem Investor vertrauen, denn wenn dieser nicht die erforderliche Qualität bekomme, wird er Probleme mit seinem Projekt haben.

Die politische Landschaft in Deutschland betrachtet Gerhard Schmid indessen gelassen. Unabhängig davon, welche Partei an der Spitze stehe, stünden bestimmte Werte nicht zur Disposition. Gefragt sei Weltoffenheit, die der eine schneller, der andere eben langsamer erreiche. Genauso verhalte es sich im Bereich der Telekommunikation, der sich einem offenen Wettkampf stellen müsse. »Der Mann, der sagt: ›Ich bin der Anwalt der Telekom‹, lernt binnen kurzem, daß er auch der Anwalt der anderen ist, denn die anderen haben ihn ja dazu gemacht«, meint Schmid. Er könne sich doch nicht für 100 000 Beschäftigte einsetzen. Meistens werde die Regierung von der Wahrheit eingeholt. Behaupte jemand irgend etwas, komme am nächsten Tag der große Aufschrei und es folge prompt eine Korrektur. »Die Politiker haben wenig Bewegungsfreiheit«, fügt der Unternehmer hinzu. Sie seien eingeengt in einem Dreieck aus Geld, der von Interessengruppen gesteuerten öffentlichen Meinung und der eigenen Eitelkeit. Eine grundlegende Steuerreform beispielsweise ließe sich, obwohl sie notwendig wäre, kaum realisieren, obwohl viele wissen, daß sie notwendig ist. Immer wenn es dem Einzelnen an die Tasche gehe, erfolge Einspruch. Wer eine Steuerreform durchsetzen wolle, die alle betrifft, hätte demnach auch alle gegen sich.

So unbeweglich wie das gesamte Land seien auch die Kunden, die dem ehemaligen Monopolisten in der Mehrzahl die Stange halten. Ein besonderes Problem will Gerhard Schmid darin nicht sehen. »Das sind die Rahmenbedingungen, mit denen wir uns auseinanderzusetzen haben«, erklärt der Unternehmer. Die entscheidende Frage sei, wie MobilCom diese Situation ändern oder Nutzen aus dem Kundenverhalten ziehen könne. Ein Erfolgsgeheimnis des Unternehmertums bestehe darin, nicht auf eine einzige Idee oder Marktsituation fixiert zu sein. Schmid: »Wer die Fähigkeit hat, die richtigen Räder im Markt zu finden, und Erfahrung mitbringt, wird in verschiedenen Märkten Chancen sehen.« Gerhard Schmid ist davon überzeugt, daß einen guten Unternehmer Unabhängigkeit von einem Marktsegment auszeichne. Abhängig seien Gründer dagegen von den Entwicklungsphasen einer Firma. »Der Unternehmer muß wissen, was sein Produkt für den Kunden so interessant macht«. Danach gehe es darum, den Status zu bewahren und Kostenmanagement zu betreiben. Beides erfordere jedoch völlig unterschiedliche Kompetenzen.

Menschen bewegen

Von den Problemen in der Unternehmensgeschichte erzählt der Gründer kaum. Dennoch kennt er die Hürden, die zu überwinden waren, um MobilCom zu seiner jetzigen Größe auszubauen. »Die erste Hürde bestand darin, das Geld zu bekommen, die zweite, die Verträge mit den Netzbetreibern abzuschließen«, erzählt Gerhard Schmid. Schließlich sei als dritte Hürde die Bewältigung des schnellen Wachstums aufgetaucht. Vor dem Start ging der Gründer mit seinem Konzept auf die Telefongesellschaften zu. Seine Argumentation war schlicht: »Ich kann Euch Kunden bringen.« Der erste Ansprechpartner habe sich totgelacht. Der zweite sagte bei einem zweiten Besuch zu. »Wir brauchen jemanden aus dem Mittelstand«, lautete damals das Argument. MobilCom fiel gewissermaßen die Funktion des Mittelstandsalibis zu. Bevor das Unternehmen eigene Filialen aufbaute, erreichte der Existenzgründer die ersten Kunden durch ein bestehendes Händlernetz. Viel Fruststabilität und positives Denken seien notwendig, wolle man als Unternehmer einen Kundenkreis aufbauen und diesen halten. In Einstellungsgesprächen stellt der Unternehmer eine Standardfrage: Was glauben Sie, was ein Staubsaugerverkäufer denkt, wenn er sieben Besuche am Tag macht und schon sechsmal rausgeflogen ist? »Ich habe meine Ablehnungsquote hinter mir. Jetzt kommt der Käufer«, beantwortet Schmid die Frage auf seine Weise. Fliege der Vertreter auch beim siebten Kunden raus, habe er morgen schon einen Kunden gut.

Im Gegensatz zu anderen Unternehmern, die schlechte Erfahrungen gemacht haben, hört man von Gerhard Schmid keine Klagen über die Mitarbeiter. Das Personal sei weder hinderlich noch lästig, sondern Grundlage für den Unternehmenserfolg. »Das Management hat schließlich nur ein Ziel: die Menschen zu bewegen«, meint der Gründer. »Ohne daß Menschen für Sie arbeiten, können Sie keinen Profit machen.«

Höft & Wessel AG

Freie Bahn für elektronische Assistenten

Der Intercity nach Hannover schwankt ein wenig. Auf offener Strecke hat der Zug an Geschwindigkeit zugelegt, während der Schaffner die letzten Reihen abschreitet. »Noch jemand zugestiegen?« fragt er und schaut sich nach beiden Seiten um. Einer der Fahrgäste hatte in aller Eile noch den Zug erreicht, die Fahrkarte aber nicht mehr kaufen können. Wortlos greift der Schaffner nach seinem mobilen Computer, der nur aus einem Tastenfeld und einem Display zu bestehen scheint. Schon nach wenigen Sekunden schiebt sich ein kleiner Fahrschein aus dem zylinderförmigen Kopf des futuristischen »Taschenrechners«. Fertig.

Seitdem die High-Tech-Schmiede Höft & Wessel die Deutsche Bahn mit den elektronischen Assistenten ausstattet, sind die Tage von Block und Kuli, abgegriffenen Tarifbüchern und Zettelwirtschaft gezählt. Vor Dienstbeginn holt sich der Zugbegleiter einfach seinen elektronischen Assistenten ab, steckt seine persönliche Chipkarte ein und kann loslegen. Um Veränderungen bei Fahrkartenpreisen oder Angeboten braucht er sich keine Gedanken zu machen; denn diese werden über eine spezielle Verbindung zum Großrechner der Deutschen Bahn automatisch aktualisiert, wenn das Gerät nicht im Einsatz ist. Auch die Abrechnung der verkauften Fahrkarten funktioniert auf diesem Wege. Der Kreis schließt sich.

So einfach und einleuchtend die Technik erscheint, rund 50 Mannjahre Entwicklung und der Unternehmergeist von Rolf Wessel (43) und Jens Höft (46) stecken dahinter. 13 Millionen investierten die Pioniere in das Produkt, weil sie an ihre Idee glaubten. Drei Prototypen testete das Entwicklungsteam aus, bevor das ausgereifte »mobile Terminal«, wie es bei HÖFT & WESSEL heißt, in Serie ging. Das Unternehmerduo hatte sein Produkt beharrlich der Deutschen Bahn angeboten; immer und immer wieder. Pilottests wurden gefahren, Zugbegleiter machten erste Erfahrungen mit dem neuen Instrument. 1994 war es dann soweit. Der Startschuß fiel auch von Vorstandsseite, nachdem selbst der Betriebsrat sich begeistert gezeigt hatte.

Datenverarbeitung im Orient

Die Unternehmensgeschichte von HÖFT & WESSEL kennt kaum Ruhe. Nur ein paar Jahre liegt der Großauftrag zurück, der den Mittelständler an die Grenzen seines Leistungsvermögens führte, und es gibt bereits ein neues Produkt: die digitale Geldbörse für Taxifahrer, Händler und alle, die das bequeme Geldkartengeschäft nutzen wollen. Mut zu neuer Technik gehörte von Anfang an zur Unternehmensgeschichte dazu. »Das größte Risiko war die Entscheidung, für das erste Projekt einen eigenen Rechner zu bauen«, schätzt Rolf Wessel. Damals waren die beiden Gründer noch wissenschaftliche Hilfskräfte an der Universität Hannover. Eine Doktorarbeit über Stadtplanung, für die sie komplexe Berechnungen durchführen mußten, brachte sie zusammen. Obwohl Wessel als Architekturstudent eingeschrieben war, verstand er sich auf das Programmieren. Das sollte sich mehr als nur in Gestalt eines Jobs in der akademischen Tretmühle bezahlt machen. »Wir wurden überraschend gefragt, ob wir für ein Stadtplanungsprojekt in Saudi-Arabien die gesamte EDV machen könnten«, erzählt Rolf Wessel. Die Studenten zögerten nicht lange angesichts des Abenteuers. »Können wir«, war die Antwort. Nur einen Computer mußten sie sich erst bauen. 1977 gab es noch keine PCs, und eine geeignete elektronische Datenverarbeitungsanlage war unter hunderttausend Mark nicht zu haben. So spuckten die beiden Programmierer in die Hände und schufen eine kleine Zentraleinheit, mit der sich über mehrere Zugänge Daten erfassen ließen. Ohne diese Vorleistung hätten die Studenten den Auftrag nicht annehmen können; denn verkauft wurde nur die Dienstleistung: Ergebnisse einer Haushaltsbefragung.

1978 ging es dann schließlich für drei Monate in den schweißtreibenden Orient. »Das war aus heutiger Sicht eine ganz wertvolle Erfahrung«, resümiert Wessel. Gleich zu Anfang unter derart schwierigen Bedingungen zu arbeiten, sei eine große Chance gewesen. Trotz des belastenden Klimas, einer Gesellschaft, in der Hinrichtungen zur Tagesordnung gehörten und fremde Sitten galten, wußte sich das Duo schnell durchzusetzen und lieferte Ergebnisse. Später dann, in jenen Augenblicken der Unternehmensgeschichte, in denen Hürden überwunden werden mußten, konnten sich die Gründer sagen: Wir haben schon viel Schwierigeres gemeistert.

Start mit mobiler Datenerfassung

Wieder zurück in Deutschland knüpfte das eingespielte Team an die getane Arbeit an. »Wir haben dann ähnliche Dinge auch in Deutschland gemacht«, berichtet Michael Höft. Einer der Aufträge aus der ersten Phase der Unternehmensgeschichte kam von einer großstädtischen Verwaltung und bestand in der Auswertung der Volkszählung von 1970; kein anderer hatte sich daran gewagt. Die Studenten benutzten den Großrechner der Universität und mieteten teure Rechenzeit. Das Risiko war entsprechend hoch. Wer damals einen Rechner mit einem fehlerhaften Programm fütterte, setzte viel Geld in den Sand. »Das ist uns zum Glück nur einmal passiert«, wirft der jüngere Rolf Wessel ein. Viele Fixkosten hatten sich die beiden Partner damals noch nicht ans Bein gebunden. Ihr Büro war gerade einmal zwölf Quadratmeter groß und Teil ihrer Wohngemeinschaft. Als Programmierer brauchten sie keine umfangreichen Investitionen zu tätigen. Wenn sie außerhalb der Universität einen Computer benötigten, konnte das Duo immer noch auf den selbstgebauten Pionier-PC zurückgreifen. Das große Geld war damit aber nicht zu machen. »Als wir die erste Steuererklärung abgegeben haben, hatten wir gerade mal 60 000 Mark Umsatz gemacht«, weiß Michael Höft noch genau. Anfang des Jahres 1980 starteten Rolf Wessel und Michael Höft schließlich als GmbH.

Heute spielt nicht nur Software, sondern auch die entsprechende Hardware eine wichtige Rolle für das Unternehmen. »Wir haben angefangen, uns zwischen alle Stühle zu setzen«, erzählt Michael Höft. Für elektronische Geräte entwickelte das junge Team Schnittstellen zu Computern. Eines der Geräte war ein raumfüllendes Atomabsorbtionsspektrometer, das eine Gießerei zur Qualitätskontrolle der Legierungen nutzte. Die dazu benötigten aufwendigen Rechenverfahren sollte in Zukunft ein *Commodore Pad*, der erste Rechner des Computerherstellers Commodore, übernehmen. Die Jungunternehmer begriffen schnell, warum Commodore eine solche Schnittstelle nicht anbot: Der Aufwand war enorm. Nach den ersten Erfahrungen mit einem Computer im Saudi-Arabien-Projekt ging es nun noch tiefer in den Hardware-Bereich hinein. Zum zweiten Mal sprangen Michael Höft und Rolf Wessel ins kalte Wasser.

Für das Studium blieb während der Jobs kaum noch Zeit, weshalb Höft und Wessel es dann folgerichtig auch an den Nagel hängten. Dafür war die unternehmerische Erfahrung um so wertvoller. Manchmal war es nur ein bescheidener Stundenlohn, der bei einer fix kalkulierten Dienstleistung heraussprang. Aber schon damals galt für die beiden Jungunternehmer die Maxime, für den Kunden ein zuverlässiger und kaufmännisch berechenbarer Partner zu sein. Wessel: »Das Prinzip ist dasselbe geblieben, unabhängig davon, ob wir Ende der 70er einen Rechner gebaut haben, um eine Dienstleistung anbieten zu können, oder ob wir Anfang der 80er in die mobile Datenerfassung eingestiegen sind.« Das Risiko der Mehrarbeit wird nicht auf den Kunden abgewälzt; im Vordergrund steht die Lösung des Kundenproblems: Dafür liefert das Team sowohl die Hard- als auch die Software. HÖFT & WESSEL hat dieses Konzept bis heute beibehalten, indem das Unternehmen keine Massenware verkauft, sondern jeweils angepaßte Lösungen schafft. »Wir hatten keinen Prinzipienbaukasten, aus dem wir das hergeleitet haben«, wendet Rolf Wessel ein, »das funktionierte aus sich selbst heraus.« Erst später sind aus der ursprünglichen Intuition formulierte Grundsätze geworden. Für Wessel ist die frühe Unternehmensphase mehr als eine Durststrecke: »Vieles, was uns heute als erfolgreiches Unternehmen ausmacht, haben wir ganz früh entwickelt,

ohne uns dessen bewußt zu sein.« So existiert auch keine erklärte Formel für den Erfolg. Der stellte sich im Rückblick immer dann ein, wenn das Unternehmen zu etablierten Mitbewerbern in Konkurrenz getreten war, was allerdings jedesmal eine umfangreiche Vorleistung bedeutete. Niemand vergibt einen Großauftrag über 60 Millionen, wie später beim mobilen Terminal der Deutschen Bahn AG der Fall, ohne das Vorhandensein einer nachweisbaren Praxis, in der sich das Produkt bereits bewährt hat. Mit einem Konzept allein ist es also nicht getan. Vielmehr muß in den meisten Fällen ein fertiges Gerät auf dem Tisch liegen.
Mobile Datenerfassungsgeräte sorgen bis in die Gegenwart für konstante Umsätze bei HÖFT & WESSEL. 1982 war ein besonders erfolgreiches Jahr: Edeka hatte Interesse an den handlichen Geräten, um seine Warenbestände zu erfassen. Ein Mitarbeiter kann damit bequem die Regale abschreiten und den aktuellen Bestand mit der dazugehörigen Bestellnummer eingeben.

Umstellungen

Auf seinen Lorbeeren ruhte sich das Unternehmerduo jedoch nicht aus. Anfang der 90er Jahre wagte sich HÖFT & WESSEL auf neues Terrain und investierte wie nie zuvor. Der Markt im Bereich der mobilen Datenerfassung war zu dieser Zeit unüberschaubar geworden; zusehends wurde es schwieriger, sich – zumal gegenüber einer besseren Technologie – im Markt abzusetzen. Die Konsequenz ließ sich an fünf Fingern abzählen: Ein Preisverfall drohte, den es entweder mitzumachen oder mit einer Innovation zu kontern galt. »Das war für uns der Einstieg in den Bereich der Fahrscheinerstellung«, berichtet Rolf Wessel. 13 Millionen Mark gingen kalkulatorisch in die Entwicklung der neuartigen Geräte ein, die in mehreren Feldtests auf Herz und Nieren geprüft wurden. Schon in dieser Phase knüpften die Hannoveraner Geschäftsleute den Kontakt zur Deutschen Bahn AG, damit das neue Produkt nicht am grünen Tisch entstünde, sondern in der Praxis heranreifte. Zugbegleiter probierten die Prototypen aus und trugen mit ihrer Bewertung zur optimierten Endversion bei. Vorgesehen waren die immensen Entwicklungskosten nicht. »Wenn wir das gewußt hätten, hätten wir gar nicht erst angefangen«, gibt Wessel zu. Manchmal sei es gut, wenn man eine Entwicklung nicht ganz so weit voraussehen und sich alle daraus ergebenden Konsequenzen klar machen könne. So durchschlagend der Erfolg auch im Rückblick war, in der Entwicklungsphase tauchten doch immer wieder Zweifel auf, jede Menge sogar, wie Rolf Wessel zugibt: »Aber was hilft es, hinter dem Schreibtisch zu sitzen und zu zweifeln?«

HÖFT & WESSEL hatte Glück. Die strategische Entscheidung für ein neues Produkt fiel mit einer äußerst günstigen Geschäftssituation zusammen. Nachdem 1989 die Mauer gefallen war, dehnten die großen Handelsketten – darunter Drogeriemärkte und Lebensmittelketten wie Edeka – ihr Filialnetz auch auf die neuen Bundesländer aus. Entsprechend groß war die Nachfrage nach Hardware, um die neuen Geschäfte mit Datenerfassungsgeräten für die Warenwirtschaft auszustatten. Michael Höft freut sich heute noch: »1991 war eines der besten Jahre überhaupt«, erinnert sich der Geschäftsmann. Ohne viel Aufwand ließen sich Geräte in großer Stückzahl abverkaufen. Während andere Unternehmen jedoch, die von der Wiedervereinigung Deutschlands profitierten, Gewinnausschüttungen vornahmen, investierte HÖFT & WESSEL das verdiente Geld gleich wieder in die Zukunft.

Aber auch Banken wirkten an der Geschichte des Hannoveraner Unternehmens mit, unter anderem als Anfang der 80er Jahre der Einstieg in das Geschäft mit den mobilen Datenerfassungsgeräten begann. Da der selbstverständliche Umgang mit Modem und Kommunikationssoftware noch in weiter Ferne lag, mußten sich die Pioniere mit einem Akustikkoppler begnügen, der für die Datenübertragung an die Telefonmuschel gehalten wurde. Hinzu kamen ein Strichcodelesestift und ein Ladegerät. Die Entwicklung sollte 150 000 DM kosten, die vom Unternehmenskonto nicht bezahlt werden konnten. Vielleicht war es die relativ geringe Summe, die dazu führte, daß Rolf Wessel und Michael Höft von Pontius zu Pilatus liefen. Jedesmal war es dasselbe: Während die Banken sagten, die Investition sei etwas für private Investoren, meinten letztere, daß die Angelegenheit am besten bei einer Bank aufgehoben sei. Der Begriff ›Venture Capital‹ war längst noch nicht bekannt, geschweige denn populär. Von der Nord LB kam dann die überraschende Reaktion: »Wir machen das.« Die Hochzinsphase zu diesem Zeitpunkt schreckte die Beteiligten am Verhandlungstisch nicht ab, am allerwenigsten HÖFT & WESSEL. »Wir können nicht auf die Zinsentwicklung warten. Der Markt ist jetzt reif dafür«, lautete das eindringlich vertretene Argument der Unternehmer. In einen weiteren Kredit, um die erste Verkaufsphase zu finanzieren, willigte die Nord LB ebenfalls ein. Doch das Angebot, die Finanzspritze langfristig abzustottern, lehnten die Partner ab; denn sie waren wirklich der Überzeugung, ein gutes Produkt zum richtigen Zeitpunkt auf den Markt zu bringen. Und sie hatten recht, wie sich später herausstellte; denn in nur wenigen Monaten war die Kreditsumme wieder eingefahren. Das vorgelegte Konzept hatte vorgesehen, 30 bis 35 Geräte im Monat zu verkaufen. Dabei hatten die Unternehmer an Händler mit ein oder zwei Filialen gedacht, die nur wenige Geräte abnehmen. »Das war die Zielgruppe, die wir angepeilt, aber fast nie erreicht haben«, führt Michael Höft aus. Sehr schnell habe man entdeckt, daß mit Großanwendern die besseren Geschäfte zu machen sind. Da kam es dann vor, daß tausend Geräte auf einmal geordert wurden. Anders als bei den kleinen Filialisten erleichterten hier klare Vorgaben und Erwartungen den Umgang. Ein Schlüsselkunde war Continental, der zwar nur 13 Geräte kaufte, dafür aber die Tür zu anderen Großanwendern öffnete. Referenzen sind dort besonders wichtig, wie die Unternehmer lernen mußten. Rolf Wessel ist heute für das mutige und entschlossene Handeln der Nord LB dankbar. »Das hat unsere Meinung über Großbanken sehr geändert«, gesteht der Geschäftsmann. Einer ihrer Pluspunkte sei ein Businessplan gewesen, der nicht nur von einer rosaroten Zukunft ausging, sondern auch Maßnahmen für den Fall beinhaltete, daß das Vorhaben scheiterte. Man solle sich darüber im Klaren sein, was passiert, wenn die Erwartungen nicht eintreffen. »Wenn Sie das dem Kreditsachbearbeiter nicht vorgeben, dann wird er das in der Vorlage für den Bereichsleiter selber tun, allerdings nicht mit den Informationen, die nur Sie selbst ihm geben können«, argumentiert der Unternehmer.

Feine Unterschiede

Trotz Großkunden und hoher Stückzahlen ließ sich Höft & Wessel nicht auf einen Abverkauf von Massenware ein. Jeder will es ein bißchen anders haben. Gerade diesen feinen Unterschied nimmt der Mittelständler ernst. »Heute ist das wieder ganz modern geworden«, bemerkt Rolf Wessel. Ein Unternehmen wie SAP verwende einen großen Aufwand auf Projekte, die ein Standardprodukt zu einer individuellen Lösung mache. Beide Partner von Höft & Wessel sind sich darin einig: Die individuelle Lösung wird auch der Schlüssel von morgen sein. Ohne individuelle Lösung wäre jede Chance zu Wettbewerbsvorteilen hinfällig. Höft: »Wir sehen das bei einigen Firmen im Einzelhandel, die jetzt auf SAP umsteigen und gar nicht merken, daß ihre Wettbewerbsvorteile darin lagen, daß sie ihren Einkauf durchrationalisiert hatten.« Da die Preise vergleichbar geworden sind, werde das Geschäft über den Einkauf gemacht. Wenn aber jeder dieselbe Methodik anwende, gehe auch dieser Wettbewerbsvorteil schließlich verloren. In den nächsten Jahren – so schätzt Höft – werde vermutlich viel Geld dafür ausgegeben, wieder einen Unterschied herzustellen.

»Was man braucht, sind gute Ideen«, faßt Rolf Wessel, der philosophische Kopf der beiden Unternehmer, zusammen, »und eine verdammte Beharrlichkeit.« Ohne das eine sei das andere nichts wert. Beharrlichkeit sei vielleicht sogar noch die wichtigere Voraussetzung für den Erfolg. Managementliteratur und -seminare haben Rolf Wessel und Michael Höft dagegen nie gebraucht. Nur einmal hat Höft eine BWL-Vorlesung besucht und mußte gleich mit dem Schlaf kämpfen. Für Rolf Wessel ist Unternehmergeist schlicht eine Sache des gesunden Menschenverstandes. Darin stecken Erfahrung, Selbstbewußtsein, Neugier und Offenheit. »Dazu gehört auch, sich in einen anderen Menschen hineinversetzen zu können.« Gesunden Menschenverstand lerne man aber nicht in der Schule. Dort werde vielmehr das Schubladendenken gefördert, mit dem man kaum auf unbekannte Situationen vorbereitet sei. Wessel: »Ich war auf einem mathematisch-naturwissenschaftlichen Gymnasium. Das einzige, was ich dort gelernt habe, war, daß ich weder Mathe noch Physik studieren wollte.«

So lernten die Unternehmer schlicht in der und durch die Praxis. Höft erinnert sich noch genau daran, wie es war, als sie die erste Mitarbeiterin einstellten, eine Halbtagssekretärin. Tagelang hatten sich die beiden Partner darüber Gedanken gemacht. Der Umgang mit Personal wollte auch erst gelernt sein. »Das ist einfach gewachsen«, berichtet der Hemdsärmelige der beiden Geschäftsleute. Einen nach dem anderen habe man sich ins Unternehmen geholt und sich durch die enge Zusammenarbeit und gemeinsame Mittagspausen gut kennengelernt. Konflikte wurden direkt geklärt, ohne Betriebsrat und formale Hürden.

Veränderung als Konstante

Die Gründer verschweigen nicht, daß es in ihrer Unternehmensgeschichte auch Krisen gab. Mal wurde Geld gebraucht, mal gab es Probleme mit Mitarbeitern. Im Grunde organisierte sich die Firma ständig um, so die Überzeugung im Rückblick auf die letzten 20 Jahre. Die einzige Konstante sei die Veränderung. Die »großen Anschübe« sind bei HÖFT & WESSEL immer Kundenprojekte gewesen. In den 80er Jahren ging man beispielsweise zur Zwei-Wege-Kommunikation über: Die mobilen Datenerfassungsgeräte schickten nicht nur Informationen zu einem anderen Computer, sondern sie konnten nunmehr auch Informationen einlesen. »Wir haben in einem riesigen Team wirklich gerödelt, um einem Kunden das gewünschte Produkt zu liefern«, erinnert sich Michael Höft. Das habe der Firma wieder einen deutlichen Wachstumsschub beschert. Anfang der 90er kam der elektronische Ticketverkauf (Ticketing) hinzu und seit zwei Jahren der mobile Zahlungsverkehr. Den Anforderungen nach ständiger Veränderung und Weiterentwicklung wird der Mittelständler aus Hannover mit einem Modulbaukasten gerecht; denn die Bausteine wiederholen sich in den verschiedenen Gerätetypen, angefangen beim Display bis hin zur Tastatur und zu logischen Elementen. Rolf Wessel nennt den Fahrkartenautomaten als Beispiel: »Ob ich sage, das Gerät ist mit Batterie, mobil und klein, oder ob ich Füße darunter schraube und sage, das ist stationär, ist von technischer Seite aus gesehen relativ egal.« Die Aufgabe liege darin, nicht zu schmal zu denken, um sich dadurch nicht neuen Anwendungsfeldern zu verschließen. »Wenn ich Vertriebsmensch bin, muß es mir egal sein, für welche Branche ich verkaufe, denn das Prinzip der ›dezentralen Intelligenzen‹ ist für alle interessant«, fügt Wessel hinzu. Gerade in dieser Offenheit sieht der Unternehmer einen Wettbewerbsvorteil von HÖFT & WESSEL gegenüber Mitbewerbern.

Meilenstein mit über 13 000 Minicomputern für Bahnschaffner

So lag es in der Logik der Offenheit für neue Technologie-Anwendungen, daß die Unternehmer den mobilen Fahrkartenverkauf in Zügen ins Auge faßten. Die vorhandenen technischen Erfahrungen und Module boten dafür eine ideale Ausgangsbasis. Doch das alleine reichte noch nicht. »Sie merken bei Projekten dieser Größenordnung und einer solchen Entscheidungsstruktur, daß Sie den Zuschlag nicht nur bekommen, weil Sie technisch gut sind«, mußte Rolf Wessel lernen. Im Handel sei das anders: Dort habe derjenige mit dem besten Produkt auch die besten Chancen für einen erfolgreichen Geschäftsabschluß. Beharrlich investierte HÖFT & WESSEL dreimal in Prototypen und entsprechende Tests, die das Gerät zwar immer besser machten, aber von betriebswirtschaftlicher Seite die Unternehmer ins Schwitzen brachten. Eine Entscheidung des Vorstands der Deutschen Bahn AG schien sich unendlich hinzuziehen. Das Projekt mußte aber an dieser Klippe vorbei, um zu starten.
»Es hilft wahrscheinlich nichts, wenn nur wir sagen, daß unser Produkt gut ist«, dachten sich die beiden Unternehmer. Das müßten auch andere tun, damit die Aussage objektiver wirke. Der beste Weg, das zu erreichen – so überlegte das eingespielte Duo – sei eine Medienkampagne, die dann auch gestartet wurde. Kernaussage: »Alles ist getan. Der Vorstand der Deutschen Bahn AG braucht sich nur noch zu entscheiden.« Die Früchte der Kampagne reiften den Erwartungen entsprechend heran: Es erschienen unter anderem Artikel in der *Frankfurter Allgemeine Zeitung*, im *Handelsblatt* und in der *Welt*. Nur den *Spiegel* mieden die Unternehmer ganz bewußt: Es sei zu befürchten gewesen, das

dieses Magazin zu stark polarisiere und die Entscheidungsträger als träge darstelle. Den Zielen von HÖFT & WESSEL hätte das wohl kaum genützt, eher im Gegenteil. »Sie müssen journalistisch recherchierte Meinungen als Pressestimmen zusammenstellen und diese gezielt zuspielen«, faßt Wessel die gewählte Vorgehensweise zusammen.

Die Unternehmer beließen es jedoch nicht dabei, sondern holten die Politik mit ins Boot. »Das hat auch etwas mit Etats und Politik zu tun«, lautete ihre Überlegung. So wandten sich Höft und Wessel an den niedersächsischen Ministerpräsidenten, dem sie in einem Brief die Situation schilderten. Die Resonanz überraschte die beiden Geschäftsleute. »Zwei Wochen später saßen wir zum Mittagessen zusammen und haben alles besprochen«, erzählt Wessel. Das sei die beste Bestätigung für eine gute Wirtschaftspolitik; denn die politische Fürsprache habe mit Sicherheit zum späteren Erfolg beigetragen. Als Mittelständler, so ihr damals gewonnener positiver Eindruck von der Politik, könne man allen landläufigen Meinungen zum Trotz doch etwas bewegen.

Kurz vor dem Zieleinlauf mußten sie allerdings erst noch eine weitere Kröte schlucken. Im Gespräch mit dem Vorstandschef der Bahn, Heinz Dürr, nahm dieser einen Prototypen in die Hand und fragte, ob die Anbieter tatsächlich glaubten, damit einen Auftrag zu bekommen. Das Gerät dürfe ruhig etwas kleiner sein, lautete sein Tip an die Unternehmer. »Ein Techniker weiß: Wenn man das Ding nur ein bißchen kleiner macht, kann man wieder von vorne anfangen und bestenfalls auf die ersten 15 Prozent aufbauen«, kommentiert Rolf Wessel. Noch einmal setzte sich das Entwicklerteam des Soft- und Hardwarehauses an das Produkt. Dennoch habe man letztlich – so Wessel heute – von den Anforderungen des Großkunden profitiert. Schließlich war das Gerät so ausgereift, daß es auch anderen Kunden angeboten werden konnte. Kundennähe sei für die Entwicklung eine große Chance. Ein guter Nebeneffekt: Man braucht nicht in die Glaskugel zu schauen, um herauszufinden, was auf dem Markt gebraucht wird. Die eigenen Kunden bringen Ideen mit, die sich als wertvolle Anregungen erweisen. Sie wissen am besten, was innovativ ist und was fehlt. »Das ist oft ein Pingpong-Spiel«, beschreibt Wessel die Beziehung von Lieferant und Kunde.

Rapid Prototyping und »verlängerte Werkbank«

Es ist aber auch schon passiert, daß Höft & Wessel erst sehr kurzfristig ins Gespräch kommt, nachdem ein Konzern längst eine Ausschreibung gestartet hat. Dann drängt die Zeit. Entsprechend überrascht ist man dort, wenn der Mittelständler mit derzeit gerade einmal 250 Mitarbeitern behauptet, innerhalb von zwei Wochen einen Prototypen auf den Tisch legen zu können. »Die großen Multis dieser Welt schaffen das in einem Jahr nicht«, heißt es ungläubig. Dennoch gibt man dem »Kleinen« eine Chance und rechnet schon mit seinem Scheitern. Dank »Rapid Prototyping«, einem Verfahren, mit dem sich in kürzester Zeit ein Gerät herstellen läßt, das aussieht wie ein Seriengerät, liegt die Freude dann jedoch auf Seiten von Höft & Wessel. Auch wenn die späteren Funktionen noch nicht eingebaut sind, entsteht durch den Überraschungsseffekt, den der schnell hergestellte Prototyp erzeugt, das richtige Klima, um die Verhandlungen fortführen zu können. Bis zur Präsentation des nächsten Prototypen kann das Unternehmen dann meist noch die Zeit herausschlagen, die für die Entwicklung gebraucht wird. Mit dem Argument, daß auch der Kunde Zeit benötigt, um die eigene Organisation auf die neue Technik vorzubereiten, kann schließlich für die anlaufende Serienproduktion noch einmal ein halbes Jahr veranschlagt werden. Mit Rapid Prototyping hatte Höft & Wessel 1998 beispielsweise beim Paketzusteller German Parcel Erfolg. »Wenn wir von Rapid Prototyping sprechen, müssen wir auch von der ›verlängerten Werkbank‹ sprechen«, fügt Rolf Wessel hinzu. Die schwankende Auslastung der Produktion durch das Projektgeschäft mache dieses Konzept sinnvoll, nach dem andere Firmen beauftragt werden, Produktionsschritte zu übernehmen oder Produktbausteine zu liefern. Höft & Wessel selbst beschränkt sich dabei auf das Produktionsmanagement und das Controlling. Eine Verlagerung der Produktion ins Ausland findet allerdings nicht statt. Für Wessel macht diese Strategie keinen Sinn. In Problemfällen könne man besser eingreifen, wenn ein Zulieferer in Braunschweig sitze, als wenn ein Ingenieur – und sei es nur für eine kleine Änderung an der Tastatur – jedesmal nach Singapur fliegen müsse. So viel Flexibilität müsse aber sein. Bei einer hochtechnischen Produktion fielen die Lohnkosten sowieso nicht stark ins Gewicht.

Vom Techniker zum Manager

Als 1994 die Zusage der Bahn mit einem Auftragsvolumen von 60 Millionen Mark kam, erlebte das Unternehmen HÖFT & WESSEL einen Schub wie noch nie. Inzwischen hat sich der Mittelständler zur Aktiengesellschaft gemausert. Seit 1998 ist das Unternehmen am Neuen Markt in Frankfurt am Main notiert. Für die beiden Gründer hat sich im Laufe der Firmengeschichte viel verändert. Während die beiden Pioniere früher noch alles selbst in die Hand genommen haben, gehen ihre Aufgaben heute vor allem in Richtung strategisches Denken. »Es ist nicht einfach, dabei noch in der Technik drinzubleiben«, gibt Michael Höft zu. Außerdem mußten die beiden Geschäftsführer, die mittlerweile zu Vorstandsmitgliedern geworden sind, lernen, daß sich die Ergebnisse guter Arbeit nicht immer sofort bemerkbar machen. Der zeitliche Rahmen hat sich verändert. Vor drei Jahren hatten Michael Höft und Rolf Wessel sich schließlich dazu entschlossen, die Führungsebene zu erweitern. Ausgewählt wurde der 35jährige Peter Claussen, der nun als dritte Kraft im Vorstand sitzt. An das Prinzip größtmöglicher Offenheit hält man sich aber nach wie vor; separate Zuständigkeitsbereiche gibt es auf der Topmanagement-Ebene nicht. »Es war schwierig, sich daran zu gewöhnen«, packt Höft aus. Früher habe man sich bei einem Konflikt oder Schwierigkeiten im Unternehmen einfach dazusetzen können, um zusammen mit den Mitarbeitern nach einer Lösung zu suchen. Heute müsse man sich damit abfinden, sich bestenfalls von einem Problem berichten lassen zu können. Höft: »Man hat keine Chance mehr, schnell in eine Technologie hineinzukommen und dort etwas zu bewirken.« Ein gutes Beispiel dafür sei eine so komplizierte Technologie wie die Geldkarte. Nicht umsonst arbeitet rund die Hälfte der Belegschaft im Bereich Forschung und Entwicklung.

Trotz Arbeitsteilung sei aber der persönliche Druck, den das gewachsene Unternehmen mit sich bringt, ungeheuer hoch. Auch im Urlaub verfolgt das Unternehmen die Vorstandsmitglieder. Abschalten ist schwer möglich. Ein wenig prägt der Beruf auch die Persönlichkeit. »Man ist nicht mehr so geduldig«, gibt Michael Höft zu. Für Wessel ist ein guter Unternehmer immer ein unzufriedener Mensch. Er kommt niemals irgendwo an, sondern hält permanent nach neuen Chancen und Wachstum Ausschau. Langfristige Entwicklungen haben immer auch etwas Überraschendes. »Evolution ist nie zielgerichtet«, meint Rolf Wessel. »So peinlich genau eine Planung auch sein mag – mehr als bestenfalls drei Jahre läßt sich sowieso nie vorausschauen.«

ADVANCED SIMULATION & DESIGN GMBH

Eine Diplom-Ingenieurin simuliert künstliche Organe

Auf internationalen Fachkongressen war die junge Wissenschaftlerin Catrin Bludszuweit bereits gern gesehener Gast gewesen. Ihre Forschung ließ nicht nur Insider von Universitäten aufhorchen, sondern auch die Industrie. Bludszuweit hatte sich intensiv mit der Verbesserung von Blutpumpen beschäftigt. Ihre Methode, Geräte mit speziellen Computerprogrammen in virtuellen Tests zu optimieren, war neu und versprach eine verbesserte und zugleich kostengünstigere Forschung. Eine andere Wissenschaftlerin hätte vielleicht die Hochschulkarriere eingeschlagen oder wäre in einen Konzern eingestiegen. Die frisch promovierte Ingenieurin jedoch entschied sich anders: sie machte sich selbständig. In Rostock gründete sie 1996 die ADVANCED SIMULATION & DESIGN GMBH (ASD) und baute ein Team von Spezialisten auf. Zwei Jahre später wurden sie unter 600 Mitbewerbern von einer unabhängigen Jury aus Politik und Wirtschaft für den Idee-Förderpreis des Hamburger Unternehmens Albert Darboven ausgewählt. Das Preisgeld in Höhe von 100 000 Mark half der jungen Firma finanziell auf die Beine und steigerte zugleich ihren Bekanntheitsgrad. Die Ziele der Unternehmerin sind so anspruchsvoll wie ihre Dienstleistung: Bis zum Jahr 2005 soll es ein menschliches Ganzkörper-Systemmodell geben.

Künstliche Organe aus dem Computer

Schnelle Computer gehören zu den wichtigsten Werkzeugen in den Büroräumen der ASD. Auf ihnen entstehen dreidimensionale Modelle von künstlichen Organen, deren Oberfläche wie ein Netz aussieht. Mit ihnen führen Dr. Catrin Bludszuweit und ihr Team ohne Labor und reale Prototypen virtuelle Testläufe durch. Alles findet im Cyberspace statt. Wenn in der Simulation das Blut durch die künstliche Pumpe fließt, können die Ingenieure anhand der Farben genau erkennen, welche Strömungsgeschwindigkeiten an welchen Stellen auftreten. Sind sie beispielsweise zu hoch oder zu langsam, kann das Blut Schaden nehmen. Auf ähnliche Weise prüft das Team am Rechner die Druckverteilung bei Verdrängerpumpen, welche durch äußeres Einwirken auf einen Schlauch Flüssigkeiten bewegen. Ziel ist es, mit dieser Methode eine neue Generation künstlicher Organe zu entwickeln. Die Konstruktion, die Entstehung des Prototyps und sogar die Testserie spielen sich ausschließlich im Computer ab. Die Unternehmerin erwartet durch dieses Verfahren einen Qualitätsanstieg. Bisher werden Prototypen in Blutkreisläufen oder Tierversuchen getestet und verbessert. Anhand der gewonnenen Erkenntnisse wird anschließend wieder ein neuer Prototyp gebaut, der die Anforderungen erfüllt. Dieser Aufwand entfällt nun. Wenn die von Bludszuweit entwickelten Generationen in den empirischen Test gehen, dient dies nur noch der letzten Kontrolle. Je nach Auftrag ergeben sich zeitliche Einsparpotentiale von 20 bis 50 Prozent. Die wesentlichen physikalischen Prozesse im Gerät werden genau berechnet, so daß unliebsame Überraschungen in der Testphase entfallen.

Die Methode von ASD ermittelt beispielsweise, in welchem Zustand sich das Blut vor und nach dem Eintreten in das künstliche Organ befindet. Die empfindlichen Blutkörperchen können durch mechanische Einwirkungen schnell zerstört werden. Experimentelle Methoden erlauben den Entwicklern und Herstellern künstlicher Organe nur, den gegenwärtigen Stand ihres Produktes zu analysieren. Die virtuelle Entwicklung hingegen blickt in die Zukunft: Wie würde das Gerät funktionieren, wenn es tatsächlich gebaut würde?

Die Software, die auf den Rechnern von ASD läuft, ist nicht neu. In der Industrie wird sie in der Produktentwicklung bereits eingesetzt, beispielsweise im Pumpenbau. Zu den CAD-Funktionen kommen die Festigkeits- und Strömungsberechnungen hinzu. Dennoch kann Dr. Catrin Bludszuweits Team die vorhandene Software nicht eins zu eins umsetzen; denn sie ist in der Regel nicht auf biologische Systeme abgestimmt. So tüftelte die Ingenieurin spezielle Module aus, die beispielsweise die Blutschädigung vorhersagen oder eine schnelle Auswertung der riesigen Informationsmengen erlauben, die bei den virtuellen Tests entstehen. »Ein Gerät wird zuerst durch ein numerisches Modell nachgebildet«, erklärt Dr. Catrin Bludszuweit. Da die physikalischen Vorgänge in dem konstruierten Modell hochkomplex sind, wird der Innenraum in möglichst kleine Bereiche unterteilt. Für diese berechnet der Computer ein Gleichungssystem, um die physikalischen Vorgänge zu bestimmen. Je feiner die Auflösung, desto genauer ist das Ergebnis. Auf diese Weise kann die Ingenieurin beispielsweise für jeden beliebigen Raumpunkt die Strömungsgeschwindigkeit des Blutes in einer Pumpe feststellen. »Ich habe dann eine sehr schöne Vorstellung davon, was in den Geräten erfolgt.« Selbst für Hersteller sei das Produkt häufig eine Black Box; zwar sei die Wirkungsweise bekannt, nicht aber deren einzelne Ursachen. ASD hingegen ist in der Lage, auf Grundlage der virtuellen Tests gezielte Verbesserungen an der Konstruktion vorzuschlagen. So checkt das Ingenieurteam nicht nur die Konstruktionen der Hersteller künstlicher Organe durch, sondern schlägt zugleich echte Verbesserungen vor. Die Kunden sind sowohl national als auch international operierende Medizintechnikhersteller.

Trotz der erst kurzen Geschichte des Rostocker Unternehmens wissen die Firmen die Dienstleistung von ASD zu schätzen, weil sie entweder überhaupt nicht über die Möglichkeiten von Dr. Catrin Bludszuweit verfügen oder weil sie komplizierte Aufgaben nicht mit der gewünschten Effektivität lösen können. »Nicht die Hard- und Software machen unser Know-how aus, sondern die Erfahrung in der Modellierung künstlicher Organe«, erklärt die Unternehmerin. Weder in Deutschland noch irgendwo anders existiere eine Firma, die mit dieser Technologie in gleicher Weise arbeite. In der Konstruktion anderer technischer Produkte sei die Entwicklung schon weiter. Die Anwendung auf den medizinischen Bereich dagegen sei noch recht neu. »In der Automobilindustrie läßt auch niemand mehr als zehn Autos gegen einen Baum fahren, um festzustellen, ob dieses Modell crashsicher ist.« Kein Hersteller könnte sich das leisten. Die gleiche Herangehensweise müsse auch in der Medizintechnik stattfinden. ASD versuche diesen Prozeß anzustoßen und voranzutreiben, auch wenn biologische Systeme wesentlich komplexer sind. Möglicherweise habe die vorsichtige Herangehensweise dazu geführt, daß auf diesem Gebiet bisher kaum etwas geschah. Auch Austauschprozesse, etwa beim Dialysegerät oder der künstlichen Lunge, kann Dr. Catrin Bludszuweit mit ihrer Methode untersuchen.

Die Forscherin wird Freiberuflerin

Von Hause aus ist Dr. Catrin Bludszuweit weder Medizinerin noch Biologin. Vielmehr studierte sie in Rostock Maschinenbau; diese Kenntnisse kommen ihr heute zugute. Der strenge Studienplan hatte den Vorteil, zügig zu einem Abschluß zu führen. Das Spezialwissen erwarb sich Bludszuweit während ihrer Promotion in Glasgow, wo sie 1990 bis 1994 studierte. Aufgrund der Wende waren in Rostock die Strukturen an der Uni zusammengebrochen, weil es plötzlich an Professoren fehlte. Eine befriedigende Forschung war dadurch nicht mehr gewährleistet. Die fachliche Spezialisierung und das hohe wissenschaftliche Niveau zogen sie nach Glasgow. »Es gibt ein weites Feld zwischen Medizin und Ingenieurswissenschaften, das wir bestellen wollen«, fügt die Unternehmerin hinzu. Schon vor Glasgow hatte Catrin Bludszuweit überlegt, ob sich die Methoden der Simulation nicht auch in der Medizintechnik einsetzen ließen. Im Schiffsbau, der in Rostock dominierte, zeichnete sich bereits ein Trend in diese Richtung ab.
Der Gedanke der Selbständigkeit wuchs gleichzeitig mit den Forschungsergebnissen heran, die Catrin Bludszuweit in Glasgow erzielte. Die internationalen Tagungen lieferten der jungen Wissenschaftlerin ein wertvolles Forum. Das Echo auf ihre Vorträge ließ Interesse spüren; das Thema traf auf einen wirklichen Bedarf. Spezialisiert hatte sich die fleißige Forscherin auf Blutpumpen, mit dem Ziel, Schädigungen des Blutes theoretisch vorherzubestimmen. Vor den Entdeckungen von Bludszuweit hatte es ausschließlich empirische Experimente gegeben, um solche Schädigungen überprüfen zu können. »Man hat immer nur

gemessen, was an Blut hineingeht und wie es herauskommt«, berichtet Dr. Catrin Bludszuweit. Es habe aber niemand genau sagen können, woran das eigentlich liege und wo innerhalb der Pumpe die Blutschädigungen auftraten. Die genaue Analyse durch Computersimulation füllte die Wissenslücke auf diesem Gebiet. Nach anfänglicher Skepsis nahm das Interesse der Zuhörer zu, denen die Wissenschaftlerin ihre Forschungsergebnisse vorstellte. Kongresse und Tagungen fanden ein positives Echo. Als die Doktorarbeit unter Dach und Fach war, stand die frisch promovierte Doktorin vor der Alternative, entweder die Arbeit in der Schublade verschwinden zu lassen oder die Idee innerhalb eines größeren Unternehmens durchzusetzen. Es existierte jedoch noch eine dritte Möglichkeit – es alleine zu versuchen. Möglichkeit 1 hätte bedeutet, daß vier Jahre Forschung mehr oder weniger umsonst gewesen wären. Möglichkeit 2 wäre sehr schwierig zu realisieren gewesen, weil es in großen Unternehmen immer eingefahrene Strukturen gibt. Deshalb erschien der Doktorin der dritte Weg als der beste, wollte sie die eigene Idee publik machen und wirtschaftlich verwerten.
Die Konsequenz dieser Entscheidung war zunächst eine freiberufliche Tätigkeit, die Catrin Bludszuweit nach ihrer Rückkehr nach Deutschland in Rostock aufnahm. Ausgerüstet mit einem eigenen Rechner und Spezialsoftware arbeitete sie zunächst als Einzelkämpferin. Aufträge einer amerikanischen Firma ermöglichten ihr den Start und sorgten für Einnahmen, die Bludszuweit wieder für neue Investitionen nutzte, um neue Aufträge ausführen zu können. Einen Bankkredit hat sie nicht gebraucht. »Ohne industriellen Bezug wäre es viel schwieriger gewesen«, meint die 33jährige Unternehmerin. Den ersten Kunden hatte sie auf einer der Konferenzen kennengelernt, die sie zum Ende der Promotionszeit hin besucht hatte. Dies habe ihr die Entscheidung leichter gemacht, von der Wissenschaft in das Unternehmertum zu wechseln.

Die Freiberuflerin wird Unternehmensgründerin

Obwohl Dr. Catrin Bludszuweit ihr Unternehmen selbst aufbaute, war sie klug genug, mit einer Firma zu kooperieren, die sich mit einer ähnlichen Technik beschäftigt, deren Kunden aber vor allem aus dem Schiffsbau kamen. In einem der Gebäude des früheren Schiffsdieselmotorenwerkes befinden sich die Räume der MET, Motoren und Energietechnik GmbH. Das 15köpfige Ingenieurteam untersucht beispielsweise das Verhalten von Abgasen eines großen Passagierschiffes, um sicherzustellen, daß an Bord niemand durch Emissionen beeinträchtigt wird. Da MET mit denselben Computern und derselben Software arbeitet, die Dr. Catrin Bludszuweit benötigt, können die beiden Unternehmen sich je nach Auftragslage gegenseitig unterstützen oder von bestehenden Ressourcen gemeinsam Gebrauch machen. »Wir können so den Rechnerpool sehr viel günstiger nutzen, als wenn jeder sich alles einzeln anschafft,« erklärt die Unternehmerin. Die Verbindung mit MET habe sich in der jungen Firmengeschichte bereits bestens bewährt.
Mit den erfolgreich bearbeiteten Aufträgen des ersten Jahres entstand schließlich die Idee, die Freiberuflichkeit zur Unternehmertätigkeit auszuweiten und so auf eine breitere Grundlage zu stellen. »Das ist natürlich auch eine Imagefrage, weil man dann von großen Kunden viel ernster genommen wird«, fügt Dr. Bludszuweit hinzu. Im September 1996 startete die ADVANCED SIMULATION & DESIGN GMBH; kurz darauf stellte die Gründerin den ersten Mitarbeiter ein. Mittlerweile arbeiten vier Spezialisten in dem High-Tech-Ingenieurbüro. Das Kapital für die Gründung besorgte sich die junge Chefin auch beim zweiten Schritt ohne Banken oder Venture Capital-Gesellschaften. Lediglich von familiärer Seite flossen Mittel. Dr. Catrin Bludszuweit weiß genau, was sie will, ohne sich und ihr Unternehmen zu überschätzen. Bei ihren Investitionen greift sie nicht nach den Sternen, sondern orientiert sich am Markt und am realen Wachstum. »Ich denke, daß man in vernünftigen Dimensionen vorgehen muß, um wirtschaftlich zu bleiben«, meint die Ingenieurin. Eine Fachfrau ist Dr. Bludszuweit geblieben, auch wenn sie mit der Existenzgründung erst in die Managementposition hinein-

wachsen mußte. In den technischen Vorgängen mischt sie nach wie vor mit, auch wenn ab und an Auslandstermine auf sie warten. Diese Doppelbelastung läßt sich aber noch bewältigen. »Wir vertreiben eben keine Zahnbürsten, wo wir tagtäglich bei den Leuten vor der Tür stehen müssen, sondern größere Projekte«, erklärt die Unternehmerin. Inzwischen kämen die Kunden zu ASD, um sich die Technik anzuschauen. Der Markt der Medizintechnik sei international streng aufgeteilt. Die Zielgruppe von ASD ist demnach ohnehin sehr präzise fokussiert. Zwar gibt es nicht viele, dafür aber sehr große Firmen, die als Kunden in Frage kommen.

Dennoch sei das Marketing gerade für ein Jungunternehmen sehr teuer und aufwendig; denn viele Kunden sind international operierende Konzerne, die ihren Sitz nicht in Deutschland haben. Bludszuweit: »Da muß man sich schon genau überlegen, was und wo man präsentiert.« Dies sei ein sehr schwieriges Thema. Die Unternehmerin hatte immerhin das Glück, sich bereits durch ihre Forschung und Vorträge einen Namen gemacht zu haben. Die Neuheit ihrer Methode führte sogar dazu, daß ASD per Mundpropaganda weiterempfohlen wurde. Deshalb muß Dr. Bludszuweit nicht unbedingt auf Kunden zugehen, sondern diese melden sich von alleine bei ihr. »Auf dem Markt sind wir einmalig«, erklärt die Unternehmerin. Doch gerade weil es sich bei der virtuellen Entwicklung von künstlichen Organen um eine singuläre Herangehensweise handelt, sind längst noch nicht alle Firmen gewillt, sich darauf einzulassen.

Grundlagenforschung

Als innovatives Unternehmen soll ASD in Bewegung bleiben. Folglich ist der Anteil an Forschung und Entwicklung entsprechend hoch. Dazu gehört auch Grundlagenforschung, um auf eigene Faust neue Erkenntnisse zu gewinnen. Da diese Tätigkeit aber unabhängig von den Firmenaufträgen erfolgt, die den Umsatz bringen, ist Bludszuweit auf staatliche oder europäische Fördermittel angewiesen. »Im Moment sind wir für ein EU-Projekt tätig, um neuartige Methoden zu entwickeln«, berichtet die Ingenieurin. Diese »Schiene« müsse ein innovatives Unternehmen unbedingt weiterverfolgen, um den einmal gewonnenen Vorsprung auszubauen oder wenigstens beizubehalten. Alle Ingenieure von ASD sind entweder auf Biomechanik oder die Technologie künstlicher Organe spezialisiert. Darüber hinaus gibt es einen engen Kontakt zu Medizinern als Impulsgebern. Das Lesen und Schreiben von Forschungsberichten gehört für Dr. Catrin Bludszuweit ebenso zum Arbeitsalltag wie die konkrete Arbeit an den Aufträgen. Das bedeutet nicht zuletzt eine sehr hohe zeitliche Belastung. Feierabend und Freizeit gibt es für die Unternehmerin kaum. Probleme nehme sie mitunter auch mit ins Wochenende, wenn es ein solches denn überhaupt gibt. »Ohne Enthusiasmus wäre das nicht zu bewältigen«, meint Catrin Bludszuweit. Nicht der Traum vom großen Geld sei die entscheidende Motivation; diese bestehe vielmehr darin, eine Idee international durchzusetzen sowie die Entwicklung voranzubringen. In der Medizintechnik habe sie das Gefühl, etwas bewegen zu können. Zwar wolle jeder Unternehmer auch wachsen und ein bedeutendes Unternehmen aufbauen, doch Bludszuweit will realistisch bleiben. »Eine optimale Firmengröße bewegt sich im Bereich von acht bis zwölf Mitarbeitern«, behauptet sie. Mit dieser Größe würde das Unternehmen über ausreichend Kompetenz verfügen, um international mitzuhalten, ohne jedoch starre Strukturen auszubilden, die Beweglichkeit und eine ständige Anpassung an den aktuellen Wissensstand nur behindern. Allerdings könnte es sein, daß irgendwann neue Geschäftsfelder zur ASD GmbH hinzukommen werden. Dr. Catrin Bludszuweit ist für weitere Entwicklungen ihrer Firma offen.

Lernerfahrungen

Wie andere Wissenschaftler auch, die den Weg ins Abenteuer eines Unternehmerlebens gewagt haben, mußte die Ingenieurin erst Lernerfahrungen machen, um in die Rolle der Managerin hineinzuwachsen. »Man muß sich vor Augen halten, daß eine Idee nur dann erfolgreich durchgesetzt werden kann, wenn auch ein gut funktionierendes Unternehmen dahinter steht«, meint Catrin Bludszuweit. Die wirtschaftliche Orientierung sei eine unvermeidbare Bedingung. Insbesondere Verhandlungen mit großen Unternehmen wollen gelernt sein. Man müsse versuchen, die eigene Position festzulegen, auch wenn das Kräfteverhältnis dem nicht immer entspricht. Der Kunde hat dafür den Vorteil, mit einem Unternehmen zusammenzuarbeiten, das nachvollziehbare Prozesse vorweisen kann. Auf diese Weise kauft er niemals die Katze im Sack, sondern weiß dank erworbener DIN EN ISO 9001 Zertifizierung genau, mit wem er es zu tun hat. Darüber hinaus wurde die Firma für Entwicklungen nach dem Medizinproduktegesetz zertifiziert.

Management-Kurse hat Dr. Catrin Bludszuweit nie besucht. Sie ist den dornigen Weg des *learning by doing* gegangen. Darüber hinaus helfe der Kontakt zu Gleichgesinnten, mit denen die Unternehmerin Erfahrungen austauscht. Dazu zählt etwa auch der Kontakt zur Partnerfirma MET, die von ihrem Vater, Prof. Siegfried Bludszuweit, geführt wird. »So braucht man Fehler, die ein anderer schon begangen hat, nicht ein zweites Mal zu machen«, erklärt die Geschäftsfrau. Dabei kann es sich beispielsweise um die Vertragsgestaltung handeln, für die ein großes Unternehmen einen eigenen Juristen beschäftigt, der Kleinunternehmer aber nur seinen gesunden Menschenverstand hat.

Der Sprung in die Managementrolle bedeutet nicht zuletzt, plötzlich vor der Aufgabe zu stehen, Personal zu führen. Für Dr. Catrin Bludszuweit sind die Mitarbeiter das wichtigste Kapital der Firma. Ohne hochqualifiziertes und hochmotiviertes Personal könne sie mit dem Unternehmen nicht Marktführerin sein. Bei der ASD ist jedem Mitarbeiter ein Projekt zugeordnet, das er von der Akquisition bis zur Abrechnung eigenverantwortlich bearbeitet. Dadurch wirken die angestellten Ingenieure an vorderster Front am Produkt mit, haben aber auch direkten Kundenkontakt und erkennen unmittelbar, welche Probleme die Kunden an ASD herantragen. Niemand ist dafür abgestellt, ausschließlich administrative Aufgaben wahrzunehmen. Die Unternehmerin behält den Überblick über die regelmäßig stattfindenden Diskussionen, in denen die Projekte durchgesprochen werden. Eine feste Struktur gibt es dafür noch nicht. ASD kann es sich aufgrund seiner Größe noch erlauben, vieles auf kurzen Wegen informell zu erledigen. »Nur gemeinsam läßt es sich schaffen, nicht allein«, bewertet Dr. Catrin Bludszuweit den Zusammenhalt des kleinen Teams.

Wenn die Unternehmerin von ihrer Firma und den Geschäften spricht, ist ihre Stimme immer ruhig und sachlich, ohne nüchtern zu wirken. Doch die junge Ingenieurin kennt auch Ungeduld und Ärger. »Gerade wenn man mit öffentlichen Stellen zu tun hat, wundert man sich, wie unterschiedlich die Zeitrechnung ist«, formuliert sie diplomatisch. Das Stellen von Förderanträgen beispielsweise verlangt vom Antragsteller in erster Linie Geduld. Manchmal dauert es Monate, bis eine Antwort eintrifft. Ein junges Unternehmen, das mit der internationalen Entwicklung mithalten will, benötigt aber möglichst schnelle Entscheidungen; denn die Konkurrenz schläft nicht. »Jedes Grundlagenprojekt ist hochaktuell und kann eigentlich kein Jahr liegenbleiben«, erklärt die promovierte Wissenschaftlerin.

Gratwanderungen

Beim Marketing setzt die Unternehmerin ganz auf die Qualität und Vorreiterrolle ihres Produktes. Dann spiele auch der Firmensitz keine so wichtige Rolle mehr. Ohnehin finde die Kommunikation vielfach über das Internet statt. E-Mail-Kommunikation gehört bei der ASD zum Standard. Öffentlichkeitsarbeit findet hauptsächlich in Form von Berichten der Fachpresse statt, insbesondere, wenn es sich um öffentlich geförderte Projekte handelt. Industrienahe Projekte dagegen unterliegen in der Regel der Geheimhaltungspflicht. Der Gefahr, als Dienstleister kopiert zu werden, steht die Unternehmerin jedoch gelassen gegenüber. Sie vertraut auf ihren Technologievorsprung. Weil sie weiß, daß sie sich der Zusammenarbeit mit Unternehmen und Instituten nicht verschließen kann, gibt sie sich offen. Voraussetzung dafür seien allerdings gemeinsame Ziele.

Jungunternehmern empfiehlt die Ingenieurin, sich auf eine innovative Idee zu konzentrieren, an deren Erfolg man glaubt. Gerade zu Beginn müsse der Existenzgründer sehr viel Überzeugungsarbeit gegenüber den Kunden leisten. Das könne er aber nur, wenn er selbst von seinem

Produkt überzeugt sei. Wichtig sei es, früh genug Kontakt zur Industrie herzustellen, am besten schon während des Studiums, um sich nicht in akademische Probleme zu verwickeln: »Die wundervollste Idee nutzt niemandem, wenn sie keiner braucht und sie sich nicht vermarkten läßt.«

Als erstes deutsches Unternehmen an der Nasdaq

Alle 18 Monate verdoppelt sich die Belegschaft seines Unternehmens. Nach dem Börsengang schnellten die Umsätze in die Höhe. Von 1994 bis 1998 stieg der Ertrag um nahezu 100 Prozent. Kein Wunder, daß Dr. Metin Colpan, Gründer der QIAGEN AG, 1997 zum Unternehmer des Jahres gekürt worden ist. Das Produkt ist für Deutschland ungewöhnlich: Es gehört in den Bereich der noch immer angefeindeten Biotechnologie. Die QIAGEN AG hat sich in einem Hildener Industriegebiet niedergelassen. Hinter den Mauern des modernen Backsteinbaus wird produziert und geforscht. Dr. Metin Colpan sieht sein Unternehmen ständig auf der Überholspur. Um weiterhin Marktführer zu sein, läßt er sich den Bereich Forschung und Entwicklung rund zwölf Prozent des Umsatzes kosten.

Weltmarktpräsenz

Der Bedarf an biotechnologischen Produkten nimmt zu. Nukleinsäuren gehören zu den Grundbausteinen des Lebens und sind gewissermaßen das Medium für die Erbinformationen von Lebewesen. Sie liefern den Bauplan für Körperzellen und Proteine, die für den Stoffwechsel eines Organismus zuständig sind. Gibt es einen Defekt, kann das zu bösen Erkrankungen wie Krebs, Diabetes oder Arteriosklerose führen. Aus diesem Grund investierte die Wissenschaft in den letzten 20 Jahren viel Energie in die molekularbiologische Forschung, die in die Gentechnik mündete. Dabei ist die Reinheit der Moleküle wichtig, um zuverlässige und wiederholbare Experimente zu »fahren«.

Ziel sind präzise Ergebnisse, die für die Entwicklung und Herstellung von wirksamen Medikamenten geeignet sind. Im Bereich der Diagnostik ist darüber hinaus die Reinheit der Nukleinsäuren unerläßlich. Herkömmliche Verfahren sind zeitraubend, kostspielig und an den Einsatz gefährlicher Chemikalien gebunden. Um diesen Vorgang zu verbessern, hat QUIAGEN mehr als 250 Produkte entwickelt.

Als Colpan mit zwei Studienkollegen 1984 das Unternehmen gründete, gehörte er zu den Neulingen und mußte sich mühsam einen Kundenkreis aufbauen. Aber zum Börsengang auf dem Neuen Markt in Frankfurt am 30. Juni 1997 konnte das Unternehmen bereits 10 Patente in den USA, 20 in Deutschland und 39 in weiteren Industrieländern vorweisen. Um die meist noch manuelle Tätigkeit in den Labors zu perfektionieren, führte QIAGEN den *BioRobot 9600* ein, der den Umgang mit genetischen Proben automatisiert. »Es ist eine relativ stupide Tätigkeit, die keiner gerne macht, und wie in allen Bereichen macht ein Mensch mal Fehler oder verwechselt eine Probe«, führt Dr. Colpan aus. Neben der erhöhten Wirtschaftlichkeit gewährt der *BioRobot* zusätzlich eine erhöhte Sicherheit. Seine Aufgabe ist unter anderem, eine Mischung von Chemikalien herzustellen, die für die Analyse von Nukleinsäuren eingesetzt werden. QUIAGEN hat dadurch gleich zwei Produkte miteinander verbunden; denn der Roboter verwendet die Verbrauchsmaterialien des Unternehmens wieder. Das Unternehmen ist nicht auf ein bestimmtes, eingegrenztes Produkt fixiert. Die ausgeprägte Kundenorientierung führte beispielsweise dazu, ein automatisches Verfahren zu entwickeln, mit dem sich Nukleinsäure im Blut isolieren läßt. Darüber hinaus beschäftigen sich die QIAGEN-Entwickler mit der Lagerung und Erhaltung der Proben, die bei einem Transport leicht zerstört werden können. 1997 erzielte die QIAGEN AG insgesamt einen Nettoumsatz von 74,3 Millionen US-Dollar.

»Die Dienstleistung steht nicht so sehr im Vordergrund«, rückt der Gründer Dr. Metin Colpan das Produktportfolio zurecht. Sie sei mehr als Marketingaktivität denn als wirtschaftliches Standbein zu verstehen. Die Produkte von QIAGEN gehen alle in dieselbe Richtung: sie sind Einweghilfsmittel, um Nukleinsäuren zu isolieren. Dem Laien werden sie wie Spritzen erscheinen und ihn an das Umfeld einer Arztpraxis erinnern. Die Käufer finden sich sowohl im Bereich Forschung, Pharmaindustrie und verstärkt in Analyselabors von Kliniken oder Laborärzten. Vor allem für die Diagnose bei Infektionskrankheiten wie Aids oder Hepatitis B kommen die QIAGEN-Produkte zum Einsatz. Die Anforderungen sind dementsprechend unterschiedlich: Während ein Laborarzt sich eher mit einer Blutprobe beschäftigen wird, nimmt sich der Forscher etwa eine Bakterienkolonie vor. Die Dienstleistung hat im Gegensatz zu den anderen Produkten eine Lückenfüllerfunktion. »Das Ziel ist eigentlich, den Kunden dahin zu bringen, unsere Produkte einzusetzen, damit er seine Fragestellungen lösen kann«, erklärt Dr. Colpan. QIAGEN wolle ihm diese Aufgabe nicht als Serviceunternehmen abnehmen. Vom Umsatz her machen die Analysen weniger als fünf Prozent aus. Der *BioRobot* ist ebenso lediglich mit zehn Prozent am Umsatz beteiligt. Er ist ein Ergebnis der intensiven Forschung und Entwicklung, die QIAGEN betreibt. Für den Unternehmer ist der Vorsprung im Know how wichtiger Bestandteil seiner Strategie. Dr. Colpan: »Wir sind in einem sehr dynamischen Umfeld tätig, so daß sich die Anforderungen permanent ändern.« Dennoch seien die Produktzyklen sehr lang. Das älteste von QIAGEN verkaufte Produkt ist seit zwölf Jahren auf dem Markt und verkauft sich immer noch phantastisch. Es sei hier eben nicht so wie in der Mikroelektronik, wo ein Produkt, das vor zwei Jahren auf den Markt kam, heute nicht mehr existiert. Sein Markt sei eher mit dem der Pharmazie zu vergleichen, für den ein sehr hoher Forschungsaufwand betrieben wird, aber lange Produktzyklen bestehen. Mit Zulassungsproblemen hat QIAGEN glücklicherweise keine Probleme, wodurch sich die Entwicklungszeit auf ein bis drei Jahre beschränkt.

»Generell nehmen die genetischen Methoden im Bereich *Life-Science* eine immer wichtigere Rolle ein«, berichtet Dr. Colpan. Dieser Trend komme dem Unternehmen sehr zugute. Die starke Präsenz auf dem deutschen Markt macht dabei nur einen kleinen Teil der internationalen Ausrichtung der Aktiengesellschaft aus. »Deutschland repräsentiert weniger als zehn Prozent des Weltmarktes, und somit repräsentiert Deutschland auch weniger als zehn Prozent unseres Umsatzes«, gibt der Unternehmer Auskunft. QIAGEN sei in der glücklichen Lage, eine Weltmarktpräsenz zu besitzen, die der natürlichen Verteilung entspreche. Der US-Markt repräsentiere etwas mehr als 50 Prozent des Weltmarktes, und QIAGEN hole etwa 57 Prozent seines Umsatzes in den Vereinigten Staaten herein. Die Musik spiele nach wie vor in den USA. Das liegt laut Dr. Metin Colpan daran, daß es in Deutschland immer noch eine Aversion gegen Gentechnik gebe, auch wenn beim Einsatz gegen schwere Krankheiten die Akzeptanz mittlerweile zugenommen habe. Letzteres bedeute zwar einen Umschwung, doch dieser komme 15 Jahre zu spät. »Man hat die rote Gentechnik in der Medizin akzeptiert und ist jetzt gegen die grüne Gentechnik«, kommentiert Dr. Colpan die Situation. Trotz aller Gegenstimmen werde es aber in 15 Jahren auch die grüne Gentechnik geben, nur werde Deutschland dann diese Produkte aus dem Ausland importieren müssen. »Als ich studiert habe, hieß es: Chips vernichten Arbeitsplätze. Heute können Sie, bezogen auf den globalen Markt, die hiesige mikroelektronische Industrie fast vergessen«, setzt der Unternehmer fort. Auf allen deutschen Produkten klebe ein Schild: *Intel inside*.

Unternehmensgründung mit Venture Capital

1984 gründete Dr. Metin Colpan zusammen mit Dr. Jürgen Schuhmacher und Dr. Karsten Henco die QIAGEN GMBH in Düsseldorf. Erst 1991 zog das Unternehmen nach Hilden, weil die Räume zu eng wurden. »Wir kommen praktisch alle aus einem Stall. Der Doktorvater aller Gründer war Professor Riester, der an der Universität Düsseldorf lehrt«, berichtet Dr. Colpan von den Anfängen. Dr. Schuhmacher stieg 1993 wieder aus und gründete ein eigenes Service- und Diagnoseunternehmen »NewLab«. Auch Dr. Henco machte sich erneut selbständig und startete im gleichen Jahr mit der Firma EVOTEC in Hamburg. »Somit kann die QIAGEN durchaus von sich behaupten, die größte deutsche Bio- und Gentechnologiewiege zu sein«, ist Dr. Colpan stolz. Gemeinsam mit EVOTEC, NewLab und QIAGEN wurden bereits etwa 750 hochkarätige Arbeitsplätze in Deutschland geschaffen, deren Zahl jährlich beinahe um die Hälfte zunimmt.

Fachlich hatte sich Dr. Metin Colpan in einer Doktorarbeit auf das Unternehmen vorbereitet. Er beschäftigte sich mit der Isolierung von genetischem Material aus Pflanzen. »Das war ein rein akademisches Interesse. Aber man hat versucht, dieses Wissen auf anderen Gebieten anzuwenden«, erinnert sich der Unternehmensgründer. Darin liege ohnehin das Ziel eines Studiums: eine Ausbildung zu vermitteln, die sich auf andere Praxis-Gebiete anwenden lasse. Eine Feindschaft zwischen Biologen und Chemikern sieht der Praktiker Colpan nicht. Gerade aus dem Zusammenspiel der verschiedenen Fachrichtungen könnten neue Produkte entstehen. Was hingegen passiere, wenn sich Chemiker gegen Erkenntnisse der Biologie sträuben, ließe sich am Niedergang einiger Pharmaunternehmen studieren.
Aus der Universität heraus ein produzierendes Unternehmen zu gründen, das entsprechendes Kapital braucht, bedeutete für die jungen Gründer keine unüberwindbare Hürde. Den klassischen Weg über Bankkredite sind sie allerdings nicht gegangen. Vielmehr suchten sie sich einen Investor, der Risikokapital in das Vorhaben stecken wollte. »Wir sind vermutlich eines der ersten Unternehmen in Deutschland, die mit Venture Capital gegründet wurden«, bemerkt Dr. Colpan. Sowohl aus Deutschland als auch aus den USA flossen die finanziellen Ressourcen. Noch heute ist der amerikanische Venture Capital-Geber, eine Privatperson, der größte Aktionär der QIAGEN. Den Kontakt brachte Dr. Karsten Henco damals mit. Nach einem Gespräch von gerade einmal einer Stunde hatten die Gründer eine Zusicherung von drei Millionen Mark in der Tasche. »Er wollte nicht viel Papier haben, sondern nur die Idee kennen«, erzählt Dr. Colpan. Wichtig war auch ein Fonds, den die Stadtsparkasse Düsseldorf aufgelegt hatte, um den Strukturwandel in der Region zu fördern. Schließlich kam noch die Münchner TVM als größte deutsche Venture Capital-Gesellschaft hinzu, so daß der Start gesichert war. Zwar belief sich das Kapital auf nur fünf Millionen Mark, doch mehr sei nicht zu holen gewesen. Nun galt es »das Schiff zum Schwimmen zu bringen, ohne nasse Füße dabei zu bekommen«. Das sei mit sehr viel harter Arbeit, kreativem Denken und einem Quentchen Glück verbunden gewesen.

Erfolgsfaktor Kundenorientierung

Der entscheidende Erfolgsfaktor ist Dr. Metin Colpan zufolge die konsequente Hinwendung zum Kunden. »Der Kunde kommt nie zu Ihnen. Sie müssen sich selbst zum Kunden bewegen«, empfiehlt der Unternehmer. Wichtig sei es, sich in den Kunden hineinzuversetzen, um seine Wünsche zu erkennen. Der Kundenservice stehe auch heute bei QIAGEN an erster Stelle. »Der Service ist jedoch keine Einbahnstraße. Aus den Gesprächen läßt sich für uns erkennen, wo es Bedürfnisse gibt, für die wir neue Produkte entwickeln können«, fügt der Geschäftsmann hinzu.
Die unbekannte Rolle als Manager und die fehlenden kaufmännischen Kenntnisse bereiteten dem Gründer kein Kopfzerbrechen. Das meiste habe er sich durch *learning by doing* angeeignet. Der Unternehmer nimmt es leicht: »Ich glaube, Sie können nur bis zu einem gewissen Grad Unternehmertum beigebracht bekommen.« Gelernt werde lediglich der Umgang mit Werkzeugen. Man könne jemandem zeigen, wie er Ölfarbe anrühren müsse und was er zu tun habe, damit auf der Leinwand ein Bild entsteht. Mit großer Wahrscheinlichkeit werde aber niemand durch das Beherrschen dieser Technik gleich ein van Gogh. Ähnlich verhalte es sich mit dem Unternehmertum. Dazu gehöre die Gabe, Möglichkeiten zu erkennen und sie umzusetzen. Dr. Colpan vermutet sozusagen eine genetische Veranlagung zum Unternehmer; denn bei vielen Personen in dieser Position findet er dieselbe Eigenschaft wieder: Wachsamkeit gegenüber sich bietenden Chancen. Einige könnten es, andere nicht. Eine gewisse Risikobereitschaft gehöre ebenfalls zum Aufbau einer eigenen Firma. »Es gibt nichts ohne Risiko«, beteuert Dr. Colpan. Damit meine er aber nicht das blinde Risiko. »Ich würde nie aus dem Fenster springen und sagen: Mir wird schon nichts passieren«, fügt der Geschäftsmann hinzu. Vielmehr sei mit dem Risiko rationales Kalkül verbunden. Der Unternehmer müsse Strukturen, Nischen und Möglichkeiten sehen, bevor sie anderen auffielen. Geht alles gut, kann der Kunde ins Boot geholt werden, welcher einen neuen Nutzen in dem Produkt oder der Dienstleistung erkennt.

Dr. Colpan formuliert mit Bedacht. Sein gerader Scheitel und seine korrekte Erscheinung zeichnen das Bild eines ehrgeizigen Managers. »Da Sie viel mit Personal zu tun haben, kommt der Bereich Leadership noch hinzu«, ergänzt der Geschäftsmann. Hier habe er, wie andere auch, erst Lernerfahrungen machen müssen. Irgendwann müsse jeder Unternehmer unliebsame Entscheidungen treffen – zum Wohl des Ganzen, aber zum Nachteil eines Einzelnen, weil er nicht mehr ins Unternehmen paßt oder die Entwicklung hemmt. Die Konsequenz sei dann die Freisetzung. »Es ist vermutlich einfacher, auf der Vorstandsebene 5000 Leute zu entlassen als in einem 500-Mann-Unternehmen jemanden persönlich. Sie kennen das Einzelschicksal und müssen dem *face to face* begegnen«, meint Dr. Colpan. Man müsse der Person sagen, warum ihr gekündigt wird. In seiner Rolle als Führungskraft habe er selbst diese Situation erlebt und zunächst tagelang gezögert. »Man schläft nicht gut und hat einen verkrampften Magen.«

Eine weitere Lernerfahrung bestehe darin, als Unternehmer möglichst schnell Entscheidungen herbeizuführen. Es sei unmöglich, etwas auszusitzen und sich vor Konsequenzen und Entscheidungen zu drücken. »Speed-Management« heißt das entscheidende Stichwort. Ein Risiko wird nicht dadurch kleiner, daß man Zeit verstreichen läßt. Allen Unkenrufen zum Trotz bereite, zumindest in den Naturwissenschaften, schon das Studium auf dieses Prinzip vor. »Wenn Sie ein Experiment machen, gehen Sie auch ein Risiko ein«, erläutert der promovierte Chemiker. Zwar werde das Experiment sorgfältig geplant, aber das Ergebnis sei doch offen. So ähnlich verhalte es sich auch in der Unternehmensführung; die Führungskraft besorgt sich Informationen, befragt Kunden und schätzt den Markt ab, um dann einen Entschluß zu fassen. Von Beratern hält Dr. Metin Colpan nicht viel. Er habe sich bei dem Aufbau von QIAGEN nicht an die Hand nehmen lassen, sondern mit den anderen Gründern selbst das Schiff zum Schwimmen gebracht. Anders als in rechtlichen Dingen oder bei Spezialfragen könne die Unternehmensstrategie nicht delegiert werden. Die anfallenden Aufgaben hatten sich die Gründer entsprechend ihrer Stärken geteilt: Dr. Colpan war für Entwicklung, Vertrieb und Marketing zuständig, während sich Dr. Henco mit Anwendungstechniken auseinandersetzte und Jür-

gen Schuhmacher Managementaufgaben im Bereich der Verwaltung sowie die Produktionsprozesse übernahm.
Nach dem Ausstieg der beiden anderen Gesellschafter steht Dr. Colpan nun alleine an der Spitze von QIAGEN. Doch der Vorstand widerspricht dieser Formulierung: Er stehe zwar an der Spitze, sei aber nie alleine. Grundsätzlich sei es besser, gemeinsam mit anderen, zumindest aber zu zweit, ein Unternehmen zu gründen. Wer solo beginne, signalisiere, daß er bereits alles wisse. Doch das sei vermessen. »Ich habe eine Idee, von der ich glaube, daß sie umsetzbar ist, aber ich brauche jemanden, der mir sagt: Bis dahin hast Du recht, aber diesen Teil muß man anders machen«, erläutert Dr. Colpan. Man brauche einen Gegenspieler, der im gleichen Boot sitzt und Interesse daran hat, das Unternehmen nach vorne zu bringen.
Heute verbringt der QIAGEN-Manager 11 Stunden seines zwölfstündigen Arbeitstages in Besprechungen und sucht den Kontakt zu den Mitarbeitern. Für den optimalen Menschenkenner hält sich Dr. Colpan dennoch nicht – da bleibt der Geschäftsmann bescheiden. Andere könnten das vermutlich besser als er. Jungunternehmern empfiehlt er, den Mitarbeitern Freiräume zu lassen. Das verschaffe ihnen das Gefühl, etwas Wichtiges zu tun und nicht nur ein kleines Rädchen im Getriebe zu sein. Eine Führungskraft könne so Motivation unter den Mitarbeitern stiften. Das müsse aber nicht bedeuten, sich immer weiter vom konkreten Geschäft zu entfernen. Um sich, wie bei vielen amerikanischen Unternehmern der Fall, auf den Produktentstehungs- und Marketingprozeß zu konzentrieren, müsse man die operativen und administrativen Aufgaben eben weitgehend delegieren. Sich auf letzterem Feld zu entwickeln, bedeutet dagegen im Normalfall, sich vom Produkt zu entfernen. Auch Dr. Colpan hat Abstriche gemacht und Aufgaben abgegeben, um sich auf die unternehmerischen Aufgaben zu konzentrieren. So stellt er beispielsweise längst nicht mehr selbst das Personal ein, es sei denn, es handelt sich um sein direktes Arbeitsumfeld. »Eine technische Assistentin in der Forschung und Entwicklung stelle ich nicht mehr selbst ein, denn ich gehe davon aus, daß der Abteilungsleiter in der Lage ist, ihre Qualifikation zu beurteilen«, erläutert der Geschäftsmann. Keinesfalls delegiert werden könnten dagegen strategi-

sche Planung und Leadership. Dazu gehöre auch, Visionen aufzuzeigen und Mitarbeiter für das große Ziel zu begeistern. Dem Versuch, Mitarbeiter über ein hohes Gehalt zu beteiligen, gibt Dr. Colpan keine Chance. »Der Drive besteht darin, daß Sie Ihre Träume mit anderen teilen und sie mitträumen lassen,« ist der Vorstand überzeugt. Das geschehe nicht im geschlossenen Raum.

Gespräche und persönliche Kontakte sind der Schlüssel für Motivation. Colpan selbst schätzt die offene Kommunikation über alle Hierarchieebenen hinweg. Der Mitarbeiter solle wissen, daß er ihn ansprechen könne, wenn es ihm wichtig erscheint. Bei QIAGEN sei das gängige Praxis. »Das hat in der letzten Zeit natürlich abgenommen, weil es sehr schwierig ist, einen freien Termin bei mir zu bekommen«, gibt Dr. Colpan zu. Es käme keiner spontan in sein Büro, um irgend etwas zu fragen. Ein durchgestyltes betriebliches Vorschlagswesen gibt es allerdings noch nicht bei QIAGEN. Für den CEO ist das eine Frage der Unternehmensgröße. »So etwas wird dann notwendig, wenn die Mitarbeiter das Gefühl haben, bloß ein kleines Rädchen im Uhrwerk zu sein, und ich ein Verbesserungsprogramm auflege, weil die Leute das nicht von sich aus tun würden«, kommentiert Dr. Colpan. Wenn die Begeisterung und das Betriebsklima stimmten, seien Verbesserungsvorschläge eine Selbstverständlichkeit. »Es ist ja kein Job, den die Leute hier haben«, fügt der Unternehmer hinzu. Das gilt nicht nur für die Akademiker, sondern auch für die vielen Techniker im Haus. Jeder bekomme mitgeteilt, warum gerade seine Aufgabe wichtig sei und wozu die Ergebnisse beitrügen. Werde das nicht erklärt, werde der Mitarbeiter keinen Bezug zum Unternehmen entwickeln.

Die meisten Angestellten bei QIAGEN würden auch die Vision der Firma kennen. Dr. Metin Colpan zögert keine Sekunde, seine Zielvorgabe für die aufstrebende Aktiengesellschaft zu nennen: »Meine Vorstellung ist es, unsere Position, die wir im Bereich Forschung und Entwicklung aufgebaut haben, in die *Life-Science*-Märkte hineinzutragen und eines der führenden Unternehmen auf diesem Feld zu werden.« Das kann Genomics sein, aber auch molekulare Medizin, Diagnostik, Pflanzenschutz, Ernährung oder Therapie. Der Unternehmer kann sich vorstellen, nicht nur die bisherigen Produkte weiterzuentwickeln, sondern in

Zukunft auch Therapeutika anzubieten. »Ich kann nicht sagen, daß ich ein Therapeutikaprogramm habe, aber wenn sich die Gelegenheit ergibt und wir glauben, daß wir das erfolgreich umsetzen können, muß man das Risiko eines Einstiegs abwägen«, beschreibt Dr. Colpan seine Überlegungen.

Brüche in der Entwicklung des Unternehmens erkennt der Gründer nicht. Im Gegenteil, es existiere eine Firmengeschichte, in der sich die Organisation dem Wachstum ständig angepaßt habe. Ebenso sensibel habe QIAGEN auf den Markt reagiert. »Sicher verstärkt sich der Organisationsdruck, je größer das Unternehmen wird«, lenkt Dr. Colpan ein. Wer von 30 auf 60 Mitarbeiter wachse, habe ein 50prozentiges Wachstum vollzogen. Doch absolut gesehen, ändere sich wenig. Etwa alle 18 Monate verdoppelt sich die Belegschaft bei QIAGEN. »Wir machen in einem Monat eine Entwicklung durch, für die andere Unternehmen etwa ein Jahr benötigen«, ergänzt Dr. Colpan stolz. Alles laufe im Zeitraffer ab. Am Anfang wurden die Gründer lediglich von einer Sekretärin und vier technischen Assistenten unterstützt.

Als Holding an die Nasdaq

Die Hürde der ersten Kundenakquirierung läßt sich laut des erfahrenen Unternehmers nicht elegant umgehen. Irgendwann ist von jedem Basisarbeit zu leisten, auch wenn sie lästig ist. »Da müssen sie Ihren inneren Schweinehund überwinden, Ihr Köfferchen packen und von Tür zu Tür gehen«, empfiehlt Dr. Metin Colpan. Der Kunde komme nicht zum Gründer. Nur umgekehrt sei ein Start möglich. Dr. Colpan war sich nicht zu schade, bei den Universitäten anzuklopfen und sich eine Absage nach der anderen einzuhandeln. »Da fliegen Sie bei neunen raus und haben beim zehnten Glück«, erzählt der Gründer. Der findet aber vielleicht das Produkt viel zu teuer. Beim elften gehe man mit dem Preis herunter, und schon sei das erste Produkt verkauft. Der Unternehmensgründer hat selbst erfahren müssen, daß Ausdauer dazugehört, um den ersten Kunden zu gewinnen. Der erste Versuch wird nicht gleich den großen Durchbruch bringen. Der Anfangserfolg sei auch keine Garantie für den weiteren Erfolg. Da QIAGEN mit Verbrauchsgütern handelt, machte es wenig Sinn, mit Referenzkunden zu arbeiten, wie dies bei Firmen der Fall ist, die in hochbezahlten Projektgeschäften tätig sind oder teure Maschinenanlagen vertreiben. Das Produkt, das das Hildener Unternehmen verkauft, kostet im Durchschnitt 200 Mark. Ein einzelner Kunde entscheidet in diesem Fall nicht über Wohl und Wehe des Unternehmens. »Die Summe der Kunden ist entscheidend«, betont Dr. Colpan. Deshalb sei es wichtig, daß alle Kunden einen perfekten 24-Stunden-Service erhielten. Wissenschaftler arbeiten immer, so die Erfahrung des promovieren Chemikers. »Ich habe mal am 24. Dezember um 6 Uhr Abends eine Bestellung bekommen«, erinnert er sich.

Als QIAGEN wuchs und wuchs, mußte neues Kapital beschafft werden. Nicht nur Krisen, sondern gerade auch der große Erfolg stellen ein Unternehmen auf die Probe. »1993 machte das Unternehmen etwa 17 Millionen US-Dollar Umsatz, und wir hatten Liquidität für eine Woche«, beschreibt Dr. Colpan das damalige Problem. Das war mehr als knapp. Eine Lösung für den Engpaß war gefragt. Eine Kapitalerhöhung der Venture Capital-Gesellschaften fiel aus, denn QIAGEN war bereits profitabel. Damit war eine Kapitaleinlage mit extremer Wertsteigerung nicht mehr sinnvoll. Statt dessen boten sich Bankkredite an, doch dabei fühlte sich der Gründer nicht wohl. Eine Bank könne nicht beurteilen, ob eine Investition aussichtsreich sei oder nicht. Im schlimmsten Fall könne die Bank ein Klotz am Bein des Unternehmens werden. »Das heißt nicht, daß Banken nicht sinnvoll sind, aber die Abhängigkeit von einer Bank ist nicht sinnvoll«, ergänzt Dr. Colpan. So gab es nur noch die Möglichkeit, an den freien Kapitalmarkt zu gehen. 1993 gab es aber den Neuen Markt noch nicht. Dr. Colpan schätzt, daß vor allem mit der Werbung für die T-Aktie das Thema »Aktien« in Deutschland an Popularität gewonnen habe. Die Situation habe sich deutlich verbessert. »Wir haben uns dann entschlossen, als erstes deutsches Unternehmen in Amerika an die Börse zu gehen«, berichtet der Vorstand. Da jedoch eine deutsche GmbH nicht an die Nasdaq, die Börse für junge Unternehmen, gehen kann, war es notwendig, zunächst eine Holding zu gründen: die QIAGEN N. V. in den Niederlanden. Viele juristische und steuerliche Hürden waren zu überwinden, bis der Deal unter Dach und Fach war. Ein mehrstelliger Millionenbetrag für Anwaltskosten war notwendig, um den Stein ins Rollen zu bringen. 1991 zog Dr. Colpan einen Leiter für Finanz- und Rechnungswesen ins Unternehmen, der das Projekt begleitete.

Die QIAGEN-Story klingt nach einer Serie von Erfolgen. Wachstumsraten und Marktanteile lassen die Schwierigkeiten vergessen. »Es gab natürlich immer Phasen, in denen wir ein Produkt einführen wollten, und plötzlich ein Patent publiziert wurde, so daß wir das nicht mehr machen konnten«, berichtet Dr. Colpan von der harten Unternehmensrealität. Oder Produkte, in die große Hoffnungen gesetzt wurden, hatten plötzlich keinen Erfolg, oder es gab einfach eine Veränderung im Kaufverhalten. Existenzbedrohend waren die Krisen nie, doch sie erforderten Nerven. Der Unternehmer ist ehrlich: »Im Durchschnitt ist es so, daß man mindestens eine Nacht pro Woche nicht schlafen kann.« Auf die Frage, wie er mit dem Druck umgehe, zögert Dr. Metin Colpan mit der Antwort und weicht aus: »Tee trinken und die Sache neu angehen.« Doch im Grunde habe niemand eine andere Wahl, wenn er nicht den Kopf in den Sand stecken wolle. Natürlich werde immer ein Risiko einkalkuliert, das jedoch niemals existenzbedrohend sein dürfe. Ärger kommt bei der Gründerpersönlicheit Colpan dann auf, wenn Dinge zu langsam vorangehen. Geduld ist nicht seine Stärke.

Illusionen über Konsensentscheidungen und eine konfliktfreie Unternehmenswirklichkeit hat Dr. Metin Colpan nach vielen Jahren Erfahrung aufgegeben. Wie in der Politik suche man den kleinsten gemeinsamen Nenner. Zwar könne ein Konsens dadurch entstehen, daß alle Teilnehmer eines Meetings einer Entscheidung oder Meinung der Unternehmensleitung zustimmten. Das dürfe aber nicht bedeuten, daß im Falle unterschiedlicher Auffassungen nach einem schlechten Kompromiß gesucht werde. »Konsens bedeutet Abstieg«, lautet Colpans klare Überzeugung.

Mit Licht den Reaktionen von Enzymen auf der Spur

Türen gibt es nur wenige in den lichten Büroräumen des Hamburger Unternehmens. Nur selten wird eine Ausnahme gemacht, etwa bei der Personalleiterin. Lediglich Raumelemente – zum Teil aus Glas – geben den großzügigen Büros eine Struktur. Hier müssen alle an einem Strang ziehen: Biologen, Informatiker, Chemiker, Ingenieure und Techniker. Der interdisziplinäre »Ameisenhaufen« ist von Offenheit geprägt. Scheu vor fremden Disziplinen gibt es nicht, auch wenn das Aufeinandertreffen der verschiedenen Fachbereiche immer wieder eine Herausforderung darstellt. Jeder spricht seiner Wissenschaft gemäß eine andere Sprache und muß lernen, sich auf den anderen einzustellen. Bis spät in die Nacht arbeiten die Experten und führen an der großen Maschine Versuche durch, mit denen sie die Reaktionen von Enzymen beobachten. Das technische Personal dagegen arbeitet im Schichtdienst, um den Wissenschaftlern zur Seite zu stehen.

Hürdenlauf zur zweiten Unternehmensgründung

Die Geschichte der EVOTEC AG ist eng mit dem Hildener Unternehmen QIAGEN verbunden. Der Vorstandsvorsitzende Dr. Karsten Henco war bereits an der Gründung der börsennotierten Biotechnologiefirma QIAGEN beteiligt. Nach den Jahren an der Universität, die in eine Promotion mündeten, wechselte er ohne Umwege in die Selbständigkeit. Als er sich 1993 überlegte, ein neues Unternehmen zu gründen, saß Dr. Henco längst fest im Sattel. Trotzdem nahm der promovierte Wissenschaftler ein zweites Mal das Risiko auf sich. Mit einem Team von

Gründern brachte er eine bei QIAGEN entwickelte Technik mit dem Max-Planck-Institut für biophysikalische Chemie und dem schwedischen Karolinska-Institut zusammen. Das forschungs- und entwicklungsintensive Produkt ließ sich aber nicht aus eigener Kraft vorfinanzieren. So stand an allem Anfang die Suche nach Venture Capital in den USA. Der Erfolg blieb zunächst aus. »Das war die schlimmste Zeit für deutsche Start-up-Unternehmen«, erinnert sich Dr. Henco. Die Quellen, die es für die Gründung von QIAGEN noch gegeben hatte, waren bereits versiegt. Aufgrund des ersten Gentechnikgesetzes suchten sich Investoren lieber einen anderen Markt. Den Neuen Markt, der heute erlaubt, ein Investment wieder zurückzubekommen, gab es noch nicht. Der QIAGEN-Vorstand mußte sich daher entscheiden: Entweder das Unternehmen findet einen Investor für die neue Technologie, oder das Projekt muß eingestellt werden. QIAGEN selbst wollte nicht noch mehr Geld hineinstecken. Dr. Henco und einige andere Mitarbeiter zogen die Konsequenz daraus, kauften von QIAGEN die relevanten Patente und beschlossen, eine eigene Firma zu gründen. »Ein paar Monate später war es gelungen, in Hamburg Privatinvestoren zu finden«, berichtet Dr. Henco von dem Hürdenlauf vor der EVOTEC-Gründung. Die Professoren Freimuth Leidenberger und Heinrich Schulte, die in das Projekt einstiegen, verdienten ihr Geld vor allem mit der Analytik und Diagnostik im Bereich der Reproduktionsmedizin. Teils mit eigenem, teils mit von Banken geliehenem Geld steuerten sie zur finanziellen Basis von EVOTEC bei. Das unternehmerische Denken der beiden Professoren drückte sich in einem eigenen Labor und einer großen Praxis in Hamburg aus. Darüber hinaus hatten sie bereits im universitären Umfeld ein medizinisches Institut gegründet, das etwa hundert Leute beschäftigte. Auch einige der Investoren von QIAGEN haben inzwischen Geld in EVOTEC gesteckt.

Dennoch war und ist EVOTEC – abgesehen von freundschaftlichen Kontakten – völlig unabhängig von QIAGEN. Dr. Karsten Henco hatte im Hildener Unternehmen im Bereich Forschung & Entwicklung gearbeitet und nach Möglichkeiten gesucht, Ergänzungen für das Hauptprodukt zu finden. Fast hundert Prozent der Ressourcen investieren die Hamburger in Forschung und Entwicklung, die sie im Auftrag von großen Unternehmen durchführen, darunter Novartis und Smithkline Beecham. Insgesamt entspricht das einem Forschungsvolumen von 45 Millionen Mark, das 132 Mitarbeiter beschäftigt. Zwei weitere Auftraggeber kommen demnächst hinzu.

Kommerzieller Nutzen aus evolutiven Strategien

Der Kundenkreis, der für die vorhandene Forschungsdienstleistung in Frage kommt, ist derzeit noch sehr klein. Das macht das Erreichen einer dominanten Stellung auf dem Markt nicht einfacher – im Gegenteil: Will EVOTEC Erfolg haben, muß das Unternehmen mit dieser kleinen Zielgruppe erfolgreich sein. Da es sich um einen attraktiven Markt handelt, ist die Konkurrenz aber sehr groß. Ungefähr 90 Prozent der Krankheiten können derzeit noch nicht befriedigend therapiert werden. Dabei handelt es sich auch um Krankheiten wie Arthritis, Arteriosklerose oder Aids. Schon heute ist der Markt dafür etwa 300 Milliarden Dollar wert.

Das Produktportfolio der EVOTEC AG hängt eng mit der Suche nach Heilungsmöglichkeiten dieser Krankheiten zusammen. Dr. Björn F. Lindemann, der als Gesellschafter in das Unternehmen einstieg, ist vor allem an der Forschung beteiligt. Ende der 80er Jahre forschte der Molekularbiologe bei Professor Manfred Eigen über die Evolution von Viren. »Ich wollte wissen, warum bestimmte Viren ihr gefährliches Potential dadurch aktivieren können, daß sie sich enorm schnell anpassen«, beschreibt Lindemann, der inzwischen den Bereich »Corporate Communications« übernommen hat, sein Forschungsinteresse. Prominentestes Beispiel ist der verheerende Aidsvirus. Im Max-Planck-Institut beschäftigt man sich mit der Entwicklung von Verfahren, mit denen Wissenschaftler Nukleinmoleküle und später Proteine mit Methoden der molekularen Evolution verändern können. Den Bestandteilen werden im Labor quasi neue Aufgaben anerzogen. Die Natur hat ein fein abgestimmtes System herausgebildet, innerhalb dessen immer wieder kleine Veränderungen auftreten. Davon werden sich diejenigen durchsetzen, die am besten an das Umfeld angepaßt sind. Das läßt sich tech-

nisch simulieren. Die Biologen erzeugten zu diesem Zweck zunächst künstliche Varianten, in der Fachsprache »Mutanten« genannt.
Im Falle einer Infektion werden die Viren normalerweise vom Immunsystem vernichtet. Einigen jedoch gelingt es, auf Grund von Mutationen diesem Schicksal zu entgehen und sich zu vermehren. Das geschieht beispielsweise beim HIV-Virus. Die Hoffnung, Viren medizinisch zu begegnen, ist dennoch begründet. Der Kopiermechanismus von Viren ist darauf ausgelegt, durch das Einbauen von Fehlern möglichst viele Varianten zu erzeugen. »Das war für uns der Ansatz zu folgender Strategie: Wir helfen den Viren, sich zu vermehren«, berichtet Lindemann. Spezielle Wirkstoffe sollen die Fehlerrate so erhöhen, daß nur noch Viren entstehen, die nicht überlebensfähig sind. Diese Methode läßt sich mit dem wiederholten Abschreiben eines Textes vergleichen, dessen Fehlerhaftigkeit dadurch ständig zunimmt. Früher oder später ist der Sinn des Textes nicht mehr erkennbar. Das Institut hatte auf dieses Verfahren ein Patent, das in die Gründung der EVOTEC AG eingegangen ist. »Wir wollen aus unseren evolutiven Strategien einen kommerziellen Nutzen ziehen und diesen der Öffentlichkeit zur Verfügung stellen«, erklärt Dr. Lindemann. »Maßgeschneiderte« Enzyme für industrielle Anwendungen herzustellen, sei eine der Überlegungen gewesen. Solche gentechnischen Produkte finden mittlerweile bei der Erzeugung von Nahrungsmitteln, Leder oder Reinigungsstoffen ihre Anwendung, etwa wenn es darum geht, Fett-, Schweiß- oder Blutflecken mittels Enzymen zu lösen. Diese speziellen Enzyme müssen aber zunächst entsprechend »trainiert« werden. »Unser Ziel ist es, Enzyme herzustellen, die keine Allergien mehr hervorrufen«, führt der EVOTEC-Teilhaber aus.
Die großen Player auf dem Markt waren von der Methode, die das Institut entwickelt hatte, begeistert. Allerdings stellte sich nach vielen Gesprächen heraus, daß sie es vorzogen, einen eigenen Weg zu entwickeln, anstatt Lizenzgebühren für die Patente zu bezahlen. Lukrativer stellt sich der Markt im Bereich der Pharmazie dar. Das High-Tech-Unternehmen überwacht mit Hilfe von Lichtstrahlen Experimente mit kleinsten Mengen. Der Vorteil des gewählten Verfahrens besteht darin, einzelne Moleküle ausmachen und dadurch erkennen zu können, wie

sie auf die Testumgebung reagieren. Es ist sogar möglich, genau zu quantifizieren, wie stark ein Wirkstoff ist. Die meisten modernen Medikamente zielen darauf ab, schädliche Enzyme zu blockieren. Dafür setzen sich speziell entwickelte Moleküle gewissermaßen an die Stelle, an der sonst eine chemische Reaktion stattfindet. Dr. Björn Lindemann vergleicht die Wirkungsweise mit einem Flaschenkorken, der dafür sorge, daß weder etwas hinein- noch etwas herausgehe. Tausende von Proben mit minimalen Molekülvarianten würden dafür »unter die Lupe genommen«. Es sei immer wieder überraschend zu sehen, wie weit die Realität von den theoretischen Modellen abweiche. Selbst angesichts der Existenz computergestützter Verfahren, mit denen sich Moleküle sozusagen am Reißbrett entwerfen lassen, sind deshalb noch immer empirische Experimente notwendig, um Vermutungen zu überprüfen. Wird das gewünschte Ergebnis von einem Designmolekül nicht erfüllt, bleibt den Wissenschaftlern nichts anderes übrig, als leichte Veränderungen vorzunehmen und einzelne Bestandteile auszutauschen. »Ziel ist es, den besten Kompromiß zwischen Wirksamkeit, Verträglichkeit und Löslichkeit zu erhalten,« erklärt Dr. Lindemann. Der Patient ziehe schließlich eine Tablette einer Spritze oder einem Saft vor.

Entwicklungspipeline bis zum fertigen Produkt

Bis vor kurzem hat EVOTEC reine Entwicklungsarbeit betrieben. Die wissenschaftlich interessante und erfolgreiche Methode allein reicht aber nicht aus, um als kommerzielles Unternehmen zu wachsen. Dafür muß das entwickelte Verfahren effizienter und wirtschaftlicher als andere sein. EVOTEC hat sich daher entschieden, den Pharmaunternehmen den Rang abzulaufen. »Wir wollen sie ergänzen und bieten ihnen die Möglichkeit, Forschungsarbeit outzusourcen«, beschreibt Dr. Lindemann die Dienstleistung. Pharmakonzerne sprechen von einer Entwicklungspipeline, die mit der Suche nach Wirkstoffkandidaten beginnt und über viele Stufen der Forschung und Entwicklung schließlich zum Produkt führt. Zunächst werden große Substanzbibliotheken daraufhin untersucht, welche Moleküle für die geplante Anwendung in

Frage kommen könnten. Anschließend werden die Substanzen in Experimenten auf ihre Wirksamkeit hin überprüft. Dabei kann sich zum Beispiel herausstellen, daß ein Wirkstoff giftig ist oder die Zellteilung behindert und somit aus der Menge der möglichen Substanzen für ein Medikament ausscheidet. »Diese Experimente verschlingen sehr viel Geld, weil viele Menschen daran arbeiten, letztlich aber viele Moleküle auf der Strecke bleiben«, erklärt Dr. Lindemann das Problem. Deshalb hat EVOTEC nach einem Verfahren gesucht, die Testphasen zu verkürzen und effektiver zu gestalten. Der Bedarf dafür ist hoch; denn die Forschungs- und Entwicklungskosten explodieren förmlich. Im Durchschnitt vergehen zehn Jahre bis zur Markteinführung eines Medikaments, so daß Entwicklungskosten von etwa 500 Millionen US-Dollar entstehen. Das alles geschieht mit dem Risiko, daß ein Medikament von einem anderen überholt wird. Andererseits kommt es auch vor, daß ein Molekül mehrere Milliarden Dollar einbringt.

Die EVOTEC AG bietet eine Maschine an, die Testverfahren und dadurch Entwicklungskosten und -zeit einsparen kann. »Wo andere drei, vier Durchgänge machen, brauchen wir nur einen einzigen, um festzustellen, daß eine Substanz giftig ist«, erklärt Dr. Lindemann den Vorteil. Das habe auch Auswirkungen auf Tierversuche, die so viel bedachter und konzentrierter eingesetzt werden könnten. Da sich die Entwicklungskosten für eine große Maschine bei etwa 60 bis 80 Millionen Mark bewegen, ging das Hamburger Unternehmen eine Vereinbarung mit Partnern aus dem Pharmabereich ein. Während EVOTEC dadurch Kapital für die Entwicklung und Konstruktion der Maschine erhält, profitieren die Partner von dem Know-how und der fertigen Technologie, die ihnen zur Verfügung gestellt werden.

Die *Drug Discovery Plattform*, die EVOTEC seinen Partnern anbietet, setzt sich aus Methode, Verfahren, Hardware, Software und Datenbank zusammen. Damit läßt sich beispielsweise nach Molekülen suchen, die beim Verlauf einer Krankheit eine wichtige Rolle spielen. Bei der Alzheimer-Krankheit ist das etwa ein Gehirneiweißstoff, der sich zu langen fädigen Strukturen zusammenzufügen beginnt. Wird das Molekül gefunden, das dafür verantwortlich ist, sind die Wissenschaftler ihrem Ziel nahe, ein wirksames Mittel gegen Alzheimer kreieren zu können. »Wir haben gerade ein solches Zielmolekül gefunden«, berichtet Dr. Lindemann stolz. Die Maschine hilft aber auch, mögliche Wirkstoffe in ihrem Verhalten mit dem Zielmolekül zu testen. Je mehr Experimente EVOTEC durchführt, desto gezielter können die Wissenschaftler vorgehen; denn ihre Forschung wird von künstlicher Intelligenz unterstützt, die aus den erzielten Ergebnissen lernt und Modelle generiert. Zu viel Hoffnung steckt Dr. Lindemann allerdings nicht in eine virtuelle Forschung. »Wir hatten zeitweise eine große Gruppe von KI-Experten im Haus, die gute Ergebnisse lieferte; trotzdem ist man einfach noch zu weit weg von einem umfassenden Bild, das deutlich macht, was tatsächlich passiert«, meint der Molekularbiologe.

Vorsprung durch Interdisziplinarität und Internationalität

Auch seine zweite Unternehmensgründung vollzog Dr. Karsten Henco nicht allein. Einer der damaligen QIAGEN-Geschäftsführer, Dr. Ulrich Aldag, zog mit ihm am selben Strang. Im Februar 1998 schied dieser mit 67 Jahren aus der EVOTEC aus, ist der Firma aber als Berater weiterhin verbunden. Hinzugekommen dagegen sind sein Sohn Joern Aldag als Chief Financial Officer (CFO) und Tim Jessen als Chief Operative Officer (COO). »Wir verstehen uns als Team«, betont Dr. Karsten Henco. Zur erweiterten Unternehmensführung zählen noch zehn andere Mitarbeiter. Im gesamten Unternehmen ist EVOTEC auf eine enge Zusammenarbeit der verschiedenen Wissenschaftler und Ingenieure angewiesen. »Unsere Kultur ist kein statisches, sondern ein sehr dynamisches Element, das Sie auf Testbasis fördern und pflegen müssen«, meint Dr. Henco. Der theoretische Physiker etwa müsse dazu bewegt werden, mit dem Biologen Probleme auszutauschen. Die gesamte Innovation bei EVOTEC basiere auf Interdisziplinarität. Meetings, die die unterschiedlichen Disziplinen gezielt an einem Tisch zusammenbringen, forcieren den Austausch. »Bei uns ist es wirklich so, daß wir das babylonische wissenschaftliche Sprachgewirr auseinanderbekommen müssen«, lacht der EVOTEC-CEO. Wenn die Wissenschaftler spüren, wie wichtig ihr Beitrag für den Erfolg ist, löse sich automatisch das fachlich eingeengte Denken. Da EVOTEC große Maschinen baut, kann der Mitarbeiter genau nachvollziehen, an welchem Punkt der eigene Beitrag eingeflossen ist. Das Produkt ist nicht virtuell wie eine Dienstleistung, sondern sichtbar und konkret.

Während Dr. Henco früher einmal selbst Forschung betrieben hat, führt ihn seine Rolle als Unternehmer mehr und mehr weg von Detailfragen. Für den CEO ist das nicht unbedingt ein Problem, aber durchaus gewöhnungsbedürftig. Es sei ein Glück, daß er selbst eine ausgeprägt interdisziplinäre Ausbildung genossen habe. »Von daher habe ich gute Voraussetzungen, alles zu verstehen. Aber wenn ich ehrlich bin, verstehe ich nur noch 50 Prozent«, gibt Dr. Henco zu. Obwohl er an der Spitze von EVOTEC steht, hat sich der CEO vom Produkt selbst nicht entfernt. Seine Stärke liegt nach wie vor im Forschungs- und Entwicklungsmanagement. Der Manager gibt unter anderem die wissenschaftlichen Leitlinien vor. Joern Aldag dagegen hat ein sicheres Gespür für Märkte und Geschäfte, während Tim Jessen seine organisatorische Kompetenz in das Unternehmen einbringt. Bei QIAGEN sei es genauso gewesen, mit dem Unterschied, daß es bei EVOTEC anstelle einer gleichberechtigten Geschäftsführung einen CEO gebe. Die Struktur orientiere sich an amerikanischen Unternehmen, um einen Börsengang zu erreichen. »Ich verhalte mich aber nicht als CEO, sondern als Mitglied eines Teams«, meint Dr. Henco. Noch keine einzige Entscheidung habe er über die Meinung des Teams hinweg getroffen. Ohne ein leistungsfähiges und kritisches Team könne eine Arbeit, wie EVOTEC sie leistet, nicht mehr bewältigt werden. Aber bei einer Entscheidungsfindung müsse es jemanden geben, von dem alle wüßten, daß er derjenige sei, der sie treffe. »Wir kommen hier immer unter dem Druck zur Entscheidung, auch entscheiden zu müssen«, führt Dr. Henco aus. Zum einen herrscht Sachzwang, zum anderen gibt es jemanden, der mit einem Wort eine Entscheidung vorgeben kann. Daraus entstehe ein intrinsischer Zwang zum Konsens.

Auch bei seiner zweiten Unternehmensgründung hat Dr. Karsten Henco noch Lernerfahrungen machen müssen. »Die alten Fehler macht man nicht mehr, dafür wieder einige neue«, meint Dr. Henco. Der Lernprozeß höre nie auf. So sei das Gesicht von EVOTEC ganz anders als das von QIAGEN. Das neue Hamburger Unternehmen lebe nicht von der Hardware, sondern von den Mitarbeitern. »Was wir alle von Ulrich Aldag gelernt haben, ist das Bewußtsein von der Globalität des Geschehens«, berichtet Dr. Henco. Man müsse exakt wissen, was in den USA passiere, sonst sei man ganz schnell am Ende. Wer die Notwendigkeit einer Präsenz dort unterschätze, begehe einen tödlichen Fehler. Bisher unterhält EVOTEC Kontakte zu amerikanischen Partnern, doch schon im Laufe des Jahres 1999 soll es eine eigene Tochterfirma in den USA geben. Auf dem Papier gebe es die Firma bereits, doch das juristische Gebilde müsse noch mit Leben gefüllt werden. Darüber hinaus sei es wichtig, für Mitarbeiter offen zu sein, die aus anderen Nationen kämen. Knapp 15 Prozent der Mitarbeiter von EVOTEC sind Ausländer. Das bunte Völkergemisch reicht von Russen und Esten über Österreicher, Schweizer, Amerikaner bis zu Afghanen und Ghanaern. Das interkulturelle Management bereitet Dr. Henco keine Probleme. Das mag am wissenschaftlichen Hintergrund der Mitarbeiter liegen, der für eine gemeinsame Sprache und Kultur sorgt. »Es gibt spezielle Regionen in der Welt, in denen bestimmte Fertigkeiten besonders gut beherrscht werden«, begründet Dr. Henco die internationale Ausrichtung. Die theoretische Physik sei beispielsweise im Osten extrem gut. Daher existiert auch eine Dependance in Tallinn, Estland, in der sechs Mitarbeiter beschäftigt sind. Die Entscheidung, den Hauptsitz in Deutschland zu belassen, hat mit dem Umstand zu tun, daß sich das Max-Planck-Institut als Gesellschafter an EVOTEC beteiligt. Darüber hinaus sieht Dr. Henco auch Vorteile für den Standort Deutschland. Qualifiziertes und loyales Personal zählt etwa dazu. »Im Moment ist der Arbeitsmarkt für Unternehmen wie das unsere recht günstig.« Zur Zeit der Gründung von QIAGEN sei es aber noch schwierig gewesen, absolute Topleute zu finden. Mittlerweile habe sich das Blatt gewendet. »Das liegt unter anderem daran, daß die großen Konzerne und Unternehmen nicht mehr so viele Mitarbeiter einstellen.«

Faktoren des Erfolgs

Die größte Hürde beim Start von EVOTEC bestand in der Finanzierung von Innovation. Doch in den Augen von Dr. Henco hat sich das inzwischen völlig geändert. »Heute gibt es vielmehr das Problem, daß irrsinnig viel Geld vorhanden ist, welches anlagebereit ist. Im Gegenzug gibt es aber zu wenig Projekte mit guten Businessplänen«, meint der Unternehmer. Gesucht würden Projekte, aus denen lukrative Produkte bzw. eine Technologie mit ausreichend Potential für eine zukunftsversprechende Unternehmensentwicklung hervorgingen. »Ich kann nicht um jede gute Idee herum ein Unternehmen bauen«, erklärt Dr. Henco. Eine Idee, die Millionen abwerfen wird, mag in einigen Fällen durchaus besser an der Seite eines bestehenden Unternehmens aufgehoben sein.
Eine ausreichende Kapitaldecke ist wichtig, aber nicht der einzige Erfolgsfaktor beim Aufbau eines Unternehmens. Einen weiteren möglichen Stolperstein sieht der EVOTEC-CEO darin, erfahrenes Management zu bekommen, das sich nicht nur in einer Konzernstruktur zurechtfindet, sondern auch für ein kleines Jungunternehmen Topleistung erbringt. Das gilt sowohl für die Vorstandsebene als auch für ein Projektmanagement, das sich auf eine Milestone-Konzeption versteht: Erfolgreiche Projekte werden mit Etappenzielen geplant, welche sich anhand konkreter Kriterien überprüfen lassen. Ein Ziel wie dasjenige, gute Forschung zu betreiben, sei beispielsweise viel zu unkonkret und eigne sich gerade einmal für den Universitätsbetrieb. Aber kein deutscher Hochschulabgänger habe je das Gefühl für ein professionelles Projektmanagement erlernt, so daß diese Kompetenz in Jungunternehmen oft fehle. Hinzu kommt, daß es wenige erfahrene Manager gibt, die bereit sind, ihre sichere und karriereträchtige Position in einem Konzern aufzugeben, um risikoreiche Pionierarbeit zu leisten.
Dennoch ist der Vorstandsvorsitzende von Jobhoppern nicht sonderlich angetan. EVOTEC wirbt auch niemanden aktiv von einem anderen Arbeitsplatz ab. Mit Traumgehältern in unbegrenzter Höhe kann die junge EVOTEC AG neue Fachkräfte sowieso nicht locken. Zum Ausgleich dafür will Dr. Henco ein Stock Option-Programm anbieten, sobald EVOTEC an der Börse notiert wird. Ungünstige gesetzliche Rah-

menbedingungen vergällen allerdings die Freude an dieser mittlerweile häufig eingesetzten Möglichkeit der Mitarbeiterbeteiligung. Wenn ein Mitarbeiter die Option auf einen Anteil der Aktiengesellschaft erhält, hat er zunächst einmal ein Stück Papier in der Hand. Nun kann er Überlegungen anstellen, welchen Wert seine Anteile in fünf Jahren haben werden. Dieser kann um ein Vielfaches steigen oder im Falle eines Konkurses auf Null sinken. Das Finanzamt interessiert das allerdings nicht. Auch wenn das Risiko hoch ist, wird es den Mitarbeiter in Abhängigkeit des aktuellen Aktienwertes zur Kasse bitten. Doch woher soll dieser die Steuergelder nehmen, wenn seine Wertpapiere in den ersten Jahren gesperrt sind? Dr. Henco zufolge wäre es sinnvoll, die Steuern fällig zu stellen, wenn der Mitarbeiter in der Lage ist, die Wertpapiere gegen Geld einzutauschen. Solange dieser Weg nicht gegangen werden kann, werden die Schwierigkeiten, erfahrenes Management aus den USA zu gewinnen, bestehen bleiben – nicht nur für EVOTEC.

PIXELPARK GMBH

Die Multimediabrücke nach New York

Im Februar 1998 erklärte die Zeitung *Horizont* das Berliner Unternehmen PIXELPARK zur führenden Multimedia-Agentur in Deutschland. Als Paulus Neef und zwei seiner Freunde 1991 mit der Entwicklung von Multimedia-Anwendungen starteten, leisteten sie Pionierarbeit. Von Internet war in der Öffentlichkeit damals noch keine Rede. Auf vielen PCs lief lediglich das unkomfortable DOS, und der Apple Macintosh nahm mit seiner grafischen Oberfläche noch klar die Führungsposition ein. Heute, wo kaum eine Zeitschrift auf eine Meldung über das Internet verzichten kann und selbst Aldi Multimedia-PCs verkauft, kann PIXELPARK auf Wissen und Erfahrung zurückgreifen, die es seinen Wettbewerbern schwer machen. Rund 150 Mitarbeiter sind in der mittlerweile international tätigen Agentur beschäftigt, die im Geschäftsjahr 1997/98 einen Umsatz von 23 Millionen Mark erzielte. Das ist mehr als das doppelte des Vorjahres. Die Kundenliste von PIXELPARK ist lang. Auf ihr sind 20 Großunternehmen, wie die Comdirect Bank, Bertelsmann, die Messe Frankfurt und Adidas genauso zu finden wie etwa das Museum of Modern Art in New York oder auch Herbert Grönemeyer, der sich seinen Internetauftritt von den Berlinern gestalten ließ.
Die Geschichte von PIXELPARK ist von Schnelligkeit geprägt: Am Beginn stand die Ungeduld des Unternehmensgründers Paulus Neef, der nach seinem Ausstieg aus ComFactory nur drei Monate brauchte, um PIXELPARK aus der Taufe zu heben. Schließlich erkannte er frühzeitig, daß mit wachsender Mitarbeiterzahl eine neue Organisationsform gebraucht wird, die PIXELPARK nicht zu einem schwerfälligen Unternehmen macht, sondern die ursprüngliche Beweglichkeit beibehält.

Inzwischen ist Paulus Neef dem Weg der Globalisierung gefolgt und hat dafür rechtzeitig den Consulting-Bereich aufgebaut.

Wegbegleiter in die digitale Zukunft

Mancher Jungunternehmer, der auf der Trendwelle der neuen Medien mitsurfen will, wird von dem Erfolg träumen, den Neef sich erarbeitet hat. Eine Besonderheit von PIXELPARK fällt ins Auge: Die Multimedia-Agentur erstellt nicht nur bunte Internetseiten, sondern betreut den Kunden entlang der kompletten Wertschöpfungskette auf dem Weg in die digitale Zukunft. Zu den Geschäftsfeldern zählen Consulting, Electronic Business, Online Advertising, Intranet sowie strategische Forschung und Entwicklung. Der Consulting-Bereich ist noch recht jung: Die Frage, wie man die neuen Medien einsetzen soll, um wettbewerbsfähig zu bleiben, kann nach Meinung von PIXELPARK weder von Management-Consultants noch von IT-Entwicklern hinreichend beantwortet werden. Deshalb nutzt PIXELPARK seinen Erfahrungshorizont und das Know-how professioneller Berater, um gemeinsam mit den Kunden Strategien und Ziele zu entwickeln. Während für andere Consultants der Auftrag mit einer Analyse oder der Erstellung eines Konzepts abgeschlossen ist, begleitet PIXELPARK seine Kunden so lange, bis die Umsetzung abgeschlossen ist. Dementsprechend muß der jeweilige Berater die Qualität seiner Dienstleistung an der Praxis messen lassen und gegebenenfalls dafür gerade stehen.
Trotz unterschiedlicher Geschäftsbereiche gibt es bei PIXELPARK in Berlin keine abgeschirmten Abteilungsgrenzen. Die Großraumbüros der einzelnen organisatorischen Einheiten, *Units* genannt, sind bereits optisch offen angelegt. In der ehemaligen Halle einer Druckerei trennen Glaswände die Arbeitsplätze voneinander. Jedes der Units hat sich einen Namen gegeben und arbeitet selbständig. Ihre Leiter sind für den Erfolg verantwortlich. Eine dieser Einheiten beschäftigt sich beispielsweise mit Electronic Business, wozu maßgeschneiderte Bank-, Shopping- und Vertriebslösungen zählen, eine andere mit Online Advertising. Wie erfolgreich der Verkauf von Produkten über das Internet sein

kann, belegt das Beispiel Conrad Electronic. Seit August 1997 bietet Europas größter Elektronikhändler mehr als 30 000 Produkte im Netz an. Schon heute erreicht das virtuelle Kaufhaus mit durchschnittlich 250 Bestellungen am Tag den Umsatz einer kleinen, realen Conrad-Filiale. An diesem Erfolg ist die PIXELPARK-Unit für das Online Advertising mitbeteiligt; sie schaltete zielgruppengenau Anzeigen im Internet, um Kunden in das virtuelle Kaufhaus zu locken. Zugleich bietet Pixelpark eine objektive Erfolgskontrolle seines Marketings an. Ein weiteres Projekt aus jüngerer Zeit: der Internet-Auftritt der Comdirect-Bank. Er bietet neben der Information zu Kontotypen auch die Möglichkeit, Finanzgeschäfte online abzuwickeln. Dank der Zusammenarbeit mit Teledata kann der Besucher dieser Seiten sogar 100 000 Wertpapierkurse und Charts abrufen. Die Kreativität der PIXELPARK-Mitarbeiter kommt aber auch bei Netzwerken für geschlossene Benutzergruppen zum Tragen. 2000 Führungskräfte sind an das »Bertelsmann Executive Network« angeschlossen. Dort erhalten sie tagesaktuelle, auf die jeweilige Person zugeschnittene Informationen, die von einer zentralen Redaktion geliefert werden und in eine Datenbank einfließen. Eine Suchmaschine macht das Netzwerk zu einem Instrument des Wissensmanagements. Gleichzeitig tauschen die Führungskräfte damit Erfahrungen aus, die sie gemeinsam nutzen können.

Crash-Kurs zum Unternehmer

Paulus Neef ist alles andere als detailverliebt; sein Augenmerk gilt Leitlinien. Er ist weder gelernter Betriebswirt noch Grafikdesigner. Vielmehr studierte Neef Germanistik und Hispanistik an der FU Berlin und parallel dazu Diplom-Medienberatung an der Technischen Universität. Weil es Multimedia damals noch nicht gab, beschäftigte sich der Studiengang mit Fernsehen, Rundfunk, Film und Printmedien. Neef erinnert sich gerne an den Grundstein seiner Karriere. »Wir hatten die Möglichkeit, mit Dozenten aus der Praxis zwei- bis dreisemestrige Projekte durchzuführen«, erzählt der Unternehmensgründer. Im Grunde habe er damals schon die Facetten des späteren Multimedia-Konzeptes kennengelernt. Für Neef war die Ausbildung eine gute Vorbereitung auf die Zukunft, obwohl der Pioniercharakter des Studienganges deutlich zu spüren war. So stand zu seinen Zeiten noch die Frage zur Debatte, ob das Fach tatsächlich zur TU gehört oder den Geisteswissenschaften zuzuordnen sei. »Mein Schwenk zum Studiengang Medienberatung kam unter anderem deshalb zustande, weil ich es satt hatte, ständig lange Seminararbeiten für die Schublade zu schreiben, die höchstens der Assistent des Professors liest«, erklärt Paulus Neef. Das habe keinen Bezug zur Realität besessen. Dagegen stellte der Studiengang des Diplom-Medienberaters eine Schnittstelle zur Öffentlichkeit her, die den damaligen Studenten interessierte. Doch auch das war dem ruhelosen Studenten nicht genug. Neef arbeitete während seines Studiums als Fotograf, war für mehrere Agenturen tätig und am Aufbau des Fernsehsenders SK4 beteiligt. »Damals habe ich mehr gearbeitet als heute. Das ist kaum vorstellbar«, erinnert sich der Internetpionier. Weil er sich sein Studium von 1985 bis 1990 selbst finanzieren mußte, war er nicht zuletzt auch auf das verdiente Geld angewiesen. Der Unternehmer hat sich von Anfang an durchgebissen und hat dadurch ein Gespür für die Praxis bekommen.

Durch seine regen Nebentätigkeiten gewann Neef schließlich die ComFactory als ersten Kunden. Das Medienunternehmen hatte unter anderem den Auftrag bekommen, den SK4-Fernsehkanal aufzubauen, den Paulus Neef leiten sollte. Doch dabei allein blieb es nicht. Neef tanzte auf vielen Hochzeiten und war als Allrounder gefragt. Da zu der ComFactory 17 Firmen aus dem Bereich Video, Fotografie und Werbung gehörten, nahm er Aufgaben quer durch alle Geschäftsfelder wahr. So übernahm Neef beispielsweise die komplette Vermarktung eines Eishockeyclubs mit Sponsoringkonzept. Darüber hinaus hob er den Potsdamer Golfclub aus der Taufe. Am meisten begeisterte sich der PIXELPARK-Gründer jedoch für das Fernsehen; Frucht dieser Arbeit war eine Multimedia-Firma namens »Cinepool«. Obwohl er in allen Marketingbereichen gefragt war, interessierten ihn die neuen Medien am meisten. Deshalb bat er den Geschäftsführer von ComFactory, sich ganz auf Cinepool konzentrieren zu können. Dafür verlangte er freie Hand in der Führung der jungen Tochterfirma. Die Abhängigkeit von den

Entscheidungen der Gesellschafter wurmte ihn. »Immer wenn ich Gelder erwirtschaftet hatte und entsprechend planen und aufbauen wollte, bekam ich mit dem Hauptgesellschafter Probleme wegen der Verwendung der Mittel«, erzählt Neef. Neef ließ nicht locker und stellte die Gesellschafter vor die Entscheidung, entweder die Mehrheitsanteile von Cinepool zu übernehmen oder sein »eigenes Ding« zu machen.
Weil man Neef eine Beteiligung an allen 17 Unternehmen unter dem Dach der ComFactory angeboten hatte, wurde sein Ultimatum zuerst nicht ernstgenommen. Dieses eigentlich verlockende Angebot ging jedoch an den wirklichen Zielen Neefs vorbei, der nicht lange zögerte und nur drei Monate später ein Start-up wagte. Für die ComFactory sei das ein schwerer Schlag gewesen. Da er überall mitmischte, wußte Neef mitunter mehr als die Gesellschafter. »Ich bin quasi von heute auf morgen ausgeschieden«, erinnert sich der Gründer. Am 31.12.1990 war sein letzter Arbeitstag bei ComFactory. Dann ging alles Schlag auf Schlag: In einem unglaublichen Tempo stellte Paulus Neef Unternehmenskonzept, Finanzierung, Räume, Infrastruktur, Personal und erste Kunden auf die Beine, so daß er sein Unternehmen PIXELPARK bereits 1991 auf der CeBIT vorstellen konnte.
Weil er zu Beginn noch wenig von Unternehmensgründung und -führung verstand, suchte er sich einen Berater. Frank und frei wandte er sich an den Geschäftsführer des Bundes Deutscher Unternehmensberater (BDU), welcher ihn allerdings zunächst abwimmelte. Zum einen berate er nur Großkonzerne internationalen Zuschnitts und zum anderen habe er erst in einem halben Jahr einen Termin frei, wurde ihm beschieden. Für Neef war das nur Ansporn, mit Nachdruck und Ausdauer erst recht einen Termin durchzusetzen. Der BDU-Geschäftsführer zeigte sich von so viel Hartnäckigkeit beeindruckt und vereinbarte noch am gleichen Abend ein Treffen. Paulus Neef kann sich nach wie vor gut an die Situation erinnern. Ihm gegenüber saß der Berater, schlug seinen Terminplaner auf und verwies auf den übervollen Kalender. »Jetzt mache ich etwas, was ich noch nie gemacht habe. Ich berate Sie in meiner persönlichen Freizeit«, überraschte er Neef. Die Gründung bis zur CeBIT durchzuführen, halte er allerdings für unmöglich. Doch auch bei diesem Punkt lenkte der Topberater schließlich ein,

allerdings nicht ohne Neef zu warnen: »Das wird die härteste Zeit Ihres Lebens.«
Innerhalb von vier Wochen stand der 30-seitige Businessplan, angefangen bei der Einschätzung der Märkte bis hin zur Produktbeschreibung. Ohne Startkapital in der Tasche machte sich Neef schließlich zu drei Banken auf, die sofort Kredite in der gewünschten Höhe bereitstellten. Neef hatte dem Unternehmenskonzept noch ein Gutachten beigelegt, und das Renommee des Beraters hatte ihm die Türen geöffnet. Das Honorar für die Beratung, das Neef niemals hätte selbst aufbringen können, holte sich der erfahrene BDU-Geschäftsführer durch Fördergelder des Berliner Senats wieder. Für PIXELPARK war die 91er CeBIT dann wirklich der erhoffte ideale Startpunkt gewesen. Zu dieser Zeit hatte Apple noch eine Vorrangstellung bei Innovationen im Computerbereich inne. Man habe gewußt, daß das, was Apple gerade machte, die Konkurrenz drei Jahre später nachmachen würde. Dadurch wurde der Messestand der amerikanischen Firma zum Magneten auf der CeBIT. Folglich bemühte sich Paulus Neef darum, eine eigene Präsentationsfläche auf dem Applestand zu bekommen. Die Rechnung ging auf: Eine Woche lang wurde quasi Tag und Nacht geredet. Angefüllt mit Markteinsichten und Kundenwünschen konnte der Gründer anschließend mit seinem Unternehmen durchstarten.

Vom Schnellboot zum Tanker und weiter zu mobilen Flottilen

Das Fazit, das Paulus Neef aus dem Crash-Kurs zum Unternehmer zieht, bringt er auf eine einfache Formel: »Der Wille ist das einzig entscheidende.« Dann komme erst einmal ganz lange nichts. Wer unbedingt eine unternehmerische Existenz gründen wolle, bekomme es auch hin. Dafür müsse man allerdings eine Unternehmerpersönlichkeit sein, die gewissermaßen durch geschlossene Türen gehe. Erst an zweiter Stelle stünden die gute Idee und das entsprechende Managementwissen, vom Marketing bis hin zum kaufmännischen Know-how. »Ich halte viel von guten Beratern«, meint Neef. Dafür müsse ein Existenzgründer aber erst einmal wissen, was er kann und was er nicht kann.

Nur dann könne er sich gezielt Hilfe holen. »Viele überschätzen sich in dem Glauben, es reiche aus, eine gute Idee zu haben, die sonst niemand hat«, führt der PIXELPARK-Geschäftsführer aus. Dabei geraten mitunter Vertrieb und Marketing in den Hintergrund. Der größte Fehler, der immer wieder gemacht werde, bestünde darin, daß gute Techniker und pfiffige Erfinder sich nicht Partner suchten, die ergänzende Kompetenzen, beispielsweise die Fähigkeit, andere Menschen von einem Produkt zu überzeugen, mitbringen. Das PIXELPARK-Team selbst startete zu dritt. Im Rückblick sieht Neef die Entscheidung für eine Gründung im Team bestätigt: »Wenn man die PIXELPARK-Entwicklung in Bezug zur gesamten Branche setzt, wird deutlich, daß wir das aggressivste Wachstum und die schnellste Entwicklung genommen haben.« Den Grund dafür erkennt er darin, daß dem Marketingbereich im Unternehmen Priorität eingeräumt wurde. In der Praxis bedeutete das vor allem, PIXELPARK nach den Bedürfnissen der Kunden und des Marktes auszurichten. Wichtiger sei es, dasjenige anzubieten, wofür der Kunde auch bereit ist, Geld auszugeben, als allein nach dem technischen Potential Ausschau zu halten. Technikverliebtheit sei nach wie vor eine Gefahr.

Nach eineinhalb Jahren trennten sich die Gründer. Paulus Neef übernahm das Ruder des Unternehmens allein und baute ein Managementteam auf. »Es ist immer wichtig, jemanden zu haben, der sagt, wo es lang geht«, meint Neef. Jede Unternehmensführung benötige eine klare Leitlinie, die selten einem einzigen Kopf entspringe. Das muß nicht zwangsläufig eine streng hierarchische Struktur bedeuten. Neef ist der Überzeugung, daß Entscheidungen, wo immer es möglich ist, von denjenigen getroffen werden sollen, die sie betreffen oder die die Verantwortung dafür tragen müssen. Deshalb sollte das Management Entscheidungen und Verantwortungen so weit wie möglich delegieren. Sache der Unternehmensspitze sei nur die zentrale Weichenstellung. »Ein Nadelöhr zu haben, das alles entscheidet, halte ich für wenig sinnvoll«, betont der PIXELPARK-Chef. Diese Einsicht erklärt den Wandel der Firmenorganisation von einem »monolithischen Block« zu einem Unit-Modell. Nach dem Vorbild von Profitcentern stellt das Management Teams zusammen, die eigenständig Geschäfte abwickeln. Zwar gehören alle zu demselben PIXELPARK-Netzwerk, doch die *Heads of*

Units tragen eigene Verantwortung für Personal, Kunden, Budget und den Markt. Die Abstimmung erfolgt auf der Ebene der Geschäftsführung. »Weil wir trotzdem darauf achten müssen, daß es eine Corporate Culture gibt, haben wir zwei zentrale Positionen aufgebaut«, fügt Neef hinzu – zum einen den Bereich Corporate Communication, um die interne und externe Kommunikation zu optimieren, und zum anderen den Bereich Human Ressource, der sich mit der internationalen Suche nach Personal, mit Karrierewegen innerhalb von PIXELPARK und dem Stock Option-Programm befaßt. Dabei gelte es nicht, jede Neueinstellung von A bis Z zu begleiten, sondern vielmehr andere Heads of Units dabei zu unterstützen und zu beraten.
Das Unit-Modell war PIXELPARK nicht an der Wiege gesungen worden. Erst aus den Erfahrungen des wachsenden Unternehmens fand Neef zu dieser Organisation. Eine Firma mit bis zu 50 Mitarbeitern könne eine Führungskraft noch unmittelbar erfassen. In den ersten vier Jahren kannte Neef jeden einzelnen Mitarbeiter persönlich und wußte über dessen Tätigkeiten und Aufgaben Bescheid. »Ab einer bestimmten Größe können Sie aber nicht mehr jeden einzeln führen«, erklärt der PIXELPARK-Chef. In diesem Fall müsse das Management über Systeme verfügen, die eine Definition von Strukturen und Prozessen voraussetzen. Wer auf 80 Mitarbeiter anwachse, merke schnell, daß das Unternehmen plötzlich langsamer wird, weil aus einem kleinen Schnellboot ein großer Tanker geworden ist. Einen Tanker in einem Markt zu bewegen, in dem ein Kalenderjahr sieben Internetjahren entspricht, sei mit dem Entstehen von Wettbewerbsnachteilen verbunden. Nur wer zuerst kommt, kann auch die Märkte besetzen. »Diese Situation war ausschlaggebend für das Unitmodell«, erklärt Neef. Aus dem Tanker sollten wieder viele kleine Schnellboote werden, die mit kleinen Wettbewerbern mithalten können. Alle Mitarbeiter nutzen jedoch eine zentrale Datenbank mit Projektbeschreibungen und Know-how.

Brückenköpfe in der ganzen Welt

Ein internationaler Auftritt ist für Softwarehäuser eine Selbstverständlichkeit. Anders dagegen verhält es sich in Dienstleistungsunternehmen, die sich mitunter auf einen nationalen Markt beschränken können. Mit den Niederlassungen im Ausland ist PIXELPARK einen anderen Weg gegangen. »Sie müssen sich vor Augen führen, welches Business wir bedienen«, begründet Paulus Neef. Die Multimedia-Branche sei ein globales Business, das keine nationalen Grenzen kenne. Das globale Geschäft von einer einzigen Zentrale aus zu steuern, funktioniere nicht. Gebraucht würden regionale Servicequalitäten. Neef berichtet von dem Fall eines internationalen Unternehmens, das eine weltweite Ausschreibung startete, auf die sich nur Unternehmen bewerben konnten, die ebenfalls international organisiert sind. Nach Einschätzung des PIXELPARK-Chefs könnten 99 Prozent der deutschen Unternehmen diese Hürde nicht überwinden.
Ein weiterer Vorteil der Standorte in Basel, Paris und New York sei, daß eigene Entwicklungen ein zweites Mal für ausländische Kunden zum Einsatz kämen. Dazu zählen sowohl Dienstleistungen wie das Online Advertising, aber auch technische Produkte, beispielsweise im Bereich Electronic Commerce. »Wenn wir in andere Länder gehen, fangen die Niederlassungen nicht bei Null an, sondern setzen komplett auf unsere Systeme«, erklärt Neef. Darüber hinaus setzt PIXELPARK auf die Philosophie »Bridge to Europe«: Die New Yorker Niederlassung liefert Trends auf dem Feld von New Media, die sich in Deutschland immer erst ein wenig später durchsetzen. Gerade in New York sitze PIXELPARK quasi in einem »Haifischbecken«. Während in ganz Deutschland gerade 1200 Firmen im Bereich Multimedia tätig sind, haben allein in New York 5000 Unternehmen dieser Art ihren Sitz. Im Soho-Building, wo es die dichteste Anhäufung von Multimediafirmen gibt, ist auch PIXELPARK eingezogen. »Egal, was Sie dort machen, Sie fallen immer über irgendwelche Multimedialeute«, beschreibt Neef. Dennoch stellt der Wissenstransfer in die USA für PIXELPARK keine Einbahnstraße dar. So gebe es auf amerikanischer Seite den Bedarf von Internetfirmen, ihre Geschäftstätigkeit auf den europäischen Raum

auszudehnen. »Dabei merken sie sehr schnell, daß es um mehr geht als um eine reine Übersetzung der Inhalte, sondern unterschiedliche Kulturen und Strukturen vorherrschen.« Als europäisches Unternehmen in New York fungiert die dortige Niederlassung von PIXELPARK als eine Anlaufstelle für solche Probleme. Die entsprechende Beratung betrifft beispielsweise die Europäisierung von Produkten und Dienstleistungen. »Wir haben an den Brückenköpfen in New York, Paris und bald auch London die Beratungseinheiten, die unsere Kunden vor Ort in deren Landessprache und unter deren kulturellen Bedingungen betreuen können«, führt Neef aus. Von Deutschland aus funktioniere diese Brücke ebenfalls. 80 Prozent der PIXELPARK-Kunden sind international oder weltweit tätig. Für sie sei es spannend, gemeinsam mit PIXELPARK über »den großen Teich« zu gehen, um vor Ort eine Multimediaaktivität zu starten.

Beratung und Umsetzung aus einer Hand

Parallel zur geographischen Expansion erweiterte Neef auch das Leistungsportfolio seines Unternehmens. Gründungsidee war die Gestaltung der Schnittstelle von Mensch und Maschine, die sich als roter Faden durch die Firmengeschichte zieht. Die ursprüngliche Idee muß man jedoch immer wieder einer Prüfung unterziehen, damit Umsetzungen möglich werden, die dem Kunden wirklich weiterhelfen«, weiß Paulus Neef. Da Multimedia immer wichtiger werde, rücke das Thema zukünftig in den Bereich der Entscheidungen des Topmanagements. Dieses aber würde in der Regel mit den klassischen Beratern von Boston Consulting bis McKinsey reden. Paulus Neef hält bei solchen Beratungen Erfahrungen im technisch betriebenen Geschäft, über die PIXELPARK reichlich verfügt, für unerläßlich. So lag der Schluß nahe, eine eigene Consulting Unit aufzubauen. »Bei dem Recruiting haben wir darauf geachtet, daß wir uns hochpotente Koryphäen aus dem klassischen Consulting-Bereich hereinholen, damit Sprache und Kultur zusammenpassen«, berichtet Neef. Die richtige Wahl zu treffen, war schwierig. Bei allen großen Beratungsunternehmen hat PIXELPARK suchen lassen. Nun kann die Berliner Multimediaschmiede sowohl die klassische Beraterdienstleistung als auch deren Umsetzung anbieten. Zwar werde vom Berater Neutralität erwartet, doch der Erfolg der dadurch angestoßenen Projekte hänge sehr stark von der Verantwortung ab, die die Berater übernehmen. In der Praxis liege das größere Problem darin, daß die Berater im Moment der Umsetzung ihrer Vorschläge längst verschwunden seien und dann die eigentlichen Schwierigkeiten begännen.

Während in den ersten Jahren kreative Quereinsteiger und begeisterte Computerspezialisten die Entwicklung der Multimedia-Branche prägten, haben sich mittlerweile spezifische Berufsfelder und klare Anforderungsprofile herauskristallisiert. PIXELPARK definierte selbst einige der neuen Berufsbilder, zu denen das Unternehmen den Nachwuchs zum Teil selbst aus- und weiterbildet. Zu Beginn eines Projektes kommt der New Media-Konzepter zum Einsatz, der zunächst klärt, ob und in welchem Umfang ein Multimediaeinsatz sinnvoll ist. Anschließend erstellt er inhaltliche und technische Leitlinien, definiert die Strategie und entwickelt kreative Ideen für deren Umsetzung. Das Endprodukt ist ein Storyboard, eine Art Drehbuch. Für die visuelle Gestaltung der Projekte hingegen sind New Media-Designer verantwortlich. Mit der entsprechenden Software und den dadurch zur Verfügung stehenden Möglichkeiten müssen sie sich bestens auskennen. Ihre Aufgabe reicht von der Gestaltung und zielgruppengerechten Aufbereitung der Inhalte über die Umsetzung sinnvoller Benutzerführung bis hin zur Entwicklung digitaler Corporate Design-Konzepte. Ein drittes Berufsfeld bei PIXELPARK bilden speziell ausgebildete Programmierer, die dynamische und interaktive Internetseiten kreieren. Beispielsweise entwickeln die Mitarbeiter auf die Kundenbedürfnisse zugeschnittene Online-Shop-Lösungen oder -spiele. Neue Berufsfelder entstehen darüber hinaus auch im Bereich der Internetwerbung, wo Fachkräfte gebraucht werden, die wissen, wo und wie Anzeigen geschaltet werden müssen, wie der Erfolg kontrollierbar wird und welche weiteren Möglichkeiten es gibt, um die Zielgruppe zu erreichen. Schließlich benötigt PIXELPARK für seine noch recht junge Consulting Unit New Media Consultants.

Vom Prinzip der Kundenorientierung ist immer wieder zu hören, wenn Paulus Neef von seinem Unternehmen erzählt. Viele Gründer kranken seiner Meinung nach schon daran, den ersten Kunden zu gewinnen. »Ohne einen Kunden im Visier zu haben, brauchen Sie gar nicht erst anfangen«, meint der Pionier. Ein Unternehmer sollte deshalb erst einmal den Kunden und seine Bedürfnisse zu verstehen versuchen, ehe er sein Produkt anbietet. Der zweite Schritt besteht dann in der Frage: Habe ich ihm mit meiner Kernkompetenz überhaupt etwas zu bieten, das seine Probleme zu lösen hilft?

SOUNDDESIGN RONNEBAUM & SPRINGER

Geräusche, die den Kunden begeistern

1200 Watt steht auf meinem Staubsauger, und doch scheint sich seine Saugleistung in Grenzen zu halten. Jedenfalls hört er sich so an, als würde er sich vergeblich anstrengen. Jetzt knackt es noch irgendwo im Schlauch. Vielleicht sollte ich schon einmal an die Anschaffung eines neuen Gerätes denken.
Nicht nur das optische Design spricht die Menschen an, übt Anziehungskraft auf sie aus oder läßt eine bestimmte Qualität vermuten. Ein guter Staubsauger sollte auch so klingen wie ein guter Staubsauger und nicht wie ein frisierter Rasenmäher. Und wenn der Fön vor sich hinröchelt, statt ein gleichmäßiges Blasgeräusch von sich zu geben, hat er ebenfalls wenig Vertrauenerweckendes. Die Liste der Alltagssounds ist lang: Da ist der Reißverschluß, der sich sanft öffnet oder in einem ruppigen Zerrgeräusch auseinandergeht, die Schublade, die sich quietschend auftut oder gut geölt dem Schreibtischbesitzer entgegenrollt, oder der Drehstuhl, dessen ächzender Plastikfuß zu einer behutsamen Sitzkultur auffordert. Unter den Autofans ist es schon längst eine abgemachte Sache: Die Tür eines Mercedes Benz fällt wie die eines Safes ins Schloß. Ein gedämpfter und satter Klang vermitteln dem stolzen Besitzer, etwas Besonders zu haben, das für Wohlstand und Komfort steht. Dagegen freut sich der Besitzer eines Sportwagens, wenn die Zündkerzen unter der Kühlerhaube die Sinfonie eines aufheulenden Motors auslösen. Der Sound macht die Musik.

Soundkosmetik

Die beiden Physiker Thorsten Ronnebaum und Nils Springer haben die Bedeutung des Sounds erkannt und machten daraus ihre Geschäftsidee. SOUNDDESIGN RONNEBAUM & SPRINGER nennen sich die beiden Existenzgründer, die sich mit ihrem Ingenieurbüro im norddeutschen Cloppenburg angesiedelt haben. Der Standort ist kein Zufall; denn die Wurzeln der Unternehmensidee reichen auf die Studienzeit an der nahe gelegenen Universität Oldenburg zurück, die den Fachbereich Psychoakustik beherbergt. Die Dienstleistung des innovativen Duos besteht im Geräuschdesign für Industrieunternehmen. Die beiden Naturwissenschaftler verschanzen sich dafür vorzugsweise in schalltoten Räumen mit aufwendigen Spezialwänden. Meist gilt ihre Aufmerksamkeit einem Kunstkopf, der aussieht wie ein Kopfhörerständer, in Wirklichkeit aber jede Geräuschnuance sensibel registriert und an einen Computer weitergibt. Manchmal finden Ronnebaum und Springer sogar wieder den Weg an die Universität zurück, um komplizierte Messungen vorzunehmen. Aus eigener Tasche könnten sie die dafür notwendigen Räumlichkeiten nicht finanzieren, so daß die Mietmöglichkeit sehr hilfreich ist. Zwar besteht die Kernkompetenz der Jungunternehmer in der Akustik, doch spielt noch viel mehr Wissen und Erfahrung in ihre Arbeit hinein. »Wir verändern Geräte bis zu dem Punkt, daß ihr Geräusch zum Produkt paßt«, erklärt Nils Springer.

Erzählen die beiden Unternehmer von ihrem Geschäft, hört sich das völlig selbstverständlich an. Von prahlerischem Stolz keine Spur. Das Duo bleibt auf dem Teppich. Während die Automobilindustrie schon lange den Gewinn des Sounddesigns entdeckt hat, sind andere Branchen beinahe noch unbeschriebene Blätter für unternehmerischen Ehrgeiz. »Die konnten es sich nicht leisten, dafür eine gesonderte Abteilung aufzubauen«, erläutert Nils Springer. Dementsprechend konzentrieren sich die norddeutschen Physiker auf mittelständische Betriebe, konnten aber auch schon Automobilkonzerne auf sich aufmerksam machen. Am Anfang vermuteten die beiden Existenzgründer, daß sich vor allem Haushaltsgerätehersteller für ihre Dienstleistung interessieren würden. Doch mit der Zeit stellte sich heraus, daß das Interesse quer durch alle

Branchen geht. Im Prinzip ist die »Soundkosmetik« für alle Produkte sinnvoll, die bewegliche Teile enthalten und mehr oder weniger geräuschvoll Aufmerksamkeit auf sich ziehen.

Soundforschung

Neue Knusperchips, die frisch entwickelte Schokoladenlegierung oder das innovative Mountainbike: sie alle finden ihre Tester. Warum nicht auch Sounds und Geräusche? Tatsächlich hat Ronnebaum & Springer bereits eine Datei von Testpersonen, aus der je nach Projekt und Produkt ausgewählt wird. Wird das Unternehmen aktiv, besteht der erste Schritt darin, die subjektive Geräuschwirkung festzustellen. Dabei gilt die Aufmerksamkeit zunächst denjenigen Geräuschen, die als negativ oder störend empfunden werden: ein unangenehmes Pfeifen, Brummen, Quietschen, Rattern, Näseln oder Vibrieren. Jedes Produkt erfordert einen neuen Fragebogen, der mit gegensätzlich entsprechenden Begriffen die Geräuschwirkung abfragt: Ist sie eher laut oder leise? Eher angenehm oder unangenehm? Dort, wo die Auswertung Extreme sichtbar macht, gelangen die beiden Physiker zu einer geeigneten Beschreibung des Geräusches. Zum Teil ergänzen sie ihren Fragebogen, wenn sie bereits auf ganz bestimmte Eigenschaften aufmerksam geworden sind, beispielsweise durch das Begriffspaar »kraftvoll« und »nicht kraftvoll«. Springer denkt an einen Motor, dessen Geräusch – wie bei einem Sportwagen – bereits Leistung dokumentieren soll. Eine teure Limousine dagegen soll am besten geräuschlos über den Asphalt gleiten.
Die Geschmäcker sind verschieden. Deshalb werden mal ältere, mal jüngere Menschen zum Probehören eingeladen. Entscheidend ist die Zielgruppe des Herstellers. Mitunter muß Ronnebaum & Springer Anzeigen schalten, wenn die Testpersonen-Datei nicht ausreicht. Auf die Straße geht das Unternehmen allerdings nicht, um Marktforschung zu betreiben. Aus der bunten Menge läßt sich nur schwer die entsprechende Zielgruppe herausschälen. Eine Alternative besteht darin, sich gleich vor Ort zu denjenigen zu begehen, die mit dem Produkt zu tun

haben. »Wenn es sich um Werkzeuge handelt, dann gehen wir in Firmen und erkundigen uns danach, ob es möglich ist, eine Befragung durchzuführen«, führt Thorsten Ronnebaum aus. Wichtig sei vor allem, die Geräte in einer Alltagssituation »abzuhorchen«. Eine Laborsituation würde das Ergebnis verfälschen, da einige Geräusche plötzlich ungewohnt oder zu laut erscheinen würden. Eine Küchenmaschine wird deshalb auch in einer Küche vorgestellt, in der die Geräusche durch die Raumakustik in einer typischen Art und Weise verstärkt bzw. abgeschwächt werden.

Welche Geräusche störend wirken und welche nicht, hängt sehr vom Produkt ab. Dennoch gibt es auch einige generelle Erfahrungswerte. »Fast immer wirken viele hohe Frequenzen eher störend«, weiß Nils Springer. Angenehmer seien dagegen die tieferen Frequenzen. Eine allgemeine akustische Ästhetik existiert allerdings nicht. Bei jedem Projekt fängt das Unternehmerduo gewissermaßen bei Null an und leistet detektivische Arbeit.

Die objektive Messung der Geräuschentwicklung ist der zweite Schritt bei einem Auftrag. Im Meßraum des Ingenieurbüros werden die Testobjekte auf Herz und Nieren geprüft. Mit ihrem geschulten physikalischen Wissen werten RONNEBAUM & SPRINGER das gesamte Frequenzspektrum aus, um herauszufinden, wo der Quälgeist sitzt. Ziel ist es, die Störgeräusche auch meßtechnisch zu erfassen. Die Umwandlung der akustischen Daten in eine Grafik hilft ihnen dabei. Daß Physiker bei einer Spektralanalyse eines gebrochenen, aufgefächerten Lichtstrahles erkennen können, aus welchen Elementen die Materie besteht, die das Licht reflektiert, ist bekannt. Um die materielle Zusammensetzung entfernter Planeten zu erforschen, ist das sogar der einzige Weg. Beim Sounddesign verhält es sich ähnlich. Die grafische Umsetzung der Analyse besteht aus einem Feld von kleinen farbigen Rechtecken. Die horizontale Ebene repräsentiert das Frequenzspektrum von tiefen bis zu hohen Tönen, die vertikale das periodische Auftreten der Frequenzen. Beispielsweise ist denkbar, daß das schleifendes Geräusch eines Motors in einem bestimmten Takt auftritt. Die Grafik stellt die Lautstärke schließlich durch unterschiedliche Felderfarben dar. So läßt sich auf einen Blick eine auffällige Frequenz ausmachen. In einem Fall ging es um das lästige Brummgeräusch einer automatischen Sitzverstellung. Nach ihren Messungen entdeckten die Physiker, welche Tonhöhe für den rauhen Klang ausschlaggebend war und in welcher Wiederholungsfrequenz sie auftauchte. Zugleich konnten sie Rückschlüsse daraus ziehen, woher die Geräusche kamen. Es lag nahe, danach zu suchen, ob sich ein Element in der festgestellten Wiederholungsfrequenz bewegte.

Wenn es darum geht, Rückschlüsse auf die Konstruktion zu ziehen, ist Erfahrung gefragt. Welche Details führen zu dem Brummen? Warum klingt der Motor so hell? Woran liegt es, daß der Staubsauger so schmalbrüstig klingt? »Wir gehen soweit, Vorschläge für die Konstruktion zu machen«, beschreibt Nils Springer seine Dienstleistung. Die Umsetzung erfolgt schließlich gemeinsam mit dem Hersteller, da das Ingenieurbüro keine serienreife Produktion liefern kann. Springer: »Wir sagen nur: Da muß sich etwas ändern, das ungefähr so aussieht.« Dann sind die Ingenieure des Kunden herausgefordert, die Hinweise des Physikerteams aufzugreifen. Oft beziehen sich die Empfehlungen auf ein anderes Material, eine veränderte Lagerung des Motors oder eine verbesserte Dämpfung. Wirksam werden solche Empfehlungen aber erst, weil RONNEBAUM & SPRINGER genau angeben kann, wo etwas geändert werden muß.

Bevor es zu diesem Entschluß kommt, überlegt sich RONNEBAUM & SPRINGER, welcher Klang sich für die Zielgruppe am besten eignen würde. Das Unternehmerteam zeichnet dazu die Geräusche mit einem Computer digital auf und verändert sie zu realistischen Varianten. Bestimmte Frequenzen lassen sich verstärken, herauf- oder herabsetzen, herausfiltern oder abdämpfen. Musiker, die ein modernes Tonstudio besucht haben, kennen das Verfahren. Die Ergebnisse werden wiederum der Testjury vorgestellt, die über ihren Favouriten-Sound entscheidet. Die Physiker erhalten dadurch zugleich Auskunft darüber, wie weit sie gehen müssen, damit ein negatives Geräusch nicht mehr als solches wahrgenommen wird. Oft ist es gar nicht notwendig, ein Störgeräusch restlos herauszufiltern, sondern es läßt sich durch einen anderen Ton neutralisieren; die technische Umsetzung wird dann entsprechend leichter und kostengünstiger.

Sounddesign

»Die Praxis sieht nicht so aus, daß am Computer ein Geräusch entworfen wird, das man erreichen will«, räumt Nils Springer mit falschen Vorstellungen über ihren Job auf. Vielmehr habe man eine Zielvorstellung, an die man sich durch verschiedene Maßnahmen heranzutasten versucht. Mit der Zeit sammelten die beiden Unternehmer Erfahrungswerte, wie ein bestimmter Sound zu erreichen ist, oder welche Wirkungen Geräusche haben. Schließlich macht gerade das Wissen, wie sich ein Staubsauger anhören muß, wenn er kraftvoll klingen soll, einen wichtigen Teil ihrer Kompetenz aus. Unbegrenzt sind die Möglichkeiten aber nicht. »Aus einem billig zusammengeschraubten Gerät kann man nichts herausholen«, meint Nils Springer.

Ist ein Projekt abgeschlossen, bekommt der Kunde zunächst einen schriftlichen Bericht auf den Tisch. Darüber hinaus bietet das Unternehmen ein Funktionsmodell an, das die Verbesserungen vorführt. »Das Funktionsmodell zeigt auf, was mit dem Klang passiert, wenn man eine Veränderung vornimmt«, erklärt Nils Springer und weist damit auf den Unterschied zwischen einem Funktionsmodell und einem Prototypen hin. Etwas Vorführbares ist das beste Argument. Trotz der jungen Unternehmensgeschichte gibt es bereits eine Reihe vorzeigbarer Projekte. In einem Fall ging es um eine Waschmaschine, deren Bedienungselemente ein verwirrendes Klacken erzeugten. Dann hatte das Physiker-Duo eine Duschtür zu testen, um herauszufinden, ob das Geräusch tatsächlich Leichtgängigkeit vermittelte. Der Auftrag war längst nicht so einfach durchzuführen, wie es den Anschein hatte. Schließlich benötigten die Testhörer eine reale Umgebung, also ein Badezimmer. Wegen der vielen Schallreflexionen der gekachelten Wände war es aber nicht möglich, Messungen vorzunehmen; denn auch eine gewissenhafte Analyse hätte keine sicheren Ergebnisse liefern können. So blieb ihnen nichts anderes übrig, als in ihrem schalltoten Meßraum eine komplette Duschkabine aufzubauen. Bei einem weiteren Projekt galt es, eine Schublade zu untersuchen, die sich leichtgängig öffnen lassen und auch entsprechend klingen sollte. Gerade in der Möbelindustrie sieht Nils Springer noch großes Potential für die Akquirierung neuer Aufträge.

Psychoakustik

Der außergewöhnliche Fachbereich der Psychoakustik hatte die beiden Existenzgründer während ihrer Studienzeit besonders fasziniert. »Da spielt viel Psychologie mit hinein, aber auch die Funktionsweise des menschlichen Gehörs«, erklärt Springer das Forschungsgebiet, dessen Ziel es ist, die Wirkung von Geräuschen auf Menschen zu erklären. Eine naheliegende Frage wie diejenige, warum etwa die Töne einer Violine vielen traurig erscheinen, untersuchen die Psychoakustiker nicht. Damit beschäftigen sich Musikwissenschaftler. »Es ist schade, daß es zwischen beiden noch keine richtige Zusammenarbeit gibt«, bedauert Nils Springer. Die Musikwissenschaftler würden sehr viel über die Wirkung von Klängen wissen, aber ihre Erkenntnisse in einer anderen Sprache beschreiben. Die Ergebnisse der Psychoakustik zeigen, daß sowohl die Assoziationen, die ein Geräusch auslöst, als auch anatomische Gründe eine Rolle für die Gefühle des Hörers spielen. Je nach Wiederholungsgeschwindigkeit des Geräusches ändert sich auch dessen Wirkung: Wenn es sich um eine langsame Schwankung handelt, wirkt der Ton abwechselnd laut und leise. Je schneller diese Schwankungen werden, desto weniger kann der Mensch die Unterschiede zeitlich auflösen, so daß nur noch ein rauher Brummton zu hören ist.

Den Anstoß zu der Unternehmensidee, echtes Sounddesign, das auf gezielte Klangveränderung abzielt, als Dienstleistungsprodukt anzubieten, lieferte ein klassischer Produktdesigner, der Gast an der Universität Oldenburg war und über das Geräusch des Telefonklingelns vortrug. »Eigentlich gibt es niemanden, der sich über so etwas Gedanken macht«, überlegten sich die jungen Physiker damals und kamen auf die Idee, ein Unternehmen zu gründen, das genau diese Lücke schließt. Beide hatten gerade ihre Diplomarbeit fertiggestellt, und Thorsten Ronnebaum war als wissenschaftliche Hilfskraft an der Uni geblieben. Nils Springer dagegen arbeitete an einer Dissertation, für die er ein Stipendium erhalten hatte. Mittlerweile ist die Doktorarbeit durch die Unternehmensgründung auf Eis gelegt. Die Studienkollegen setzten sich zusammen, um ein Unternehmenskonzept zu entwerfen. Das Ergebnis konnte sich sehen lassen und brachte ihnen den Preis des

Deutschen Gründerfonds ein, der unter anderem vom Magazin *Impulse* ausgeschrieben worden war. Zehn Gründungsideen aus dem mathematisch-naturwissenschaftlichen Bereich werden jedes Jahr gefördert. Die Bewerber müssen ein schriftliches Konzept vorlegen und in einem Assessmentcenter ihre Idee vorstellen und verteidigen. Der Sieger, der aus dieser strengen Auswahl hervorgeht, wird mit Startkapital und kostenloser Beratung belohnt.

Unternehmensstart

Für Thorsten Ronnebaum und Nils Springer kam das Glück zur rechten Zeit. Ende 1996 war es soweit: Die beiden Existenzgründer wagten den Start, nicht als GmbH, sondern als normale GbR mit Privathaftung. Eine GmbH wäre für die Existenzgründer ein zu starres Konstrukt gewesen. Geschäftsführer müssen bezahlt werden, ob Geld vorhanden ist oder nicht. Ohnehin sei die Haftungsbeschränkung nicht notwendig, da die Empfehlungen, die mit den Analysen gegeben würden, nicht zu einer Produkthaftung führten. Eigentlich sollte das Unternehmen ins geplante Technologiezentrum ziehen, das aber bis heute nur auf dem Papier existiert. Die Physiker beschlossen daher, sich vorübergehend in dem kostengünstigen Cloppenburg niederzulassen, und mieteten sich als Untermieter in den Räumen einer Firma ein. Bessere Förderbedingungen in einem strukturschwachen Gebiet waren ein Pluspunkt für den Standort in der kleinen Stadt. Inzwischen ist dieser kein Provisorium mehr. Kapital für die Existenzgründung zu bekommen, war durch die offizielle Auszeichnung des Konzeptes nicht mehr schwierig. »Die hat dabei sehr geholfen«, erinnert sich Nils Springer an die Verhandlungen mit der Bank. Darüber hinaus hatte der Deutsche Gründerfonds den jungen Studienabsolventen einen Berater an die Seite gestellt, der ein Unternehmensexposé anfertigte; als Senior-Experte des Vereins »Alt hilft Jung« brachte er die entsprechende Erfahrung mit. Auf diese Weise konnten Ronnebaum und Springer ein komplettes Konzept inklusive Kostenplanung vorlegen. Um die Sache rund zu machen, suchten die Existenzgründer zusätzlich die örtliche Wirtschaftsförderungsgesellschaft auf, um sich nach speziellen Krediten und Förderprogrammen zu erkundigen. Von Seiten der Universität waren die Physiker kaum auf das Unternehmerdasein vorbereitet worden. Lediglich Thorsten Ronnebaum hatte eine kaufmännische Prüfung abgelegt. Aber das sei schon lange her. So verlassen sich die beiden Naturwissenschaftler voll und ganz auf die Buchführungskünste eines Steuerberaters.

Kundenakquise

Den Kontakt zu einem ersten Kunden herzustellen, gelang ohne große Mühe. Die Auszeichnung durch den Deutschen Gründerfonds führte zu beträchtlichem Medieninteresse. »Dadurch waren wir für einige Unternehmen schon so interessant geworden, daß sie von sich aus auf uns zugegangen sind«, erzählt Thorsten Ronnebaum. Als die Nachfrage von Unternehmen nachließ, versuchten die beiden Jungunternehmer an das Presseecho anzuknüpfen und wandten sich an eine PR-Agentur, mit dem Ziel, vor allem in Fachmagazinen, die von Entwicklungsingenieuren und Konstrukteuren gelesen werden, weitere Berichterstattungen anzukurbeln. Ronnebaum schätzt, daß am ehesten Fachleute sich von der Idee begeistern lassen und ihre Begeisterung dann auch der jeweiligen Unternehmensleistung vermitteln.
Als Neulingen auf dem Markt fehlten den Existenzgründern Referenzen. RONNEBAUM & SPRINGER legte immer die Karten auf den Tisch und gab offen zu, noch keine Musterprojekte nachweisen zu können. Statt dessen bot das Jungunternehmen an, ein Startprojekt aus eigenen Mitteln vorzufinanzieren, damit sich der Kunde von der Leistung der Sounddesigner überzeugen könne. In anderen Fällen entschieden sich die Neukunden für ein abgespecktes Leistungspaket. Bei Projektzeiträumen von zwei Wochen bis zu drei Monaten bleiben die Aufträge trotz komplexer Messungen überschaubar. Dagegen führten die heute noch vorhandenen Kontakte zur Universität bislang nicht zu Aufträgen, etwa von ehemaligen Drittmittelgebern. Nur in einem Fall bat die Universität die Jungunternehmer um Unterstützung, da sie sich nicht in

der Lage sah, das Arbeitspensum eines Projektes aus eigener Kraft zu bewältigen.
Sowohl der 30jährige Thomas Ronnebaum als auch sein 31jähriger Partner Nils Springer verbringen viel Zeit im Auto und kurven durch die ganze Republik, um Kundenkontakte aufzubauen und ihre Dienstleistungen zu erläutern. Kommt dabei ein Auftrag zustande, bedarf es erst einmal der genauen Festlegung von Zielen und Einzelheiten des Projektes. Das erfordert manchmal lange Gespräche. Die Tatsache, daß es meistens um subjektive Geräuscheindrücke geht, macht die Absprache entsprechend schwierig. Wenn es irgendwie geht, werden objektive Zahlen genannt, die mit der Klanganalyse in Verbindung stehen. Die letzten zwei Jahre seien für die Jungunternehmer eine echte Schule gewesen. »Ich habe gelernt, wie man auf Leute zugehen muß, wenn man zu einer Präsentation eingeladen wird«, gibt Ronnebaum zu. »Wenn etwas nicht funktioniert, muß man Stellung beziehen und auch dabei bleiben.« Nicht immer verhandeln die Unternehmer mit absoluten Experten. Manche Gesprächspartner haben sich noch nie mit Psychoakustik beschäftigt, so daß das Gründerduo darauf achten muß, nicht zu sehr in die Fachsprache oder Details abzugleiten. Ronnebaum: »Teilweise unterhält man sich mit der Marketingabteilung, in der wenig Technikverständnis vorhanden ist, teilweise mit den Entwicklern und Ingenieuren direkt, die wenig Ahnung von der Kostenkalkulation oder der Marktrelevanz besitzen. Wir müssen bei alledem im Kopf behalten, was unser Auftraggeber von uns erwartet.« Demnach sei es völlig undenkbar, einfach ins Blaue zu entwickeln und abstruse Vorschläge zu unterbreiten.

Dienstleistung im Duett

Die »Vision« der Unternehmer ist bescheiden: Sie bezieht sich auf ein florierendes Geschäft und anspruchsvolle Aufgaben, nicht auf den imageträchtigen Glasbau. »Wir wollen in nächster Zeit ein eigenes Gebäude haben, in dem wir vernünftig Kunden empfangen können«, meint Thorsten Ronnebaum nur. Einige Angestellte werden wohl auch hinzukommen. Letztendlich wolle man jedoch eine überschaubare Firma bleiben. Mit fünf bis sechs Angestellten gelte man schon als relativ großes Ingenieurbüro. Auch hinsichtlich der technischen Ausstattung erwartet Ronnebaum nicht viele Neuerungen. Entscheidend sind vielmehr das wachsende Know-how und die Erfahrung. »Die Technik ist zum Teil noch dieselbe wie vor 15 Jahren«, sagt Ronnebaum. Mikrophon ist Mikrophon. Allein die Schnelligkeit bei der Erstellung einer Analyse hängt von der Leistungsfähigkeit des Computers ab, der bei den Sounddesignern ein simpler PC ist. Obwohl dem Know-how Priorität eingeräumt wird, werden sich die Physiker zunächst weniger der Forschung und Entwicklung widmen, sondern sich auf das Tagesgeschäft und ihre jetzige Dienstleistung konzentrieren. »Erst einmal müssen wir unsere Kosten decken«, erklärt Ronnebaum.

Die Belastung als Jungunternehmer ist nicht zu unterschätzen. Das erleben auch Ronnebaum und Springer. Wenn ein Projekt ins Stocken gerät, kann sich ein Unternehmer nicht aus der Affäre ziehen. »Da ist es schwierig, überhaupt abzuschalten«, meint der Physiker. Sein Partner Nils Springer will sich auf keinen Fall zum Workaholic machen lassen. Die unendliche Spirale von Arbeit und nochmals Arbeit lehnt er ab. Dennoch ist auch ihm die Realität bewußt. »Man darf sich auf jeden Fall nicht vor der Vorstellung scheuen, keinen geregelten Feierabend zu haben und auch am Wochenende durchzuarbeiten«, ist Springer überzeugt. Allerdings gebe es Zeiten, da arbeite man 30 oder 35 Stunden in der Woche, und andere, in denen das Arbeitspensum auf 70 oder 80 Stunden klettere. »Ohnehin halte ich nichts davon, den Arbeitsaufwand in Stunden festzulegen«, fügt Springer hinzu.

Erfolg ist für die Jungunternehmer nichts Abstraktes. Er ist eng mit einem Auftrag verknüpft. Thorsten Ronnebaum versucht eine Definition: »Wir werden immer wieder vor neue Aufgaben gestellt. Wenn wir dann einen Plan entwickelt haben und es kommt das Gewünschte dabei heraus, ist das schon ein schönes Gefühl.« Wenn es um Erfolg geht, spielen Kontakte eine wichtige Rolle, darunter Firmen mit einem guten Ruf, die als Kunde ein junges Unternehmen unterstützen. »Gerade bei einer so kleinen Firma wie der unseren ist das wichtig«, meint Ronnebaum. Wenn die Ressourcen nicht ausreichen, Fremdmittel gebraucht werden oder man einfach nicht weiterkommt, ist es wertvoll, jemanden zu haben, mit dem man sich beraten kann. »Wir kennen durch den Gründerfonds auch andere Preisträger, die ein Unternehmen gegründet haben«, ergänzt Springer seinen Kollegen. Mit ihnen könne man sich über Erfahrungen austauschen; dabei käme man auch wieder auf neue Ideen.

Trotz der Anfangserfolge in den ersten Jahren bleibt die Zukunft offen. Eine sichere Planung, die den kommenden Jahresumsatz abschätzt, ist bei dem Projektgeschäft von RONNEBAUM & SPRINGER nicht möglich. So bleibt dem Duo nichts anderes übrig, als mit dem Risiko zu leben. »Wenn wir Projekte haben, machen wir natürlich einen Zeitplan«, korrigiert Ronnebaum. Noch hätten sie keinen Auftrag ablehnen müssen. Im Moment könnten sie noch Aufträge schieben oder sich mit dem Auftraggeber auf einen Termin einigen.

Ernsthaften Streit gab es zwischen den beiden Unternehmensgründern bislang noch nicht. Thorsten Ronnebaum sieht auch keine Anzeichen dafür, daß dies in Zukunft der Fall sein wird. Im Gegenteil: »Es ist viel schwieriger, allein ein Unternehmen zu gründen«, ist der studierte Physiker überzeugt. So motiviere und diszipliniere man sich gegenseitig. Eine klare Rollentrennung zwischen den beiden existiert nicht. Manchmal verläuft die Zusammenarbeit sogar mehr zufällig als geplant. »Weil wir ein Zwei-Mann-Unternehmen sind, machen wir einige Dinge einfach zu zweit, auch wenn man sie alleine machen könnte«, berichtet Ronnebaum. Das sei zwar ökonomisch gesehen nicht unbedingt sinnvoll, mache aber mehr Spaß.

Ronnebaum und Springer sind zufrieden mit ihrer Entscheidung für ein eigenes Unternehmen. Als die Idee dazu geboren war, wurde Springer schnell klar, daß dies der richtige Weg sei, mit dem ein Angestelltenverhältnis nicht konkurrieren könne. »Wenn man die Möglichkeit zur Selbständigkeit hat, sollte man sie auch nutzen«, sagte sich der damalige Hochschulabsolvent. Für Thorsten Ronnebaum war sogar schon von Beginn des Studiums an klar, danach entweder ins Ausland zu gehen oder sich selbständig zu machen. »Ich glaube nicht, daß man jemals dahin kommt zu sagen: So, jetzt habe ich es geschafft«, beschreibt Nils Springer seine momentane Gefühlslage. Von Ungeduld ist dennoch nichts zu spüren. Der Verdienst spielt für beide nicht die wichtigste Rolle. Ronnebaum ist gelassen: »Ich möchte mein Auskommen haben, aber ob ich mehr verdiene als mein Nachbar, ist mir eigentlich relativ egal.«

DR. KAY VON DULTZIG

Die Stunde der Wahrheit für Werbespots

Düsseldorf, in einer gemütlichen Bürowohnung. Auf der Couch von Dr. Kay von Dultzig hat ein Testkandidat Platz genommen. Bequem soll es sein und ganz natürlich zugehen. Schnell hat sich die Person an die Situation gewöhnt. Nein, es handelt sich nicht um ein Ritual aus der Religionsgemeinschaft der Psychoanalytiker. Bei Dr. Kay von Dultzig dürfen die Testkandidaten Fernsehprogramme schauen, genauer gesagt Werbeclips. Der promovierte Marketingfachmann will wissen, welche Werbung ihr Ziel erreicht und welche nicht. Wird sich der beworbene Kaffee in die Köpfe der Zuschauer einprägen? Was bewegen die Bilder von Idylle und Glück? Erzeugen manche der täglichen Spots nur noch ein Gähnen?
Bei einem gewöhnlichen Marktforschungsinstitut würde dazu ein Fragebogen zum Einsatz kommen. Doch Dr. von Dultzig verzichtet auf Papier und neugierige Fragen. Zwei dünne Kabel führen von den Händen der Testpersonen zu einem zigarettenschachtelgroßen Meßgerät. High-Tech und das entsprechende Know-how machen Worte überflüssig. Das erste Video wird abgespult, während die Testperson auf der Couch sitzt. Spieglein, Spieglein an der Wand: Welcher Werbespot ist der beste im ganzen Land? 44 Werbespots testete Dr. von Dultzig auf diese Weise, um die Ergebnisse unaufgefordert den jeweiligen Markenunternehmen vorzulegen. Er wartet nicht auf seinen Erfolg, sondern geht geradewegs auf sein Ziel zu.

Messungen am Menschen

Wie ein Karrieretyp aus der Klischeeschublade sieht Dr. Kay von Dultzig nicht aus. Begeistert erzählt der 39jährige Jungunternehmer, den jeder für Anfang 30 halten würde, über seine Forschung und die von ihm entwickelte Auswertungsmethode. Der Marketingspezialist ist weit entfernt von der Arroganz der Erfolgreichen und teilt bereitwillig seine Erfahrungen mit. Für jeden Test, den er in seinem Düsseldorfer Büro durchführt, wählt er 50 Kanditen aus, die die Zielgruppe des Werbespots widerspiegeln. Für eine zuverlässige Bewertung ist dann der Mittelwert der Ergebnisse entscheidend. Eine einzige Zahl bleibt am Schluß übrig, gewissermaßen die Schulnote des Clips. Für die Einzelperson ist es zwar interessant, auf welche Stellen im Video sie besonders anspricht, für eine allgemeine Aussage über einen Werbefilm ist diese individuelle Reaktion jedoch bedeutungslos.
Von Dultzig erklärt den wissenschaftlichen Hintergrund seiner Analyse: »Wenn wir uns ein Marmeladenglas anschauen, dann hat dieses Glas bestimmte Merkmale.« Wie interessant das Glas sei, hänge von uns ab. Zunächst einmal treffe lediglich ein visueller Reiz unser Auge. Jetzt komme es darauf an, was wir daraus machten. Je interessanter ein Reiz auf uns wirkt, desto mehr statten wir ihn mit Energie aus und verstärken ihn. »Ich stelle mir das vor wie große Säle in einem Schloß, in denen man breite Doppeltüren öffnen muß«, veranschaulicht von Dultzig den Vorgang. Das Aufdrücken der Türen würden wir je nach Interesse selbst übernehmen. Je stärker der Reiz, desto mehr Türen öffne man bis zum Unterbewußtsein. Bis zu diesem Punkt würde das gewöhnliche Vorgehen der Marktforschung dem Bild folgen können. Auf dem Rückweg zum Bewußtsein werde der Reiz aber wieder gefiltert. So könne es passieren, daß der Reiz gar nicht mehr auftauche, also keine Erinnerung mehr daran vorhanden sei. Dennoch kann es im Falle einer wirksamen Werbung zum Kauf kommen, weil die spontane Assoziation viel wichtiger ist. Angenommen, jemand geht in den Supermarkt, um Sekt zu kaufen. Gleichzeitig mit dem Kaufentschluß kommt ihm eine bestimmte Marke in den Sinn, ohne daß er sich dessen bewußt wird, sie in einem Werbespot gesehen zu haben. In diesem Fall könne

das damit zu tun haben, daß der Clip ein hohes Aktivierungspotential besäße, weil er bis zu den hinteren Räumen gelangt sei und dort gleichsam schlummere. Marktforschungsinstitute hingegen gehen in ihren Umfragen stillschweigend davon aus, daß es einen Zusammenhang von Kaufverhalten und bewußter Erinnerung an ein Produkt gibt. Genau das aber trifft nicht immer zu.

Lange Zeit hatte die Wissenschaft versucht, gewissermaßen in das Gehirn des Menschen hineinzuschauen, um festzustellen, welche Wirkung eine Wahrnehmung hervorruft. Unter anderem experimentierten kluge Köpfe mit Gehirnstromwellen, die aber lediglich eine Aussage darüber erlauben, ob ein Gehirn gesund ist oder nicht. Das brachte Fachkreise dazu, Körperreaktionen zu messen, statt länger die Black Box »Gehirn« zu untersuchen. Dazu zählten der Herzschlag, Atemrhythmus, Muskelbewegung und die Hautleitfähigkeit. Letztere hat sich als die zur Ablesung von Reaktionsweisen verläßlichste und aussagekräftigste Meßgröße herausgestellt. »Je intensiver wir nachdenken und je mehr eine Sache uns interessiert, desto stärker wird unsere Haut durchfeuchtet«, erklärt Dr. von Dultzig. In seinen Tests klebt er dazu den Personen an Zeige- und Mittelfinger ein kleines Metallplättchen auf, die mit einem handlichen Gerät verbunden werden. Ein einfaches Apple Notebook zeichnet die Leitfähigkeit in Gestalt einer Kurve auf, die auf dem Monitor zu sehen ist.

Das Geheimnis der Analyse, die Dr. Kay von Dultzig durchführt, liegt weder in der Meßtechnik noch in der Auswertung. »Das Problem besteht darin, die Mittelwerte der Zuschauerreaktionen zu bilden«, erklärt der Marketingspezialist. Die Kunst sei nicht, einen Einzelreiz zu messen. Das habe die Fachwelt schon seit langem gemacht, indem sie immer danach Ausschau gehalten habe, ob in einer Werbung hohe Einzelreize vorhanden seien und die Erinnerung daran entsprechend groß sei. Die Korrelation zwischen Reiz und Erinnerung ist zwar sehr hoch, doch auch sehr subjektiv. »Das entspricht einem Vorgehen, das bei *Schreinemakers* auf sehr niedrigem Niveau und mit einer sehr schlechten Meßtechnik praktiziert wurde«, berichtet Dr. von Dultzig. Das Fernsehmagazin testete damit die Reaktionen des Publikums auf einzelne Szenen des Formates. Die Ergebnisse lassen sich laut Kay von

Dultzig kaum sinnvoll verwenden. Um einen Mittelwert zu bilden, braucht man einen Reiz, der mindestens sechs Sekunden lang ist. »Wenn am Anfang eines Spots die Reaktion unheimlich stark ist und danach der Wert absackt, wird sich die Person das Produkt nicht merken, das am Ende gezeigt wird«, begründet Dr. von Dultzig. Am besten sei es, durchgehend hohe Reaktionswerte zu haben, die sogar im Verlaufe des Spots ansteigen. Für seine Promotion entwickelte der Wissenschaftler eine Formel, in die die gesamten dazu angestellten Überlegungen einflossen. Sie ist zugleich von Dultzigs Erfolgsformel, die er aus guten Gründen nicht ausplaudert; denn darin stecken mehrere Jahre Forschung und sein gesamtes Know-how. In seiner Analyse berücksichtigt Dr. Kay von Dultzig selbst solche scheinbaren Kleinigkeiten wie die unterschiedlichen Reaktionsniveaus von phlegmatisch-ruhigen und leicht erregbaren Menschen. Um auf Grund der ungewohnten Testsituation Ungenauigkeiten zu vermeiden, zeigt der Jungunternehmer jeder Testperson immer zehn Werbefilme, wobei nur einer davon, beispielsweise der fünfte, wirklich untersuchungsrelevant ist. Darüber hinaus halten die Testpersonen das Meßgerät selbst in der Hand, damit sich nicht das Gefühl einstellt, überprüft zu werden.

Moderne Marktforschung

Für seine Promotion an der Universität Wuppertal mußte der studierte Betriebswirtschaftler Kay von Dultzig zunächst beinahe schon verschüttete Forschung wieder »ausgraben«. Anfang der 80er Jahre kamen Messungen am Menschen aus der Mode. »Ich glaube, das hängt damit zusammen, daß 1984 kurz bevorstand«, kommentiert Dr. von Dultzig. George Orwells gleichnamiges Buch schärfte das Bewußtsein für die Gefahr des gläsernen Menschen – der völligen Durchschaubarkeit mit Hilfe neuer Technologien. Allerdings hält der Wissenschaftler diese Befürchtung für unbegründet. Vollständige Transparenz lasse sich beim Menschen nicht erreichen. Mittlerweile habe sich auch die Einstellung zu Messungen verändert. Datenflut und Computertechnik gehören zum Alltag, so daß die Angst davor weitgehend verschwunden ist. Dr. von Dultzig: »Es gibt natürlich Leute in Unternehmen, die von einem wirklich berechenbaren Menschen träumen.« Aber dies bleibe auch zukünftig eine uneinlösbare Vision.

Kay von Dultzigs Methode hat jedoch ihre Grenzen. Die Analysen der Werbefilme können und wollen kein Allroundindikator für ein gutes Marketing sein. Sie beziehen sich nur auf ein einzelnes Stück des Marketingkuchens, der sich aus Produktqualität, Preis, Distribution und Kommunikationspolitik zusammensetzt. Ausschließlich letztere wird durch den Test der Videoclips abgedeckt. Bei Produkten, die ihre Kommunikation beinhalten, läßt sich der Grad des werblichen Erfolgs besonders gut testen. Bei einem Spendenaufruf zum Beispiel koinzidiert die Bitte um eine Spende (das Produkt) mit dem Werbemedium, etwa einem Brief. Die Wirkung einer solchen Werbesendung läßt sich laut Dr. von Dultzig mit einer einfachen Frage testen: Ist die Zielgruppe ausreichend motiviert, den Umschlag zu öffnen? »Es läßt sich nämlich klar nachweisen, daß die Rückläufe zunehmen, je höher das Reaktionsniveau ist«, behauptet der Marketingprofi. Dasselbe gilt auch für Rückläufe bei Umfragen oder für das Angebot einer Gratisberatung, etwa durch eine Versicherung. Bei anderen Produkten ist der Zusammenhang nicht so einfach festzustellen, weil der Marketingmix komplexer ist. Beispielsweise kann die (mangelnde) Produktqualität der Kommunikationspolitik schnell einen Strich durch die Rechnung machen.

In den USA ist der Zusammenhang zwischen einer Werbung, die große Aufmerksamkeit auf sich zieht, und dem Markterfolg des Produktes bereits nachgewiesen. Für Deutschland steht eine solche Untersuchung noch aus, doch die gemachten Erfahrungen bestätigen diese Annahme. »Manchmal kommt es vor, daß Spots von solch miserabler Qualität sind, daß die Empfehlung, sie nicht im Fernsehen auszustrahlen, viel Geld sparen kann«, meint von Dultzig. In welcher Sendung ein Spot gezeigt wird, spielt dabei keine Rolle. Kay von Dultzig testete im Rahmen seiner Forschung dieselbe Selters-Werbung innerhalb unterschiedlicher Fernsehfilme und Magazine. Das Resultat war immer dasselbe.

Auch Printanzeigen, Verpackungen, Markennamen oder Produktdesign lassen sich mit seinem Verfahren prüfen. Noch bevor mit dem Drehen begonnen wird, könnte man Testpersonen ein Storyboard des Werbespots vorlegen – den Ablauf des Films in Comicform. Von klassischen Verfahren der Marktforschung unterscheidet sich von Dultzigs neue Methode nicht zuletzt durch den Preis. Da sie weniger aufwendig als die Befragung von Testpersonen ist, kann er seine Analyseergebnisse etwa um die Hälfte preiswerter anbieten. Damit macht er sich unter Marktforschern nicht immer Freunde. Nach einem Vortrag in einem deutschen Konzern kam die Marketingleiterin auf den Jungunternehmer zu und meinte: »Seit 20 Jahren beschäftige ich mich jetzt mit Befragungstechniken, die wir immer weiter verfeinern. Und da kommen Sie an und werfen einen großen Teil unseres Denkens einfach über den Haufen. Damit müssen wir erst einmal klar kommen.« Seit diesem Erlebnis ist Dr. von Dultzig vorsichtig geworden, wem er seine Dienstleistung vorstellt: Marktforscher und Werbeabteilungen neigen dazu, die neue Methode erst einmal zu blockieren. »Die Werbeleiter haben die Kampagne abgesegnet, die die Agentur produziert hat«, beschreibt Dr. von Dultzig das Problem. Stellt sich nun heraus, daß ein Werbespot schlecht funktioniert, fühlt sich der Werbeleiter bloßgestellt. Die Agenturen sperren sich erst recht gegen ein Verfahren, das Kreativität in Zahlen und Kurven umsetzt. Der Jungunternehmer hat daraus seine Konsequenz gezogen: Wird er zu einer Präsentation vor Marktforschern und Werbeleitern eingeladen, winkt er lieber gleich im voraus dankend ab.

Mit einem Sponsor in die Selbständigkeit

Die Wurzeln seines Unternehmens gehen bei Kay von Dultzig eindeutig auf seine Promotion zurück, für die er Messungen zu vier Werbespots durchgeführt hat. Einer der Sponsoren hatte zu dieser Zeit bereits signalisiert, den Akademiker nach Abschluß der Forschungsarbeit übernehmen zu wollen. »Wenn Sie fertig sind, lassen Sie uns noch einmal darüber reden. Wir haben sehr großes Interesse daran«, bekam der Student damals aus dem Mund des Managers zu hören. Im zweiten Gespräch wurde es dann noch konkreter. Kay von Dultzig sollte eine neue Abteilung aufbauen. Der Job versprach ein gutes Einkommen und den Start in eine Unternehmenskarriere. »Ich habe dann daraus die Idee entwickelt, mich damit selbständig zu machen«, erzählt der Unternehmer. Er fürchtete, daß es ihm ähnlich wie einem Musiker gehen könnte, der einen guten Song komponiert und später erleben muß, daß ausgerechnet ein anderer, der seinem zum Verwechseln ähnlich klingt, ein Hit wird. »Mir kommt es in erster Linie auf meine eigene Zufriedenheit an«, gibt von Dultzig zu. Sein Herz schlägt für den eigenen Weg, unabhängig davon, was andere denken mögen. Innerhalb einer Unternehmenshierarchie hätte er sich kaum wohl gefühlt. Im Gespräch mit dem Sponsor legte von Dultzig dann auch gleich die Karten auf den Tisch. »Ich werde mich selbständig machen.« Der Manager versuchte, den Promovenden noch zu warnen, indem er auf die viele Arbeit, die Durststrecken und Ungewißheiten hinwies. Doch von Dultzig ließ sich davon nicht beeindrucken. Geschadet hat es der Beziehung nicht. Der Sponsor bot am Ende des Gesprächs an, mit dem Unternehmer Kay von Dultzig ins Geschäft zu kommen.

Ende 1996 war es dann geschafft. Kluge Sätze und aussagekräftige Grafiken waren zu Papier gebracht worden. Die anfänglichen Schwierigkeiten, sich mit einer Arbeit zu promovieren, die sowohl in den Bereich der Wirtschaftswissenschaften als auch den der Psychologie fällt, waren glücklich überwunden. Das Diplom in der Tasche, wechselte von Dultzig nur zwei Monate später die Seite und gab selbst Unterricht in seinem Fachgebiet. Er gründete ein Unternehmen, von dem er mittlerweile gut leben kann. Es bietet die Ausbildung zum Marketingleiter und zum Fachkaufmann für Marketing mit IHK-Prüfung an. Drei Vertreter arbeiten auf Provisionsbasis für ihn. »Das läuft prima«, freut sich Dr. von Dultzig. Fünf Dozenten, darunter drei Doktoren und ein Dortmunder Professor, unterstützen ihn als bezahlte Honorarkräfte. Er habe festgestellt, daß die Plakatwerbung in Firmen wesentlich mehr bewirke als die Schaltung von Anzeigen in Zeitungen, meint der Unternehmer. Während die Zeitungsleser ganz gezielt nach einer Weiterbildung suchen, kommen Mitarbeiter einer Firma durch das Plakat überhaupt erst auf die Idee, sich fortzubilden.

Die beiden Unternehmen, die Dr. Kay von Dultzig führt, sind nicht seine erste Erfahrung mit der Selbständigkeit. Nach einer Ausbildung zum Fotografen und der Arbeit bei einer Londoner Filmproduktionsfirma als Kameramann hatte Kay von Dultzig 1987 eine eigene Firma für die Produktion von Werbefilmen gegründet. Wie in der Branche üblich, arbeitete er mit einem Regisseur zusammen und unterhielt Kontakt zu den Werbeagenturen. Die Technik wurde jeweils angemietet. Organisation des Personals, Projektmanagement und Dialog mit dem Auftraggeber waren weitere Aufgaben, die Kay von Dultzig damals zu erfüllen hatte. Das Geschäft lief gut. Mit dem Heranrücken des 30. Lebensjahrs wuchsen jedoch die Zweifel. »Eigentlich wollte ich doch studieren«, gestand sich von Dultzig ein. Zwar hatte er viel Werbung produziert, doch das Hintergrundwissen fehlte ihm. Innerhalb nur einer Woche besorgte sich von Dultzig Studienordnungen, prüfte die Angebote der Unis und überlegte sich die Fachrichtung. »Ich gebe mir genau drei Monate, um herauszufinden, ob dies das richtige für mich ist«, sagte er sich vor dem Start in die neue Lebensphase. Gezielt bereitete sich von Dultzig auf sein Studium vor. »Ich wußte genau, warum ich nach Wuppertal ging. Dort wurde ein Hauptstudium mit dem Schwerpunkt Marketing angeboten.« Leicht hat er sich die Entscheidung nicht gemacht, vielmehr war sie für ihn eine echte Investition. Ohne Bafög oder andere Unterstützung sah er sich vor die Frage gestellt, ob er sich ein Studium auch tatsächlich leisten könne. Bereut hat er den Entschluß nie. »Es war eine sehr schöne Zeit. Ich habe viel Spaß gehabt«, lautet sein Resümee. Während er das Studium in Rekordzeit absolvierte, dauerte die Promotion um so länger. Eine harte Zeit sei das gewesen, die er nicht noch einmal durchmachen wolle.

Über das Problem der Kapitalbeschaffung ist Dr. Kay von Dultzig nie gestolpert. Sein Studium finanzierte er mit Ersparnissen. Erst für die Promotion nahm er ein Stipendium vom Land Nordrhein-Westfalen in Anspruch – das erste, das für den Fachbereich Wirtschaftswissenschaften bislang vergeben wurde. Darüber hinaus fand von Dultzig vier Sponsoren für die Tests, die er während seiner Forschung durchführte. Als die Existenzgründung anstand, ging er auf die nordrhein-westfälische Existenzgründerinitiative »Go!« zu. Doch die vielen Worte auf den Informationsveranstaltungen führten nicht weiter. »Meine Meinung über die Go-Initiative ist: Eine nette PR-Kampagne des Landes, mehr nicht«, urteilt der Unternehmer. Die Hürden, die den Existenzgründern in den Weg gelegt würden, seien hoch. »Jemand, der schnell Geld braucht, weil er eine gute Idee hat, kommt auf diese Weise nicht zum Ziel.« Unterstützung erhielt Dr. Kay von Dultzig jedoch von der Wissenschaftstransferstelle der Universität Wuppertal. Nur selten gelingt dem Nachwuchs ein direkter Spin-off von der Hochschule aus. Entsprechend groß war das Interesse der Transferstelle, von Dultzig zu beraten.

Erfolgsgeschichten hören sich simpel an. Doch dahinter verbergen sich lange Arbeitstage. »Die Belastung ist teilweise so hoch, daß ich auf dem Zahnfleisch krieche«, gibt Dr. von Dultzig zu. 10- bis 14-Stunden-Tage seien einfach zuviel. »Wenn ich so weitermache, kostet mich das zehn Jahre meines Lebens«, bringt der Unternehmer das Problem auf den Punkt. »Andererseits brauche ich das, jedoch nicht in dem Ausmaß«, fährt von Dultzig hin und her gerissen fort. Als Konsequenz sieht der Unternehmer die Anstellung von Mitarbeitern. So kann er sich vorstellen, daß Angestellte die Messungen mit den Testpersonen durchführen und er selbst nur noch die abschließende Auswertung macht.

Mit der Erfahrung als Unternehmer hat Dr. Kay von Dultzig auch sich selbst verändert. »Ich habe gelernt, viele von meinen Ängsten abzubauen«, meint er. Schon früher sei er Optimist gewesen, doch diese Eigenschaft habe sich noch verstärkt. Das Schlimmste, was passieren könne, sei, 20 000 Mark in Werbung zu investieren, ohne daß dabei etwas herauskomme. »Aber das kann gar nicht passieren«, macht sich Dr. von Dultzig Mut. Wer kein Risiko eingeht, wird niemals Erfolg haben. »Das ist der Unterschied zwischen demjenigen, der Unternehmer wird, und dem, der es nicht wird.« Diese Grundzuversicht habe er sich in den letzten eineinhalb Jahren angeeignet. Auch für Erfolg hat der Geschäftsmann eine Definition gefunden: »Wenn man sich überlegen muß, wo und wie man den neuen Auftrag noch unterbringt, dann ist der Erfolg da.«

Der Computer als sekundenschneller Unternehmensberater

Die Welt der Bits und Bytes ist geduldig. Alles, was die Metamorphose zum binären Code hinter sich hat, wird auf Festplatten, Magnetbändern, Disketten oder CDs festgehalten. Unternehmen sind in der Lage, jeden Geschäftsprozeß zu kontrollieren: Jeder Kunde besitzt seine Adresse in einer firmenweiten Datenbank. Jeder Auftrag und jede Reklamation fließt dort ein. Auch der Vertriebsmitarbeiter macht sich seine Notiz zum Akquisegespräch. So wachsen die Datenbestände und damit die Unübersichtlichkeit. Bis zum Nutzen für das Management ist es noch ein weiter Weg. Zwar kann ein Mitarbeiter gezielt nachschauen, ob Kunde Schulz schon seine Rechnung bezahlt hat, doch kann eine simple Datenbank kaum beantworten, welche Kundengruppe für das Unternehmen am erfolgversprechendsten ist. Das weiß auch die ASOC AG aus Heidelberg, die eine Software entwickelt hat, die aus komplexen Daten verwertbares Wissen macht.

Unternehmensberatung auf Knopfdruck

Das Problem begegnet überall im Alltag: Ein dickes Notizbuch mit Adressen etwa nützt wenig, wenn die Adressen wahllos auf den Seiten verteilt sind. Ähnlich ist es im Falle eines PCs, auf dem täglich viele Texte und Tabellen entstehen. Die Verzeichnisse füllen sich und eine spezielle Datei ist kaum noch wiederzufinden: Wo war denn gleich der Text mit dem Anschreiben an Schulz? Wie war noch der Name der Datei? Unfangreiche Datenbanken bedürfen elektronischer Hilfsmittel, wenn die Suche nach Stichworten nicht mehr ausreicht. »Data Mining« und »Semantic Computing« heißen die entsprechenden Techniken der ASOC AG, die eine zukunftsweisende Software mit dem Namen *sphinx Vision* anbietet. Keine Zahlenreihen und Tabellen sind auf dem Bildschirm zu sehen, sondern eine bunte dreidimensionale Grafik, die wie ein Netz aussieht, das über eine Gebirgslandschaft geworfen wurde. Jeder einzelne Knotenpunkt hat eine Bedeutung, einschließlich seiner Koordinaten, Farbe, Größe und geometrischen Form. Jeder Knotenpunkt kann zum Beispiel eine Produktgruppe darstellen oder auf Kunden verweisen. Vierzig Parameter in einer einzigen Grafik zu vereinen und auf einen Blick zu präsentieren, ist für *sphinx Vision* kein Problem. Die geniale Erfindung der Offenburger Softwareschmiede erledigt in Sekundenschnelle etwas, wofür ein Unternehmensberater Wochen braucht. Manche weitsichtige Managemententscheidung wird so überhaupt erst möglich. Aus einer Fülle von Daten wird Information und aus der Information entsteht Wissen. Der Computer durchstöbert mit Hilfe von *sphinx Vision* sogar ganz alleine die Datenbanken und stellt Zusammenhänge zwischen ihnen her: Bei der Analyse der Kundendatei eines Kaffeevertriebs entdeckte er beispielsweise, daß junge Altersgruppen nicht mehr zu den intensiven Kaffeetrinkern gehören. In der Grafik werden diese Informationen entsprechend gruppiert, das heißt so angeordnet, daß die Zusammenhänge deutlich werden. Der Unterschied zu klassischen Datenbankanalysen ergibt sich auch aus dem spezifischen Einsatz von Datenagenten. Die elektronischen Helferlein bestehen aus Programmteilen, die einen Datenraum nach einer Hypothese oder Fragestellung absuchen und das Resultat dann auswerten. Angenommen, es existiert eine Datenbank, die Buchverkäufe zusammen mit dem Namen, dem Alter und dem Geschlecht des Kunden registriert, sowie die Information enthält, ob es sich beim gekauften Buch um ein Kinderbuch oder um ein Sachbuch handelt. Vermutet der Vertriebsmanager nun, daß es mehr Frauen als Männer zwischen Zwanzig und Dreißig gibt, die Kinderbücher kaufen, erstellt der Datenagent auf Grund dieser Annahme jeweils eine Liste aller Männer und Frauen, die zwischen zwanzig und dreißig Jahren alt sind und ein Kinderbuch gekauft haben; außerdem rechnet er ein Verhältnis der Listeneinträge aus. Je komplexer die Fragestellung, desto schwieriger wird es natürlich, einen Datenagenten zu programmieren. *Sphinx Vision* geht hier anders vor: Es sucht einen Datenraum nach Auffälligkeiten von Kinderbüchern ab, wobei das Programm die Variablen »Geschlecht« und »Alter« mitberücksichtigt. Mit diesen Vorgaben werden automatisch Käufergruppen herausgebildet. Am Ende liefert das Programm den typischen Kinderbuchkunden. Das Prinzip des Semantic Computing setzt dann ein, wenn die ermittelte Kundengruppe mit einem Begriff belegt und zu einer Datenmenge zusammengefaßt wird, die zu weiteren Vergleichen genutzt werden kann. Zum Beispiel könnte der Vertriebsmanager wissen wollen, wie sich die Gruppe der Kinderbuchkäufer zu der der Sachbuchkäufer verhält. Weisen die beiden Gruppen Gemeinsamkeiten auf?

Eine typische Anwendung für das Verfahren ist die ABC-Analyse eines Lagerbestandes. Es ist möglich, aus Rohdaten Datenfelder zu erstellen, die etwa die Vorhersagewahrscheinlichkeit des Gebrauchs von einzelnen Teilen, das Versorgungsrisiko, die Wiederbeschaffungszeit oder den Wertverfall betreffen. In einem ersten Schritt ordnet das Programm alle Teile nach den Parametern »Preis« über die vertikale Z-Achse eines Koordinatensystems und »Menge« über die Intensität der Rotfärbung auf der Fläche der Grafik an. Das Ergebnis erlaubt dem Manager, Trends abzulesen. Die intensive Rotfärbung ist verstärkt in einer Ecke der Grafik zu sehen. Außerdem ist ein deutlicher Anstieg der Grafik im hinteren Bereich wahrzunehmen. Der Benutzer des Programms ist nun in der Lage, einzelne Würfel, Knotenpunkte der oben beschriebenen Netzgrafik, mit der Maus anzuklicken und ihnen einen Namen zu geben; beispielsweise »A-Teile« oder »C-Teile«. Anschließend kann er die Datenbank erneut, unter Berücksichtigung der neu gewonnenen Erkenntnisse abfragen. Die Z-Achse könnte die Zugehörigkeit zu A-Teilen markieren, die gelbe Farbe die Wiederbeschaffungszeit, die grüne das Versorgungsrisiko und die rote die Vorhersagewahrscheinlichkeit. Ziel dabei ist, die A-Teile zu finden, die zwar häufig verlangt werden, aber auch schnell besorgt werden können. Das kann interessant für eine Just-in-time-Poduktion sein, die auf eine kostspielige Kapitalbindung verzichtet.

Die Anwendungsfelder für *sphinx Vision* sind vielfältig: Ihre Zielgruppe findet die ASOC AG in der Kreditwirtschaft zur Untersuchung von Bonität und Risiko, in allen Vertriebsbereichen, in der Produktions- und Reklamationsanalyse, aber auch in der Marktforschung.

Gründerjahre

In Offenburg werden die Anwendungen auf der Basis von *sphinx Vision* programmiert; die Unternehmensleitung sitzt in Heidelberg. Mit Nähe zur lebendigen City des Touristenortes hat sich das Unternehmen in der ruhigen Geisbergstraße angesiedelt. Das alte, stattliche Gebäude sieht gar nicht nach einem High-Tech-Betrieb aus, der dabei ist, einen Standard für die Zukunft zu setzen. In den hohen alten Räumen – eingerichtet wie eine moderne Agentur – entstehen die Vision einer Knowledge-Community und Pläne für den Sprung über den großen Teich nach Silicon Valley.
Angefangen hat alles bereits während des Studiums: Drei Studenten lernten sich in Bayreuth kennen. Von da an lief man sich immer wieder über den Weg. Selbst nach dem Wechsel an eine andere Universität trafen sie sich plötzlich – ohne dies vorher geplant zu haben – in der Heidelberger City wieder. Später sollte ein Gründerteam aus ihnen werden, das die ASOC GmbH ins Leben rief. Das heutige Vorstandsmitglied der Aktiengesellschaft, Michael Bernhard, machte den ersten Schritt dazu. Nach seinem Studium der Philosophie und Physik arbeitete er bereits als Freiberufler. »Ich habe alles mögliche programmiert«, erinnert sich der 41jährige Unternehmer an die ersten Berufsjahre. Den Wunsch, noch einmal die Alma Mater aufzusuchen, um sich im Bereich der Biophysik weiterzubilden, gab Michael Bernhard auf, weil er verheiratet war. Ein schlecht bezahlter Job an der Uni sollte es nicht mehr sein. So verdiente er sich schließlich sein Geld im Bereich der Soft- und Hardwareentwicklung. Das Einkommen stimmte, und das Arbeitspensum ließ sogar zu, daß Bernhard nebenher eigene Entwicklungen ausprobieren konnte. Noch war der studierte Physiker ganz Wissenschaftler und Tüftler. Sein Steckenpferd war die multidimensionale

Klangerzeugung gewesen, die zu einer Art Soundcard geführt hatte. Dabei galt sein besonderes Interesse allem Mehrdimensionalen. »Ich komme von der Mustertheorie her«, betont Michael Bernhard. Während seines Studiums habe er sich gegen eine Atomisierung der Wissenschaft gewandt, die einzelne Sachverhalte aus dem Zusammenhang reißt. »Wenn man davon ausgeht, daß das Grundgerüst der Welt aus Mustern besteht, kann man sie nicht atomisieren«, führt der Wissenschaftler aus. Die Wirklichkeit sei multidimensional. Diesem Ansatz in einer Doktorarbeit nachzugehen, stieß jedoch auf wenig Gegenliebe an der Universität. Er habe sich aber viel mit neuronalen Netzen beschäftigt, was so manches »Teegespräch« unter Studienkollegen bestimmt habe.

Trotz eines festen Kunden und eines guten Einkommens füllte die Arbeit den Selbständigen nicht mehr aus. So entstand die Idee, aus dem erworbenen Know-how ein Unternehmen zu machen. Bei der Suche nach Partnern fiel die Wahl sofort auf die langjährigen Freunde Michael Großjean und Helge Ritter, der heute Professor für Neuroinformatik in Bielefeld ist. »Das geschah damals aus der akademischen Grundhaltung heraus: ›Wir sind so gut, da muß die Firma was werden‹«, berichtet Michael Bernhard und schmunzelt dabei. Im Herbst 1991 enstand schließlich die Gesellschaft für assoziative, selbstorganisierende Computersysteme, kurz: ASOC GmbH. Da sich Bernhard mittlerweile in der Nähe niedergelassen hatte, zog das Dreigespann in das Technologiezentrum von Offenburg. Ein Produkt gab es noch nicht, lediglich das gemeinsame Interesse für neuronale Netze. Ernährt hat man sich von Einzelaufträgen, die Bernhard aus seiner bisherigen Tätigkeit als Selbständiger mitbrachte. Über einen Freund kam der Jungunternehmer schließlich an das Meinungsforschungsinstitut Infratest, das die ASOC GmbH 1992 mit einem Datenbanksystem beauftragte. Dabei ist es aber nicht geblieben. Ein zweiter Auftrag sollte die entscheidenden technischen Weichen stellen: Infratest brachte eine Computerdatei mit medizinischen Diagnosen mit, um herauszufinden, ob ein Zusammenhang zwischen Herzinsuffizienz und Diabetes besteht. Das gab den Anstoß dafür, das Werkzeug zu entwickeln, das heute Eckpfeiler der AG ist. »Es sollte kein Werkzeug werden, um damit auf den Markt zu gehen, sondern nur ein Tool, um die Fragestellung zu beantworten«, berichtet Michael Bernhard. Die Begeisterung des Kunden war groß. Sofort wollte er das System kaufen und für weitere Studien verwenden. Bernhard schlug in das Geschäft ein. Ohne viel Erfahrung im Bereich Marketing und einen Überblick über die üblichen Marktpreise zu haben, nahm er lediglich 3 500 Mark. Erst mit einem Importmodul für Dateien machte das Trio diesen Fehler wieder wett. So gut die Idee schon damals war: Fehlender professioneller Support und geringes Vermarktungswissen ließen die geschäftsträchtige Software in der Schublade verschwinden.

Von der GmbH zur AG

Die Anfangsphase ernüchterte die drei ehemaligen Studenten schnell. »Unsere erste Erfahrung war, daß das alles nicht so schnell und so leicht geht, wie man es sich vorgestellt hat, sondern daß es ein ganz schön hartes Pflaster ist«, erinnert sich der Geschäftsmann. Zunächst habe es viel Frustration gegeben, und immer »die Hoffnung, daß es besser werde.« Im vorhandenen Businessplan waren zwar die tollen Ideen der Gründer festgehalten, nicht aber die geschäftlichen Ziele. Weil alle drei aus der Wissenschaft kamen, tauchten schnell Lücken im Bereich Geschäftsführung und Management auf. Die Durststrecke bewegte einen der drei Partner zum Ausstieg. Michael Großjean nimmt heute eine Führungsposition beim Telekommunikationsunternehmen SEL ein.

»Man muß als Unternehmer eine extreme Spielernatur sein«, sagt Bernhard, der auch in Krisenzeiten erfinderisch blieb. Nach dem Ausstieg des einen Partners konzentrierte sich der Unternehmer auf Computeranimationen für Firmenvideos und Werbefilme, die auf einem leistungsstarken Silicon Graphics-Rechner entstanden. Dabei lernte er den Filmproduzenten Johannes Weineck kennen, der die Software wiederentdeckte, die längst in Vergessenheit geraten war. Der begeisterungsfähige Filmemacher dachte sofort in anderen Dimensionen: »Das Produkt muß ganz groß vermarktet werden.« Weineck zögerte nicht lange, und schon bald saßen beide im Auto und fuhren von einer Präsentation zur nächsten. Für einen neuen Start brauchte die ASOC GmbH Kapital. »Ich habe mich dann in dem Glauben hintendran gehängt, daß er das schon richten wird«, erinnert sich Michael Bernhard. So stieß das Duo schließlich auf Thomas Metz, einen Finanzprofi. Sein Rat: »Wenn Ihr einen Start-up wollt, müßt ihr eine AG gründen.« Auch er war von dem Produkt überzeugt, so sehr, daß er bis heute Teilhaber an der ASOC AG ist. Erst durch seine Hilfe gelang es Bernhard und Weineck, die Türen der Banken zu öffnen. Vorher waren diese skeptisch gewesen: »Der eine ist ein genialer Wissenschaftler – das glauben wir ihm –, und der andere Filmproduzent. Wie wollen die beiden ein Geschäft machen?« lautete der Tenor. Zusammen mit Thomas Metz bereitete man nun die Umwandlung der GmbH in eine AG vor, die 1995 über die Bühne ging. Metz war es auch, der eine Finanzierung der neuen Gesellschaft mit einem Mindestgrundkapital von einer halben Million Mark möglich machte. Unter anderem stiegen risikofreudige Privatanleger ein. Aus freundschaftlicher Verbundenheit bestand Bernhard darauf, daß Johannes Weineck in den Vorstand kam.

Aufschwung mit Hindernissen

Trotz aller Euphorie: Die Firma florierte nicht. »Das tat sie deshalb nicht, weil es immer wieder zu Konflikten unter den verschiedenen Charakteren kam«, diagnostiziert Michael Bernhard aus seiner heutigen Sicht. Acht Leute arbeiteten insgesamt im Unternehmen, alles Programmierer, die zum Teil ihre Diplomarbeit in der ASOC AG schrieben. Schon 1994 hatte es eine Krise gegeben, damals aber unternehmensextern verursacht. Um große Kunden zu erreichen, hatte Bernhard sich ein Münchner Softwareunternehmen als Kooperationspartner ausgesucht. »Da habe ich einen fatalen Fehler gemacht«, gibt das Vorstandsmitglied zu. Aus Dankbarkeit für die hergestellten Kontakte ließ man den Partner an den eigenen Projekten teilhaben. Nach einem Jahr erhielt Bernhard die Quittung für das entgegengebrachte Vertrauen. Eine ähnliche Software, die sich lediglich in einigen Äußerlichkeiten unterschied, kam als Konkurrenzprodukt auf den Markt. Bernhard: »Wir hatten denen die Gelegenheit gegeben, von uns abzukupfern.« Von der Sache erfahren hatte das Vorstandsmitglied durch einen Prospekt, der ihm zufällig in die Hände fiel.

Eine smarte Erfolgsgeschichte kann die ASOC AG nicht vorweisen. Vermutlich gehört eine solche ohnehin in den Bereich moderner Mythen. Der Versuch, das Programm als Patent anzumelden, scheiterte. Stolze zwei Jahre dauerte es, bis die zuständige Behörde zu der Erkenntnis kam, daß die Formulierung für den Antrag anders hätte lauten müssen. Dem Patentanwalt, der die Prozedur begleitete, war dieser Fehler nicht aufgefallen. Inzwischen ist Michael Bernhard froh darüber, daß die Patentanmeldung nicht geglückt ist; das Unternehmen hätte dafür zuviel wettbewerbsrelevantes Wissen preisgeben müssen. Die Folge wäre gewesen, daß pfiffige Unternehmen das Patent umgangen hätten, vor allem, als sich der Erfolg der Software abzeichnete.

Die Wende zum Aufschwung der ASOC AG kam durch Peter Wilcke, einen Ex-IBM-Manager. 1997 trat Bernhard mit dem erfahrenen Businessman durch eine Datenbankfirma in Kontakt. Der 54jährige Wilcke hatte Interesse, in das Unternehmen einzusteigen. Das Angebot kam dem Vorstandsmitglied sehr gelegen, dessen Herkunft aus der Wissenschaft zu diesem Zeitpunkt immer noch erkennbar war. »1997 begann eine neue Ära für das Unternehmen«, meint Bernhard. Von den Banken wurde der erfahrene Manager als Vorstandsvorsitzender akzeptiert. Während Wilcke eine strengere, professionelle Struktur ins Unternehmen einführte, nahm der Gründer die Entlastung nach den vielen Jahren totaler Anspannung gerne an. Endlich konnte er sich wieder mehr auf die Forschung und Entwicklung konzentrieren. Zugleich entstand ein Managementteam mit den Geschäftsbereichen Finance and Operations, Development, Vertrieb und Marketing. Einen Headhunter hat die ASOC AG für diese wichtigen Posten nicht gebraucht. Vielmehr ist das Unternehmen organisch weiter gewachsen. »Die Leute kamen aus Eigeninitiative, nicht weil das Gehalt so hoch war, sondern weil sie das Aufgabengebiet reizte«, berichtet Michael Bernhard.

Vielleicht ist auch das ein Grund dafür, daß das Team eine gemeinsame Sprache spricht. So fällt es dem Gründer nicht schwer, einen demokratischen Führungsstil zu praktizieren. Über Köpfe hinweg will er nicht entscheiden, sondern immer einen Konsens anstreben. Johannes Weineck allerdings ist mittlerweile nicht mehr dabei.

Standort Silicon Valley

Die offensive Veränderung der Firma war es schließlich auch, die den Aufbau einer Heidelberger Niederlassung veranlaßte. Allein schon durch den Erfolg von SAP ist Heidelberg zum Magneten für die Softwareindustrie und für Neugründungen in diesem Bereich geworden. Für die ASOC AG ist Heidelberg, das deutsche Silicon Valley, ein besserer Ausgangspunkt für die Vermarktung der Software als Offenburg. Außerdem ist es einfacher, Personal zu finden, da Heidelberg viel attraktiver zum Leben ist. Im nächsten Jahr soll es dann sogar nach Kalifornien ins echte Silicon Valley gehen. Amerikanisches Venture Capital soll den Auftritt auf dem internationalen Markt puschen. Soll aus *sphinx Vision* und der vielfältigen Anwendungssoftware einmal ein Standard werden, kommt die ASOC AG um das Engagement im High-Tech-Distrikt der Staaten nicht herum. »Das können wir nur von Amerika aus«, beteuert Michael Bernhard. Was die Vermarktung von Software anbelange, versammele sich dort 80 Prozent der weltweiten Erfahrung. Dagegen eigne sich der lokale deutsche Markt sehr gut dazu, ein Produkt ausreifen zu lassen und einzuführen. »Man muß viel vorinvestieren«, beschreibt der Gründer die Chance, bekannt zu werden. Die Strategie, sich mit Hilfe der Erträge hochzuarbeiten, sei nicht mehr aktuell. Vielmehr müsse ein Unternehmer eine Vision entwickeln und diese von Teilhabern bezahlen lassen, um sie schließlich zu erfüllen. Bernhard verweist auf Internet Communities, die manchmal noch gar keinen Umsatz machen, aber schon hoch bewertet würden. Netscape habe beispielsweise seine Software verschenkt, um sie bekannt zu machen.

Die Visionen der ASOC AG gehen jedoch weit über einen bloßen Abverkauf der Software hinaus. »*sphinx Vision* ist eigentlich ein Produkt, um andere Produkte herzustellen«, meint Michael Bernhard, der von seinem Pioniergeist nichts verloren hat. Trotz der harten Schule bis zum Profimanager ist der Gründer natürlich geblieben. Im kleinen Konferenzraum erscheint er in Jeans und gibt sich locker. Schon unzählige Male hat er die Software vorführen müssen. Dennoch ist zu spüren, daß sie sein »Kind« ist. Ideen für die Zukunft sind ihm nicht ausgegangen. Nachdem der Ex-IBM-Manager dem Unternehmen eine Struktur gegeben hat, kann es jetzt richtig losgehen. Semantic Business Applications, kurz SEMBAs, nennt sich eine projektbezogen erstellte Software, mit der sich die ASOC AG ein Geschäft erhofft. »Im Prinzip gleicht *sphinxVision* einem Compiler oder Entwicklungssystem«, erklärt Bernhard und sucht auf der Festplatte seines Laptops nach einem geeigneten Beispiel. Das Programm durchforstet riesige Datenbanken und hilft dem Benutzer, Erkenntnisse zu gewinnen. Diese speichert es in semantischen Variablen ab, die Oberbegriffe für Daten sind, welche zueinander in Beziehung stehen. Zum Beispiel läßt sich damit definieren, was ein guter Kunde ist. Das Wissen kann der Benutzer des Systems dann weiter nutzen, etwa in einer Tabellenkalkulation wie Excel.

Interessant können SEMBAs dann sein, wenn Unternehmen schnell nachprüfen wollen, ob Kunde Schulz etwa ein Risikokunde ist oder als stabil gelten kann. Banken können darüber die Bonität beurteilen und Broker können damit Aktien bewerten und analysieren. »Das Problem ist, daß unsere Software noch kein Massenprodukt ist«, meint Bernhard. Noch müssen SEMBAs in Projekten erarbeitet werden. Aus diesem Grund steht zur Zeit das Consultinggeschäft im Vordergrund der ASOC AG. Bei einem Auftrag untersucht das Team Unternehmensdaten, die oft erst noch in eine Struktur gebracht werden müssen. Auch Monitoringsysteme sind neben der Analyse möglich. Zum Beispiel könnte es für eine Einzelhandelskette interessant sein, die Wirtschaftlichkeit und den Erfolg der Filialen ständig im Blick zu haben. Fällt eine Filiale aus dem nach *sphinxVision* definierten Begriff einer gut funktionierenden Filiale heraus, wird automatisch das Management benachrichtigt, um eingreifen zu können. Zwar ist das heute noch Zukunftsmusik, aber das Orchester der ASOC-Entwickler probt bereits: Bernhard denkt an Tendenzen, die dem Anwender gemeldet werden.

Beispielsweise würde das Management eine Meldung erreichen, sobald der Kunde beginnt, instabil zu werden. Oder eine Bank ist in der Lage, ungewöhnliche Transaktionen zu erfassen. Ein Telekommunikationsdienstleister wendet heute schon *sphinx Vision* an, um herauszufinden, warum Kunden zu Mitbewerbern wechseln.
Überall dort, wo Komplexität und Dynamik eine Situation oder einen Vorgang bestimmen, ist die Methode von ASOC genau richtig. »Der Gesundheitsbereich ist ein Markt, den wir seit neuestem ganz intensiv bearbeiten«, gibt das Vorstandsmitglied Auskunft. Dafür arbeite man mit einer Herzklinik zusammen, die mit Hilfe von *sphinx Vision* und einem entsprechenden SEMBA feststellen könne, wie hoch das Risiko einer Herzoperation beim Patienten ist. Michael Bernhard: »Das sind Dienste, die wir dann auch wieder im Internet zur Verfügung stellen wollen.« Auf diese Weise will die ASOC AG die von ihr entwickelten Informationsdienste einer breiten Zielgruppe zugänglich machen. Zugleich kann ein neues Geschäftsfeld entstehen, indem die einzelne Abfrage von Wissen mit Kosten belegt wird. Im Falle der Einschätzung des Operationsrisikos von Herzpatienten könnten etwa niedergelassene Ärzte zur Zielgruppe gehören; mit Hilfe der Information könnten sie leichter darüber entscheiden, ob es sinnvoll ist, einen Patienten in eine Herzklinik zu überweisen oder nicht. Da die SEMBAs über das Internet funktionieren, braucht die Zielgruppe nur minimale technische Anforderungen zu erfüllen.
Bereits weit gediehen ist die Umsetzung dieses Konzepts für einen internen Wissensaustausch in der pharmazeutischen Industrie. Bernhard ist begeistert: »Ich möchte gerne eine medizinische Wissens-Site anbieten.« Gerade, wenn man mit Organismen zu tun habe, sei es unumgänglich, mit nichtlinearen Zusammenhängen zu arbeiten. »Mit einfachen Analysemethoden ist da nichts zu machen.« Das Zur-Verfügung-Stellen von Wissen soll jedoch keine Einbahnstraße sein. »Ich möchte eine richtige Wissens-Community gründen«, beschreibt Bernhard seine Vision. Im Internet ließe sich auch ein Forum ins Leben rufen, das Diskussionen zuläßt. Darüber hinaus soll jeder Anwender ein Modell kreieren und der Community zur Verfügung stellen können. Dieses wäre dann automatisch mit anderen Modellen verknüpft, so daß das Problem der

Suche entfiele. Ein weiterer Zusatzservice könnte darin bestehen, den Konstrukteur eines semantischen Modells durch diejenigen zu honorieren, die es nutzen. »Das ist beinahe eine neue Arbeitsplatzstruktur«, denkt Bernhard nach.
Zur Zeit geht die ASOC AG projektbezogen vor. Es gibt noch kein in Folie eingeschweißtes Softwarepaket, das über die Ladentheke geschoben werden könnte. Zunächst analysieren Bernhard und sein Team den Bedarf und entwickeln mit *sphinxVision* dann ein maßgeschneidertes SEMBA. 80 Prozent der Arbeit besteht darin, die existierenden Daten entsprechend aufzubereiten. Am Ende jedes Projektes steht schließlich das Training der Mitarbeiter.

Abenteuer Unternehmertum

Während Michael Bernhard früher selbst viel am Rechner saß, sieht er sich heute eher in der Rolle des Vordenkers. Der Konflikt zwischen Managementaufgaben und technischem Arbeiten erscheint ihm nicht unlösbar. Es komme darauf an, wie man sich die Arbeit einteile. »Man behält den Überblick, weil man die spezielle Fähigkeit des diagonalen Begreifens erlernt«, meint das Vorstandsmitglied. Man müsse nicht jedes Detail kennen.
»Der härteste Schritt war für mich der Übergang vom Einzelunternehmer zum Vorstand«, erinnert sich der Gründer. Man habe gleichsam das Gefühl, enteignet zu werden, nachdem die Firma mühevoll aufgebaut wurde. Als Vorstand sei man plötzlich Vermögensverwalter der Aktionäre. Durch Venture Capital verringere sich sogar noch der Anteilskuchen am Unternehmen. »Plötzlich ist man Angestellter der eigenen Firma«, schließt Bernhard ab. Zu dem Schritt, eine GmbH in eine AG umzuwandeln, würde er nicht jedem raten. Formal und inhaltlich nimmt dadurch der Overhead eines Unternehmens nämlich zwangsläufig zu.
An sich selbst habe er die Entwicklung vom Träumer zum Realisten festgestellt, was unabdingbar zum Überleben sei. Dennoch zieht Bernhard eine ernüchternde Bilanz: »Unternehmer sein ist der härteste Job,

den man sich vorstellen kann.« Und trotzdem der reizvollste. Der Gründer lacht. »Es gibt ja nicht mehr viele Abenteuer in unserer durchstrukturierten Welt.« Deshalb vielleicht verlagere sich die Abenteuerlust zunehmend auf das Wirtschaftsleben. »Man hat freien Himmel über sich«, faßt Bernhard zusammen. Zwar bestehe das Risiko des Absturzes, man besäße aber auch die Möglichkeit zu handeln. »Das Lebensgefühl pendelt zwischen zwei Extremen: dem totalen Frust und dem wunderbaren Gefühl, sich selbst verwirklichen zu können.

Rangierbahnhof für Datenkommunikation

Wer füllt schon gerne Banküberweisungen aus? Irgendwo ist immer eine falsche Zahl dabei. Da hilft nur eins: zerreißen und neu schreiben. Doch wehe, beim letzten Bankbesuch wurden zu wenige der lästigen Zettel mit den kleinen Kästchen mitgenommen. Dann heißt es wieder abwarten. Wer sich den Papierkram ersparen will, greift zum Telefonhörer und macht von den vielen Angeboten der Direktbanken Gebrauch. Oder er wählt das Medium Internet. Wenn der Computer am Schreibtisch ohnehin den ganzen Tag läuft, läßt sich schnell eine Überweisung tätigen. Damit der Vorgang sicher abläuft, ohne daß sich ein dritter die Hände reibt, weil er die Bankverbindung anzapft, und damit alles fehlerfrei seinen Weg geht, bedarf es einer ausgefeilten Technik auf Seiten der Banken. Die Stuttgarter Softwareschmiede BROKAT INFOSYSTEMS AG hat dieses Geschäftsfeld für sich entdeckt und surft nun auf der Erfolgswelle Internet. Erst 1994 gründete ein Team von fünf risikofreudigen Männern das Unternehmen, das inzwischen mit einem Umsatz von 30,6 Millionen DM Marktführer im Bereich Bankingsysteme ist und gerade einen Internet-Innovationspreis der amerikanischen Internet-Industrievereinigung Commerce-Net gewonnen hat.

Chaosbewältiger *Twister*

Von ihren technischen Bedingungen her ist die von BROKAT entwickelte E-Service-Plattform für Kundeninformationssysteme oder Online-Shopping offen. Die Grundidee ist mit einem Rangierbahnhof zu vergleichen, auf dem eintreffende Waggons auf die richtigen Gleise für das Ent- und Beladen der Güter verteilt werden. Ein Nutzer sitzt beispielsweise zu Hause am Computer, um über das Internet den Kontostand abzufragen. Der Computer auf der Seite der Bank, der die Anfrage annimmt, leitet nun die darin enthaltenen Informationen an die entsprechende Datenbank weiter. Zur Sicherheit werden Codes, etwa die PIN, abgefragt. BROKATS E-Service-Plattform ist sogar in der Lage, auf mehrere Datenbanken und Systeme zuzugreifen, etwa auf Überweisungsservice, Kontenmanagement und Zahlungssystem. Sie faßt die Antworten auf die Anfragen zusammen und bereitet sie für die Ausgabe am Rechner des Kunden wieder auf. Je größer die Datendichte und je unterschiedlicher die Systeme sind, die die Plattform zu verwalten hat, desto mehr kommen die Vorzüge der Software zum Tragen. Der »Chaosbewältiger« nimmt es mit parallel eintreffenden Anfragen aus dem Internet, von Handies und Terminalsystemen einer Bank auf. Auf beiden Seiten bestehen erweiterbare Schnittstellen: nach innen zu den Systemen eines Unternehmens und nach außen zu den Geräten, mit denen die Kunden arbeiten. Die Plattform mit dem Namen *Twister* sitzt buchstäblich zwischen zwei Stühlen. Die Technik von BROKAT zieht ihre Kreise: Europaweit hat das Softwarehaus 40 Prozent Marktanteile, weltweit immerhin 10 Prozent. Derzeit prescht der schwäbische Mittelständler sogar in die USA vor, nachdem ein Tochterunternehmen in Atlanta an den Start ging.

Die Vermittler- und Managementrolle von *Twister* kommt dem Sicherheitsbedarf der Anbieter von Internetdienstleistungen entgegen. Niemand soll über das Internet direkt und ungefiltert auf eine unternehmensinterne Datenbank zugreifen können. Darüber hinaus sollen unliebsame Hacker abgewehrt werden, die eine Datenleitung anzapfen und mit den darin enthaltenen Informationen wirtschaftlichen Schaden anrichten. Auf der Basis der Programmiersprache Java entwickelte Brokat ein Verfahren, das eine Internetmitteilung mit einem 128 Bit-Code verschlüsseln kann – der bisher höchste Standard auf diesem Gebiet. Die Entscheidung für Java hat einen großen strategischen Vorteil: Wer auf dem heimischen PC über das Internet sein Konto abfragt, benötigt keine Spezialsoftware, sondern nur einen aktuellen Browser, eine Software, die er schon längst benützt, wenn er das Netz nutzt.

Der Vorteil der E-Service-Plattform liegt in ihrer einfachen Erweiterbarkeit. Will eine Bank einen neuen Service anbieten, braucht das System nicht komplett neu geschrieben werden, sondern kann – wie in einem Legobaukasten – dazugesteckt werden. BROKAT hat sich für eine modulare Logik entschieden und bietet damit den Investoren kein starres Produkt, sondern eine EDV-Lösung, die sich veränderten Anforderungen anpassen läßt. Mit welchem Betriebssystem oder Datenbankformat der Anwender arbeitet, spielt dabei keine Rolle.

Existenzgründung im Team

Die Erfolgsstory von BROKAT wird von einem Team geschrieben, in das jeder seine besonderen Kompetenzen einbrachte. Der erst 33jährige Stefan Röver, heute in der Position des Chief Executive Officers (CEO) und Vorstandssprechers, erinnert sich, wie die Idee zusammen mit Michael Janßen und Dr. Boris Anderer heranwuchs. Schon ein Jahr vor der Gründung dachten die damaligen Studenten über eine eigene Firma nach. Kennengelernt hatten sie sich in einer Studentenverbindung, der sie alle drei angehörten. »Ich hatte zu dieser Zeit schon eine kleine IT-Beratungsfirma«, erzählt Röver. Janßen hingegen stand gerade vor dem Sprung in einen Bankjob, während Dr. Anderer bei dem renommierten Consultingunternehmen McKinsey arbeitete. Aus seiner Position brachte er zu einer Zeit, da in Deutschland Online-Banking und andere Dienstleistungen im Bereich E-Service noch eine Seltenheit waren, wertvolle Insider-Informationen über die Marktentwicklung mit und witterte ein zukunftsträchtiges Geschäft. Röver: »Ein Jahr lang haben wir uns getroffen und potentielle Kunden besucht, hatten aber noch kein Produkt.« Das änderte sich erst mit den beiden zuletzt dazugestoßenen Gründern, die Röver im Rahmen eines Projekts kennengelernt hatte: Achim Schlumpberger und Michael Schumacher. Die beiden hatten eine Anwendung entwickelt, die in dieselbe Richtung wies, die das Trio bereits ins Auge gefaßt hatte. Röver nahm die Gelegenheit wahr und fragte die beiden Informatiker, ob sie an einer Beteiligung interessiert seien. Damit war das Gründerquintett komplett.

Das Jura- und Betriebswirtschaftsstudium war für Röver immer zweitrangig und wurde neben der Beratungsfirma absolviert. Schon als Schüler war er unternehmerisch aktiv, beriet in technologischen Fragen und entwickelte selbst Programme. Von Jugend an hat er Unternehmerluft geatmet. Insgesamt sechs Jahre lebte er mit seinen Eltern im kalifornischen Silicon Valley. »Ich hatte schon immer die Vorstellung, selbständig zu arbeiten«, erzählt Röver. Das Studium sei deshalb ein Weg gewesen, sich dafür zu qualifizieren. So besuchte Röver auch nur die Veranstaltungen, die ihn wirklich interessierten. Er war sich sicher, daß er nicht unbedingt einen Abschluß brauchte, um einen Job zu bekommen. Doch die eigene Beratungsfirma stellte ihn auf Dauer nicht zufrieden.Vielmehr wuchs der Wunsch, ein eigenes Produkt zu entwickeln. Für Dr. Boris Anderer und Michael Janßen bedeutete das Unternehmen einen Sprung in die Selbständigkeit, in der sich mehr bewegen läßt als im Angestelltenverhältnis. Die beiden Softwareentwickler hatten lange genug freiberuflich gearbeitet, um zu wissen, daß es attraktiver ist, eine eigene Firma mit einem Produkt zu haben, anstatt nur die eigene Arbeitskraft zu verkaufen.

Der Teamgedanke ist bis heute bei BROKAT bestehen geblieben. »Das hat uns auf jeden Fall geholfen, schnell große Schritte zu machen. Wenn Sie Einzelunternehmer sind, dauert es sehr lange, weil Sie jeden Bereich abdecken müssen«, kommentiert Stefan Röver. »Die Entscheidungen werden in der Regel einstimmig getroffen«, fügt er hinzu. Man höre sich gegenseitig an und suche nach einem Konsens. Ein fertig entwickeltes Produkt war zum Zeitpunkt der GmbH-Gründung noch nicht vorhanden. So brachten Stefan Röver und Achim Schlumpberger Aufträge aus ihrer bisherigen Tätigkeit in das Unternehmen ein und finanzierten damit die Entwicklung der E-Service-Plattform *Twister*, für die Michael Schumacher freigestellt war. Er sollte den Rücken frei haben, um sich ganz und gar auf die Technik konzentrieren zu können. Zu seiner Unterstützung kamen zwei Angestellte hinzu. Bedingt durch den Umstand, daß sie zu fünft waren, war es auch kein Problem, das Kapital, das eine GmbH-Gründung verlangt, aufzubringen. Jeder zahlte lediglich 12 000 Mark ein. Später wurden allerdings doch Kredite notwendig, die sich BROKAT von Banken holte. »Das war nicht ganz leicht, aber auch nicht so schwer, wie alle sagen«, meint Stefan Röver. Dafür legten die fünf einen professionellen Businessplan und solide Wachstumsaussichten vor. Man habe gut argumentieren, Know-how und Erfahrung nachweisen müssen, um die Banken zu dem Risiko zu ermutigen. Sicherlich machten die unternehmerische Biographie Rövers und der Name McKinsey in der Berufsbiographie Dr. Anderers den entscheidenden Eindruck. »Wir haben dann sukzessive immer mehr Kredite bekommen«, berichtet der Vorstandssprecher. Mehrere Millionen Mark kamen auf diese Weise von verschiedenen Banken zusammen. Das allgemein beklagte Zögern der Banken verübelt Röver ihnen nicht. Seiner Ansicht nach muß ein Unternehmen sowohl kaufmännisch als auch technisch auf soliden Füßen stehen. Existenzgründern empfiehlt der Unternehmer, von Anfang an beide Bereiche abzudecken und sich gegebenenfalls einen Partner zu suchen.

Mit Venture Capital an die Börse

Neun Monate dauerte es, bis das Produkt fertig und vorführbereit war; die erste Installation fand ein Jahr nach der Unternehmensgründung statt. Dem Team war es gelungen, drei wichtige Erstkunden an Land zu ziehen: die Direktanlagebank, AOL Deutschland und die Deutsche Bank. Der Durchbruch war geschafft. Um den Markt zu erschließen, sind große, renommierte Kunden die beste Ausgangssituation. »In allen drei Fällen war eine Portion Glück dabei, um den richtigen Kontakt herzustellen und eine Vertrauensbeziehung aufzubauen«, gibt Stefan Röver zu. Als Newcomer hatte man es zwar mit einer starken Konkurrenz zu tun, aber als das Interesse der Kunden erst einmal geweckt war, kam es schnell zu Geschäftsbeziehungen. Bis früh am Morgen habe man im damaligen Böblinger Büro zusammen gesessen und die Präsentation vorbereitet. Während der Kontakt zur Direktanlagebank bereits vorher bestand, ist die Tür zu American Online (AOL) durch eine Empfehlung geöffnet worden. »Die Deutsche Bank hatte ein konkretes Problem im Bereich Security«, erzählt Röver. BROKAT hatte zu diesem Zeitpunkt schon eine Lösung auf Java-Basis dafür erarbeitet und verfügte damit über ein Alleinstellungsmerkmal. Das Manko, einem Newcomer gegenüber zu sitzen, glichen die Kunden mit entsprechenden Absicherungen im Vertrag aus. Beispielsweise verpflichtete sich BROKAT dazu, den Programmcode zu hinterlegen, damit der Kunde auch im Falle eines Konkurses der Softwarefirma sein System weiter pflegen kann. Die Auftraggeber prüften außerdem das junge Unternehmen auf Herz und Nieren, um sich abzusichern. Die größte Herausforderung bestand anschließend darin, der umfangreichen Arbeit, die auf die Aufträge folgte, gerecht zu werden. »Die einzelnen Prozesse waren noch nicht so etabliert, wie es Konzerngrößen erwarten«, berichtet der Vorstandssprecher. Einen Customer Support etwa habe es noch gar nicht gegeben, so daß zunächst viel improvisiert werden mußte. Heute hat BROKAT in allen Bereichen nachgezogen, inklusive Test- und Researchabteilung. Auf drei Etagen eines Bürohauses hat sich das Unternehmen direkt am S-Bahnhof Stuttgart-Vaihingen niedergelassen. Großzügige Flure führen zu den vielen kleinen Büros, in die die BROKAT-Mitarbeiter jeweils zu zweit einziehen. Noch am Abend brennt das Licht. Arbeitsmangel kennt man hier nicht. Dafür kann sich jeder die Arbeitszeit selbst einteilen, was im Klartext Mehrbelastung bedeutet. Nicht die Spur von Chaos ist in der BROKAT-Zentrale vorhanden, in der rund 200 Mitarbeiter angestellt sind. »Es muß aber immer wieder umstrukturiert werden«, sagt Stefan Röver. Gerade bei dem rasanten personellen Wachstum der letzten vier Jahre galt es, die Strukturen der Größe entsprechend anzupassen.

Im erfolgreichen Jahr 1996, in dem BROKAT die ersten großen Kunden an Land zog, entschied man sich, Fremdkapital ins Unternehmen zu holen, um der explosiven Nachfrage gerecht werden zu können. Obwohl zu dieser Zeit Venture Capital in Deutschland noch eine Seltenheit war, wählte das Management diesen Weg. Ziel war es, eine gesunde Basis zu schaffen, um international wachsen zu können. Zuerst stieg die Technologieholding aus München ein. Ein Jahr später legte der Venture Capitalist erneut eine Investitionsssumme dazu, diesmal gemeinsam mit der TBG, einer Tochter der Deutschen Ausgleichsbank, und der Vertex Group aus Singapur. Der finanzschwere internationale Investor war nicht ohne strategischen Grund gewählt worden; denn

das Singapurer Unternehmen öffnete die Tür für den Weg in den asiatischen Markt. Der nächste logische Schritt in dieser Reihe war der Börsengang am 17. September 1998, der, auf den Tag genau vier Jahre nach der Unternehmensgründung, die finanzielle Grundlage für die internationale Expansion legte. Nicht grenzenloser Machthunger steht hinter dieser Strategie, sondern das Wissen, daß ein Softwareprodukt nur mit internationaler Präsenz auf dem Markt überhaupt überleben kann. Mittlerweile ist BROKAT in elf Ländern – bis nach Südafrika und Australien – vertreten. Vier Niederlassungen davon sind Tochtergesellschaften: Seit März 1998 arbeitet ein Ableger in Atlanta, USA, mit vier weiteren Niederlassungen. In Singapur sitzt die BROKAT Asia Ltd, die ein Vertriebsbüro in Japan unterhält. In Europa arbeitet eine Tochtergesellschaft in London für den nordeuropäischen Markt sowie eine weitere in Zürich. Letztere bearbeitet den attraktiven Schweizer Markt, der vor allem wegen der dort ansässigen Finanzdienstleister für BROKAT interessant ist. An anderen Stellen in der Welt sitzen lediglich Vertriebsbüros, die für ihre Projekte auf lokale Systemintegratoren zurückgreifen.
Das Partnerschaftsnetz der BROKAT INFOSYSTEMS AG kennt Systemintegratoren, Produkt- und Consulting-Partner. Je nach den Anforderungen, die die Partner erfüllen können, werden sie einer der drei Kategorien zugeordnet. Ein aufwendiges Lizenzierungsverfahren, wie es etwa die SAP AG anwendet, existiert bei BROKAT nicht. Die Partner bringen neben ihren Qualifikationen bereits eine Lizenzgebühr mit; im Gegenzug werden sie geschult und erhalten Systeminformationen, um selbst für die E-Service-Plattform entwickeln zu können. BROKAT INFOSYSTEMS ist aber auch selbst Teil von Netzwerken; für den Computerhersteller Sun Microsystems ist die schwäbische Aktiengesellschaft der größte deutsche Reseller. Daneben existieren Kooperationen mit Siemens, Hewlett Packard und dem Big Blue IBM. Auf diese Weise reiht sich das Softwarehaus in das »Who is Who« der Computerbranche ein. Für den amerikanischen Markt fand BROKAT das Unternehmen TST als Produktpartner, das sich auf Cash-Management konzentriert hat – eine Verbindung, die hilfreich und heikel zugleich ist, weil TST auf dem Gebiet des Internetgeschäfts auch Konkurrent ist. Ähn-

lich verhält es sich bei IBM. Das Unternehmen unterstützt die Geschäfte von Brokat als Systemintegrator, bietet aber auch eigene Zahlungssysteme an. Die IBM-Software Primus-Online verwendet etwa eine Lösung des jungen Aufsteigerunternehmens. Der Internetsurfer kann damit Produkte über das Internet kaufen und sofort per Kreditkarte bezahlen. In Vorbereitung ist ein Zahlungssystem per Geldkarte, das noch nicht zugelassen ist. Der Privatuser wird in Zukunft seine eigene Kasse vor Ort haben: Ein kleines Lesegerät mit einem Schlitz für die Geldkarte erlaubt dann die Bezahlung ohne komplizierte Angaben, wie sie bei der Verwendung einer Kreditkarte erfolgen müssen. Brokat erwartet auf diesem Gebiet eine große Nachfrage. Das Handy als Zahlungsinstrument zu nutzen, ist ebenfalls möglich, da die eingesteckten Kundenkarten digitale Unterschriften senden können, mit denen sich sichere Geschäfte abwickeln lassen. Auch Überweisungen lassen sich damit tätigen.

Vom Pionier zum Manager

Ein Grundprinzip von Brokat ist Transparenz. Jeder Mitarbeiter, der daran Interesse hat, kann sich über Umsatzzahlen oder Projekte informieren. Abgesehen von persönlichen Daten gibt es auf den Rechnern des internen Computernetzwerkes keine formalisierten Zugangsbeschränkungen. »Wir versuchen allerdings auch, die Prozesse so zu automatisieren, daß Informationen gezielt weitergereicht werden«, fügt der Vorstandssprecher hinzu. Gefiltert wird die Information jedoch nicht; denn der Mitarbeiter soll eigenverantwortlich eine Entscheidung treffen können. Dafür benötigt er umfangreiches Wissen, angefangen von einzelnen Projektdetails bis hin zur Unternehmensvision. Röver: »Die Aufgaben können gar nicht immer klar definiert sein.« Er sei froh über jeden, der seine Aufgabe aktiv gestalte. Trotz der 200 Mitarbeiter hat Brokat noch keinen Betriebsrat. »Den gibt es zum Glück nicht«, ereifert sich Röver. Einer der großen Standortnachteile in Deutschland sei, daß hier solche Dinge institutionalisiert seien. Schließlich sei es Aufgabe des Unternehmens, die Beteiligung der Mitarbeiter an den Entschei-

dungsprozessen zu gestalten. »Daß mir der Gesetzgeber vorschreibt, wie ich das zu machen habe, halte ich für einen Schmarren«, ärgert sich Röver. Er könne es sich gar nicht leisten, auf die Meinung der Mitarbeiter zu verzichten. Wer das nicht von sich aus in die Wege leite, sei selber schuld und werde schnell vom Markt verschwinden. Bei BROKAT gibt es beispielsweise Strategieseminare, in denen die Zukunft des Unternehmens diskutiert wird. Darüber hinaus kann jede Abteilung selbständig entscheiden, wann und wie oft sie Meetings abhalten will; ob diese wöchentlich oder monatlich stattfinden, spielt keine Rolle.
Mit dem Wachstum des Unternehmens hat sich auch die Rolle der Gründer verändert. Die Pionierphase mit dem Einblick aller in alle Vorgänge ist in der BROKAT INFOSYSTEMS AG längst vorbei. »Ich mußte erst lernen, Details loszulassen«, erzählt der Vorstandssprecher. Die Presseabteilung sei dafür ein gutes Beispiel. Mitteilungen, die an die Journalisten und Redaktionen gehen, hat der Pressesprecher zu verantworten. Selbst wenn dem Vorstandssprecher eine Formulierung nicht paßt, greift er nicht sofort ein. »Das ist der Job des Pressesprechers. Wenn ich alles besser könnte, bräuchte ich keine Presseabteilung«, lautet die schlichte Begründung des Unternehmers. Wichtig sei es, viel zu tun, auch wenn nicht immer alles hundertprozentig richtig sei. Würde er die Arbeit durch sein Eingreifen noch zu verbessern suchen, würde sich der Durchlauf erheblich verzögern. »Der Job des Unternehmers ist es, die Chancen, die der Markt bietet, zu entdecken«, führt Stefan Röver aus. Er habe die Aufgabe, den Rahmen dafür zu schaffen, Chancen auch wirklich nutzen zu können. Das gelinge etwa durch Kapitalsuche. Dazu gehöre auch, Ziele nach innen und außen bekannt zu machen. Auch Stefan Röver mußte erst in diese Rolle hineinwachsen, obwohl er bereits Erfahrungen als Unternehmer mitbrachte. »Ich habe noch nie so viel gelernt wie in den letzten vier Jahren«, gibt der Vorstandssprecher zu. Was man als Unternehmer erreichen könne, sei beachtlich und habe die Erwartungen übertroffen. Wohl glaubte er Bescheid zu wissen, wie der Kapitalmarkt funktioniert. Aber nach der Vorbereitung des Börsengangs, sehe er die Welt mit anderen Augen als zuvor. Röver ist noch immer fasziniert von der Möglichkeit, das Kapital für das eigene Projekt selbst zu gewinnen.

Dabei lernte er, das Unternehmen aus der Sicht des Kapitalgebers zu sehen, der nichts anderes als Geld machen will. »Ich halte das für ein durchaus legitimes Interesse, weil die Investition mit einem hohen Risiko verbunden ist«, meint Röver. Der Vorstandssprecher machte die Erfahrung, daß die großen Investoren bewußt auf die Managementabteilung setzen und sie sich genau anschauen: Was sind das für Menschen? Wie alt sind sie? Welche Erfahrungen haben sie? »Das ist viel wichtiger als die Kennzahlen des Unternehmens«, resümiert Stefan Röver. Der Unternehmenserfolg stehe und falle mit dem Management. Der Unternehmer ist es, der den Kunden überzeugen muß, Partner ins Boot holt, die Mitarbeiter führt und für die Übereinstimmung von Vision und Strategie verantwortlich ist.

Wenn die Rede auf »Politik« kommt, wird Stefan Röver wütend. »Ich ärgere mich darüber, daß wir in Deutschland eine Wirtschaftskorrektur nach links erleben«, gibt der Vorstandssprecher freimütig zu. »Wenn die Kohle-, Stahl- und Betonköpfe der SPD die Oberhand gewinnen, dann sehe ich für den Wirtschaftsstandort schwarz. Da steht viel mehr auf dem Spiel, als man sich vorstellen kann.« Dazu zähle auch der Übergang ins nächste Jahrtausend mit den damit einhergehenden gesellschaftlichen Veränderungen. So wie Argentinien den Übergang zur Industriegesellschaft verpaßt habe, sehe er für Deutschland die Gefahr, den Wechsel von der Industriegesellschaft zu einer neuen Wirtschaft nicht zu schaffen. »Deutschland hat viel für sich und war in der Vergangenheit ein guter Standort«, ist Röver überzeugt. Es gebe loyale und gut ausgebildete Mitarbeiter sowie Rechtssicherheit. Aber die gesellschaftlichen Herausforderungen würden von politischer Seite nicht angegangen. Überall auf der Welt würden IT-Kräfte gesucht, und für viele von ihnen sei es mittlerweile attraktiver, aus Deutschland wegzugehen, wo sie 20 Prozent »Rentensteuer« bezahlten, von denen sie kaum etwas wiedersähen.

Durch Wachstum nach vorne

BROKAT jedenfalls bleibt beweglich. Die Aktiengesellschaft entwickelt derzeit sehr stark das Partnergeschäft, um sich von einem System- zu einem Produkthaus zu entwickeln. Die BROKAT INFOSYSTEMS AG wird sich mehr auf die Software konzentrieren, während die Partner für die Installation beim Kunden verantwortlich sind. Schnittstellen zu Einzellösungen oder Anwendungen für eine ganz bestimmte Branche können die Partner ebenfalls in eigener Regie vornehmen. Beispielsweise war es im Banking-Bereich notwendig, eine Verbindung zu alten BTX-Systemen zu schaffen.

Dank der erkämpften Marktposition hat BROKAT gute Karten. Die Gründer hatten bei der Entwicklung des Produktes auf das richtige Pferd gesetzt. Die Direktbanken sprangen zuerst auf den Zug auf und boten ihre Dienstleistungen über das Internet an. Mittlerweile sind auch die großen Banken mit von der Partie, und es ist nur noch eine Frage der Zeit, bis sie flächendeckend in dem neuen Medium mit allen Funktionen vertreten sind. Deutschland ist weltweit führend im Internetbanking. 900 000 Kunden machen hier von dem Angebot Gebrauch, das mit Hilfe der BROKAT-Software realisiert wurde.

Kopfschmerzen bereitet dem Unternehmen eigentlich nur die Personalknappheit, insbesondere dann, wenn es um eine Technik geht, die auf den neuesten Entwicklungen basiert. Vor zwei Jahren noch habe Java kaum Beachtung gefunden und nur wenig Informatiker hätten über entsprechende Fachkenntnisse verfügt. Sicherlich ist das der Grund für das recht niedrige Durchschnittsalter der Mitarbeiter, das bei BROKAT INFOSYSTEMS bei etwa 30 Jahren liegt. So lockt BROKAT neues Personal damit, dort dabei zu sein, wo zukunftsweisende Technologie geschaffen wird. Diejenigen, die früh eingestiegen sind, sitzen mittlerweile in führenden Positionen.

Das Prinzip der Eigenverantwortlichkeit der BROKAT-Mitarbeiter spiegelt sich in einem Stock Option-Programm wider, von dem jeder, angefangen beim Hausmeister, profitieren kann. Die Anzahl der Aktien, die ein Mitarbeiter kaufen kann, richtet sich nach den Kriterien Beschäftigungsdauer, Position und Gehalt. Schon nach zwei Jahren steht einem Mitarbeiter das Programm offen. Trotz des Aktienmarkts bleiben die Gründer aber Herr im Hause, da sie die Kapitalmehrheit halten. 21 Prozent liegen bei Venture Capitalists, die zum Börsengang 25 Prozent ihrer Einlage abgegeben hatten, und 27 Prozent kursieren auf dem freien Aktienmarkt. Der Rest liegt in der Hand des Vorstands und dessen Familien.

Um auf dem Markt nach vorne zu preschen, arbeitet die Aktiengesellschaft zur Zeit bewußt mit Verlust. In den ersten beiden Jahren machte BROKAT guten Profit. Doch mit der Aufnahme von Venture Capital standen die Gesellschafter vor der Frage, auf dem bisherigen Niveau weiterzumachen oder alles auf die Karte Wachstum zu setzen. Das führte 1997 zu einem Verlust von acht Millionen Mark. 1998 lag er sogar noch darüber. Aber die Aktiengesellschaft und die Geldgeber können damit leben; denn der Verlust ist eingeplant und letztlich als Investition zu sehen. Schwarze Zahlen soll es dann im Jahr 2000 wieder geben.

Internetdienstleistung aus dem Koffer

Viele Worte werden über das Netz der Netze gemacht und versprechen ein lukratives Geschäft. Doch mittlerweile tummeln sich viele Unternehmen im Haifischbecken »Internet«. Wer sich dafür entscheidet, Unternehmen einen Internetzugang zu verschaffen, wird erst einmal rund 100000 Mark für die Technik auf den Tisch legen müssen. Drei Angestellte wird er sich ebenfalls leisten müssen. So kommt der Existenzgründer ganz schön ins Schwitzen, wenn er über seinem Businessplan sitzt. Die EUROPOP AG bereitet den Kopfschmerzen ein Ende. Für eine Lizenzgebühr von 20000 Mark bekommt ein neuer Partner ein *magic case* in die Hände gedrückt. Darin befindet sich ein Laptop, vollgepackt mit Software für einen vollautomatischen Providingdienst. Keine Administration, keine weiteren Investitionen: Der frisch gebackene Provider kann sofort anfangen, seine Internetzugänge zu verkaufen. Die Vision von EUROPOP: ein bundesweites, ja internationales Netz von EUROPOP-Partnern.
Die Denkfabrik dieser Idee sitzt in Düsseldorf, genauer in der Firma INTER][COMMUNICATION von Ingo Münzer. In dem lichtdurchfluteten Besprechungszimmer mit Blick auf den Fürstenwall erläutert der Existenzgründer seine Unternehmensgeschichte. Der 30jährige Vorstandsvorsitzende hat sich immer durchgebissen, auch wenn ihm der scharfe Wind des unternehmerfeindlichen Standortes Deutschland entgegenwehte. Die viele Arbeit hat Spuren hinterlassen. 12 Stunden arbeitet er fast jeden Tag, Wochenende inklusive. Aber die Firma, die er bisher mit eigenem privathaftendem Risiko trug und zu einem Full-Service-Dienstleister für den Bereich Internet ausbaute, ist nun einmal sein Lebensinhalt.

High-Tech-Hexenküche

»Wir haben uns zur Aufgabe gemacht, die Probleme der Kunden von der physischen Verkabelung bis zur medienrelevanten Kommunikation zu betreuen«, formuliert Ingo Münzer bedächtig und schiebt ein leeres Blatt Papier auf dem Tisch zurecht. Dabei orientiert sich INTER][COMMUNICATION an dem tatsächlichen Bedarf der Kunden. Dieser beginne beispielsweise mit dem Wunsch, E-Mail im Unternehmen zu benutzen. »Dann geht erst einmal gar nichts, wenn sie kein Netzwerk haben, keinen E-Mail-Server, die Mitarbeiter nicht geschult sind und nicht wissen, was eine E-Mail ist«, beschreibt Münzer den aus dem Kundenwunsch entstehenden Bedarf. Ohne Netzwerk können die Computer nicht miteinander kommunizieren. Ihre Verknüpfung ist also der erste Schritt. Dann muß es einen Server, also einen separaten Rechner geben, auf dem die eingehenden E-Mails gesammelt werden. Oft kommt es auch vor, daß ein Kunde im World Wide Web auf eigenen Seiten gefunden werden will. Dafür muß es ein Kommunikationskonzept geben, ein Outfit, das dem Corporate Design entspricht, und schließlich redaktionelle Inhalte. Nicht alles, was im Print möglich ist oder gut ankommt, läßt sich auch aufs Web übertragen. Das erfordert eine spezielle Medienkompetenz. Darüber hinaus ist es wichtig, die Frage zu klären, wer die Inhalte am Leben hält. »Es gibt nichts schlimmeres als Inhalte, die älter als zwei Jahre sind und niemanden mehr interessieren«, erklärt Ingo Münzer. Falls beim Kunden kein Knowhow über die HTML-Programmiersprache vorhanden ist, erstellt INTER][COMMUNICATION als Alternative ein Autorensystem. Greifen die genannten Punkte nicht reibungslos ineinander, sind schnell hohe Summen für den Internetauftritt in den Sand gesetzt. Wenn jemand 50 000 Mark für seinen Webauftritt ausgegeben hat und nichts daraus geworden ist, bezeichnet Münzer das als echtes Desaster. Wer aber lediglich 2000 Mark anlegen will, darf sich nicht wundern, damit keinen Erfolg zu erzielen. Münzer: »Für 2000 Mark kann man keine S-Klasse erwarten.«

Ein weiteres Kundenproblem: E-Commerce, der Verkauf von Produkten über das Internet. Hier besteht die Herausforderung darin, das

Internet mit der bereits bestehenden Unternehmensdatenbank zu verknüpfen. Der Kunde soll Bestellungen aufgeben können, ohne imstande zu sein, irgendwelche Firmendaten zu ändern. Der gesamte Sicherheitsbereich kommt auf diese Weise hinzu. »Jeder, der ins Internet geht, ist potentiell gefährdet«, führt Münzer aus. Den unterschiedlichen Anforderungen entsprechend holte sich der Unternehmer Fachleute ins Boot, darunter jeweils zwei Netzwerkspezialisten, Softwareentwickler und einige freie Mitarbeiter im Bereich Webpublishing. Grafikstudios arbeiten INTER][COMMUNICATION in Designaufgaben zu. Entgegen der landläufigen Meinung liegen die Herausforderungen des Internets laut Münzer jedoch nicht im Design, sondern in der Integration von Anwendungen in bestehende Systeme und vor allem in der Qualifizierung der Menschen, die damit zu tun haben werden. »Keine Menschen, keine Integration, keine Funktion«, meint Münzer.

Die Full-Service-Kompetenz, durch die sich INTER][COMMUNICATION von Mitbewerbern unterscheiden will, ist für Ingo Münzer allerdings kein Zielpunkt, sondern vielmehr ein Vehikel, um die Innovation »Europop« ins Rollen zu bringen. Sie wird internetnahen Firmen, denen Mittel und Know-how dazu fehlen, helfen, einem ihrer Kunden selbst einen Internetzugang anzubieten. Normalerweise braucht ein Internet-Service Provider-Technik, qualifiziertes Personal, einen Anschluß zum nächstgrößeren Internetprovider, einen Vertrieb und ein Abrechnungssystem. Ingo Münzer greift zu einem Taschenrechner, um den Aufwand zu erläutern. Etwa 25 000 Mark an Kosten pro Monat kommen damit auf ein Jungunternehmen zu. Angenommen, dieser Provider kauft für 30 Pfennig pro Megabyte Ressourcen ein und verkauft diese für eine Mark, benötigt er mindestens 23 Geschäftskunden, um allein die Kosten abzudecken. Diese müssen dann aber auch schon große Datenmengen aus dem Internet schaufeln, nämlich rund 1,5 bis 2 Gigabyte pro Monat. Das entspricht in etwa der Kapazität einer in durchschnittlichen PCs eingebauten Festplatte. Wer den Internetzugang überregional bereitstellen will, muß seine Kosten entsprechend der Zahl der Standorte multiplizieren; denn an jedem Einwahlknoten muß er Hardware aufbauen. Wer gerade einmal in 15 Städten Deutschlands aktiv werden will, kommt dabei schnell auf Kosten in Höhe von etwa zwei Millionen Mark, die nicht jeder ohne weiteres auf den Tisch blättern kann. Nur Unternehmen mit viel Kapital können sich das leisten.

INTER][COMMUNICATION selbst hatte die unbefriedigende Situation zu spüren bekommen und sich deshalb entschlossen, aktiv zu werden. Die High-Tech-Hexenküche des Full-Service-Anbieters brodelte heftig und brachte schließlich den Homunculus *Robopop* hervor, ein vollautomatisches Providingsystem. Lediglich ein Laptop muß ans Telefonnetz angeschlossen werden, und schon geht es los. Mit Hilfe einer Software kann der Anwender Kunden aufnehmen, einen Internetzugang freischalten, dessen Datenverkehr messen und in Rechnung stellen. Der Laptop aus dem Koffer ist gewissermaßen die Bedienkonsole für das Internetproviding, eine Plug-and-play-Lösung inklusive Bedienungsanleitung. Durch eine einheitliche 180er-Nummer kann der EUROPOP-Partner sofort einen bundesweiten Zugang anbieten sowie eigene Geschäftsbedingungen und Preise definieren. Sogar E-Mail-Adressen kann er einrichten und Platz für Internetseiten zur Verfügung stellen. Verlangt der Kunde des neuen Providers einen Server in seiner Firma, kann er diese Dienstleistung mit Hilfe von EUROPOP-Personal anbieten. Ingo Münzer ist sich sicher: Geld wird mit dem Internetzugang (Access), nicht mit den Inhalten (Content) verdient. Sowohl das Versenden und Lesen von E-Mails als auch das Anschauen von Web-Seiten bewegt Datenmengen, nach denen der EUROPOP-Partner abrechnen kann. Münzer vergleicht sein Konzept mit einer Franchise-Kette wie McDonalds, die ihren Partnern die notwendige Einrichtung an die Hand gibt und sie auch dementsprechend schult.

Vor allem Werbeagenturen, Webpublisher und Internetberater können mit Hilfe der EUROPOP AG für eine überschaubare Summe einen erweiterten Service anbieten. Viel zusätzliches technisches Wissen ist nicht notwendig. Der EUROPOP-Partner kann sich ganz auf seine Kompetenz und die Kundenkontakte konzentrieren. Und wenn er einen neuen Standort aufbauen will, den EUROPOP noch nicht abdeckt, finanziert die Aktiengesellschaft diesen Schritt vor.

In einem kleinen Raum zur Rückseite des Gebäudes hin steht das physikalische Herz des Dienstleisters. Die Klimaanlage und viele Ventilatoren rauschen, die für eine gleichbleibende Temperatur sorgen. In zwei großen Metallschränken sind gleich mehrere Computer im Industrieformat übereinander eingeschraubt, darunter LINUX-Systeme, aber auch eine Sun Sparc Workstation. Intercommunication arbeitet plattformübergreifend: Gleichgültig, ob der Kunde mit Windows NT oder MacOS arbeitet, das Team kann Server und Netzwerke installieren. Üppige Kabelbäume führen zu der Telefonverteileranlage. Hier, im vierten Stock des Bürogebäudes am Fürstenwall, findet ein Teil des Internets statt.

Vom Computerfreak zum Unternehmer

Die EUROPOP AG wartet mit vielen Jahren Erfahrung auf. Angefangen hat die Unternehmergeschichte von Ingo Münzer 1987, als er sich als Teen ins Abenteuer »Leben« stürzte. Für möglichst wenig Geld flog er damals nach Hongkong und Taiwan und öffnete vor Ort Kanäle für den Einkauf von Computerhardware. Zurück in Deutschland setzte er diese zu PCs zusammen und verkaufte sie weiter. Das ging bis 1992 gut. Dann mußte Ingo Münzer trotz eigener Firma mit 350 000 Mark Jahresumsatz und zwei Mitarbeitern zur Bundeswehr. Alle Versuche, eine Unabkömmlichkeit durchzusetzen, scheiterten. Der Bund blieb hart und nahm das Unternehmensende sowie zwei Arbeitslose mehr in Kauf. Nach dem Wehrdienst entschied sich Ingo Münzer zunächst für ein Studium der Elektrotechnik, doch an der Uni hielt er es nicht lange aus. Unruhig und vom Wunsch getrieben, etwas zu bewegen, wollte er 1994 wieder eine Firma gründen. Diesmal dachte er an einen Computernotruf. Heute gibt es mindestens fünf Unternehmen, die damit gutes Geld verdienen; Münzer scheiterte damals jedoch am Kapitalbedarf. »Mein Konzept, das nachweislich Banken unterstützt hätten, wurde von der nordrhein-westfälischen Bürgschaftsbank abgelehnt«, berichtet der Unternehmer. Ohne Immobilien oder andere Reichtümer aber war er als Existenzgründer auf eine Bürgschaft angewiesen. 300 000 Mark hätte er gebraucht. Doch die Geschäftsidee sprengte die Vorstellungswelt der Bürokraten. »Der Mann von der Bürgschaftsbank hat immer erzählt, daß sein Bruder, der Informatiker war, seinen Computer nicht reparieren konnte«, erinnert sich Münzer und muß heute über die damalige Situation lachen. Das sei eine dreiviertel Stunde so gegangen und dann sagte man ihm »Auf Wiedersehen«. Wenig später kam die Ablehnung. Sein Hinweis darauf, daß ein Informatiker nicht jemand ist, der Computer repariert, war wohl ungehört verhallt. In guter Erinnerung ist Münzer jedoch die Stadtsparkasse geblieben, die zu seiner Idee hielt; ein Sparkassenmitarbeiter habe sogar am Gespräch mit der Bürgschaftsbank teilgenommen. Doch auch das machte wohl keinen Eindruck.

Trotz Ablehnung gab Ingo Münzer nicht auf. Statt den Kopf in den Sand zu stecken, überlegte er sich ein neues Konzept, für das er nicht ganz so viel Kapital benötigte. Dabei entdeckte der 27jährige das Internet als Chance für eine neue Dienstleistung. Zwei Freaks, die aus der Mailboxszene und dem Fidonet kamen, brachten das technische Know-how mit und halfen ihm bei der Umsetzung seiner Idee. Den Anstoß dazu hatte die Initiative eines Bekannten gegeben, der an Köln-Online beteiligt war. »Wenn Ihr den Content für Köln macht, dann mache ich die Physik«, schlug der Jungunternehmer den Machern des Online-Dienstes vor, der der Domstadt Webpräsenz verschaffen sollte. Diese ließen sich darauf ein und gingen sogar noch weiter: Die Vision war, das gesamte Ruhrgebiet mit entsprechenden Diensten auszustatten, von Essen-Online bis Düsseldorf-Online. Bei der Vision blieb es allerdings auch. Um die Adresse in Düsseldorf nicht zu verlieren, verpflichtete sich Münzer, sie mit Inhalten zu füllen. Die Redaktion stellten Studenten der Uni Düsseldorf, und das junge Unternehmen von Ingo Münzer entwickelte dafür auch gleich ein Autorensystem. Münzer: »Eineinhalb Jahre ging das gut. Dann aber sank die Motivation der Redaktion.« Da es damals fast unmöglich war, mit dem Projekt Geld zu verdienen, konnten die Redakteure nicht bezahlt werden. Die Folge war, daß die Helfer langsam abwanderten. INTER][COMMUNICATION zog daraus die Konsequenz und stellte den Betrieb von Düsseldorf-Online 1997 ein. Beinahe hätte es eine positive Wende für das Webangebot gegeben, denn die Industrie- und Handelskammer (IHK) schien sich für die Adresse zu interessieren. »Man hat mich faktisch zur IHK hinzitiert«, erzählt Münzer. Dort habe man ihn gefragt, ob er denn die Adresse brauche. Der Unternehmer verwies auf das Magazin, für das fünf Redakteure arbeiteten. Er bot jedoch an, die Adresse abzugeben, wenn INTER][COMMUNICATION mit dem Webangebot der IHK beauftragt würde. Doch die IHK sagte weder zu noch ab. Erst später erfuhr Münzer von der Alternativadresse »duesseldorf-navigator«, für die sich die IHK entschieden hatte. Der Existenzgründer ist sich sicher, daß heute – auch unter kommerziellen Gesichtspunkten – die Zeit reif ist für ein Online-Magazin. Bei fünf Redakteuren wären etwa 43 Firmen notwendig, die einen Banner für 800 Mark schalteten. »Es fehlt an Leuten, die darin eine Aufgabe sehen«, beklagt der Unternehmer.

Profit durch Lizenzen

Seine Familie hat Ingo Münzer das kaufmännische Denken mit auf den Weg gegeben. Vater, Großvater und Urgroßvater sind bereits Unternehmer gewesen. »Für mich ist Unternehmersein eine Sache der Plausibilität«, formuliert Münzer. Wer sich in seiner Umwelt mit offenen Augen umschaue, finde immer geschäftsfähige Konzepte. Unternehmertum hat für Münzer etwas mit gesundem Menschenverstand zu tun. Ein wesentlich größeres Problem sei die Frage der Kapitalbeschaffung, vor allem in Deutschland. Im Falle von INTER][COMMUNICATION ist die Antwort darauf die Gründung einer Aktiengesellschaft. »Dadurch sind wir in der Lage, Kapital aus dem freien Markt in das Unternehmen zu führen«, erläutert Ingo Münzer. Der jetzige Vorstandsvorsitzende hat das Glück, daß es seit kurzem die Rechtsform der kleinen Aktiengesellschaft gibt, die einen verhältnismäßig einfachen Weg zur AG ermöglicht. In den Aufsichtsrat hat der findige Geschäftsmann Mitarbeiter seines Unternehmens geholt. Münzer nennt den Vorteil der AG: »Wenn Sie Kapital brauchen, können Sie jemanden an einer innovativen Idee wie EUROPOP teilhaben lassen.« Durch das mit Aktienmehrheit verbundene Stimmrecht bleibe aber der Gründer Herr seines Unternehmens. Alternativ können auch Vorzugsaktien ohne Stimmrecht ausgegeben werden. In einer GmbH dagegen

ist das eingelegte Kapital immer mit einem Stimmrecht verbunden. Außerdem kann Münzer zufolge eine AG, sei es in Sachen Know-how oder Personal, viel besser wachsen. »Das heißt nicht, daß ein Einzelunternehmer unprofessionell ist, aber er wird von der Außenwelt als unprofessionell kategorisiert«, ist der Vorstandsvorsitzende überzeugt. Komplizierter muß es durch eine Aktiengesellschaft nicht werden, wie von deren Kritikern behauptet wird, die eine GmbH vorziehen. Münzer: »Es kommt darauf an, wie transparent man sein Unternehmen vorher geführt hat.« Wer vorher nur Anweisungen erteilt und keine Verantwortungsträger aufgebaut habe, werde es zugegebenermaßen schwer haben. Wenn aber, bis hin zu tagesaktuellen Zahlen, Transparenz bereits bestehe, sei der Unterschied nicht so gravierend.
Verdienen will die EUROPOP AG ihr Geld auf dem Lizenzweg: neben der einmaligen Lizenzgebühr für die Nutzung von *Robopop* fällt – abhängig von der Datenmenge, die die Kunden der Partner aus dem Internet holen – eine weitere Gebühr für die Nutzung der Datenleitung an. Wenn es sinnvoll ist, ist Münzer offen für einen Börsengang. Doch in diesem Falle will der Vorstandsvorsitzende darauf achten, die Aktienmehrheit zu behalten. »Man ist dann erfolgreich, wenn man es macht wie Bill Gates«, meint der ehrgeizige Geschäftsmann. Gates habe Microsoft gegründet und zusammengehalten. Er habe es immer wieder geschafft, sich weder von IBM noch irgendeinem anderen Großen verführen zu lassen. Auch Münzer will es vermeiden, durch zusätzliches Kapital aus dem freien Markt nach und nach den Einfluß auf sein Unternehmen zu verlieren. Lieber klein bleiben, als nicht mehr Herr im eigenen Haus zu sein.

Unternehmer aus Leidenschaft

Die EUROPOP AG hat sich viel vorgenommen. Selbst wenn ein Partner einen Kunden im Ausland fände, würde das Unternehmen für einen Internetzugang sorgen. Auch dafür gibt es bereits eine vollautomatische Black Box, die die Aufgabe eines Internetknotenpunktes übernehmen kann. 1999 wird die junge Aktiengesellschaft ihre Mitarbeiterzahl von 12 auf 35 bis 40 erhöhen. Das soll so schnell wie möglich vor sich gehen, um den Marktvorsprung nicht zu verwässern. Daß der Vorstandsvorsitzende nun eher Managementaufgaben wahrnehmen muß, als sich mit der Technik zu beschäftigen, stört Ingo Münzer kaum. »Ich bin nie ein Spezialist gewesen«, gibt der Unternehmer zu. Ihm liege viel eher die generalisierende Betrachtungsweise. Und wie sieht es mit dem erhöhten Druck aus, der auf ihm lastet? Ingo Münzer zögert, bevor er antwortet: »Natürlich gibt es Situationen, in denen man für kurze Zeit die Kontrolle verliert«, weiß der Businessman aus Erfahrung. Das könne beispielsweise passieren, wenn ein großer Kunde Konkurs mache, wie Münzer es 1994 erleben mußte. »Das hat mich damals Nerven gekostet«, erinnert sich Münzer. Aber unter dem Strich ist der Unternehmer zufrieden mit der Situation. Nicht einmal die viele Arbeit, die selbst am Wochenende noch auf ihn wartet, läßt ihn vor der eigenen Courage zurückschrecken. »Irgendwann einmal muß man sich entschieden haben, wo man seine persönliche Befriedigung findet«, erklärt der EUROPOP-Gründer. Von den verschiedenen Optionen, die er in seinem Leben kennengelernt hat, hat ihm das Unternehmerdasein am meisten zugesagt. »Zweifel kommen nur dann auf, wenn man sich ununterbrochen auf neuem Terrain befindet und keine Vergleichsmöglichkeiten hat«, ergänzt er. Dann sei es schwierig, Plausibilität für eine Entscheidung zu finden, da es nichts gebe, woran man sich halten könne. In diesem Falle kämen Zweifel auf, ob überhaupt genügend Kompetenz für eine Entscheidung vorhanden sei. Manchmal erinnere das an ein Würfelspiel. »Wenn Sie heute aber ein Automobilhaus eröffnen, sind Sie als Unternehmer von Beginn an in festen Händen«, wechselt Münzer die Perspektive. »Ist die Marke VW, dann ist auch das Marketing von VW, und wie die Halle gebaut werden soll, legt ebenfalls VW fest.« Selbst bei der Bezahlung der Mitarbeiter gebe es feste Tarife. Auf diese Weise sei ein Mindesterfolg gewissermaßen garantiert, denn die Standards seien ausgiebig erprobt. Zumindest wisse dieser Geschäftsmann, was ihn erwartet. »In unserer Branche besteht das Problem, daß alles noch nicht erlernt ist«, meint Münzer. Es gebe kein klassisches Vorbild, das einen wissen lasse, was gemacht werden muß und was nicht. Das Risiko, zu scheitern, sei dementsprechend hoch, und vor allem in Deutschland bedeute es ja eine schwere Niederlage. »In Amerika hingegen müssen mindestens zwei Firmen nicht geflogen sein, um mit der dritten dann Erfolg zu haben«, vergleicht der Unternehmer. Das hänge mit dem hiesigen Rechtssystem zusammen. Wer mit einer Personengesellschaft scheitere, komme erst nach sieben Jahren aus seinen Verpflichtungen heraus. »Das ist so hart wie beim Scheidungsrecht«, scherzt Münzer und lacht.

Ingo Münzer hat sich in seinem Geschäftsleben meistens auf die eigene Spürnase verlassen. Doch auch gute Berater hätten ihren Platz in seinem Unternehmen. »Ich habe einen guten Mann im Controlling«, erzählt Münzer. Auf den könne er sich verlassen und brauche so nicht alles selbst zu machen. Erfolg wird für den Geschäftsmann dann sichtbar, wenn die Aufgabe als Unternehmer Spaß macht und eine Entwicklung erkennbar ist. »Die Strukturen, die ich aufbaue, sind nicht mit sonderlich hohen Erträgen gepaart«, gibt der Existenzgründer zu. Sehr viel gehe dadurch verloren, daß der Markt noch neu sei und Fehler immer sofort bezahlt werden müßten.

Personalprobleme

In Düsseldorf wird die EUROPOP AG auch in nächster Zeit ihren Firmensitz haben. Wenn EUROPOP groß genug wäre, würde Ingo Münzer jedoch lieber heute als morgen Deutschland verlassen und sich hinter der holländischen Grenze ansiedeln, weil die Rahmenbedingungen für Unternehmer in Deutschland schlecht seien. »Noch sind wir zu klein, um sagen zu können, wir behalten den Standort und konzeptionieren die Inhalte woanders«, erklärt der Geschäftsmann. In den Niederlanden herrschten bereits völlig andere Voraussetzungen. Münzer: »Wenn ich in Deutschland ein Unternehmen gründen will, muß ich froh sein, wenn mir keiner einen Finger ins Auge steckt.«

Den meisten Ärger bereitet dem Unternehmer die Generation der 25- bis 35jährigen. Vor allem hapere es am Selbstverständnis, das oft weit von der Realität entfernt sei. Kaum jemand sei bereit, Verantwortung zu übernehmen. »Ich bin der größte und alles ist für mich«, liest Münzer an Grundhaltung heraus. Da gebe es keine Solidarität. Die Betrachtung des Umfeldes beruhe einfach auf dem Prinzip: Was habe ich davon? Von einem Interesse an unternehmerischen Zusammenhängen dagegen keine Spur. Ältere Mitarbeiter besäßen bereits einen ganz anderen Durchblick. »In der Zwischenzeit habe ich mit dem Team keine Probleme mehr, aber wir hatten schon 14 Mitarbeiter, die wieder gegangen sind«, sagt Ingo Münzer. Die Menschen, die feste Regeln haben wollen, seien diejenigen, mit denen ein Unternehmen die meisten Probleme habe. Münzer ist überzeugt davon, daß diejenigen, die sich mit einem Unternehmen identifizierten, keine Regeln bräuchten. Bei EUROPOP kann jeder kommen und gehen, wie er will, vorausgesetzt allerdings, daß der Kunde, mit dem der Mitarbeiter zu tun hat, zur selben Zeit arbeitet. Zum Teil handelt es sich sogar um Telearbeiter, die nur zu Besprechungen in die Düsseldorfer Zentrale kommen. »Schließlich sind wir ja das Netz«, meint Münzer und lacht.

Baumaterial für die virtuelle Stadt

Zweitwohnung im Cyberspace gefällig? Einbauküche, gefließter Boden, gemütliche Winkel – alles vorhanden. Um Freunde und Bekannte einzuladen, ist ausreichend Platz. Auch Gelegenheiten, Bekanntschaften zu machen, gibt es genug: in Cafés, Shopping Malls oder bei Veranstaltungen. Sogar Geld zu verdienen ist möglich. Logisch: Im wirklichen Leben ist das ja auch so. Aber was ist wirklich? Der Cyberspace, ein dreidimensionaler Raum, voll von sozialem Leben und Bindungen, ist eine eigene Welt. Einen Bürgermeister gibt es ebenso wie Architekten, Security und viele andere Funktionen, die dort entstehen, wo Menschen und Avatare zusammenleben. Spazierengehen in Paris? Welches Paris? Das, was sich mit dem Auto erreichen läßt, oder das andere, in das man über die Datenautobahn gelangt? Das virtuelle Paris im Internet lockt Cyberfreaks, gelangweilte Internetnutzer, Professionals und Neugierige an. Natürlich freuen sich die Geschäfte auf den Besuch neuer Kunden. Das perfekte Outfit für den Trip in die französische Internetmetropole bedarf keiner Kosmetik. Der Besucher wählt sich seinen Avatar, den virtuellen Körper im Internet, aus einer Bibliothek aus. Wer Lust hat, spielt ein wenig herum, bis er seine Idealfigur gefunden hat. Vorbei sind die Zeiten langweiliger Chats. In den Cyberwelten, für die das Münchner High-Tech-Unternehmen BLAXXUN sowohl die Plattform als auch die Software liefert, können sich die Avatare mit Gesten verständigen. Zum Grüßen wird kurz die Hand gehoben. Logisch, oder? Die Informatiker von BLAXXUN haben Avatare sogar zum Sprechen gebracht: Text-to-speech-Software macht es möglich.

Internationale Internet Communities

Es ist nicht lange her, daß Cyberwelten noch Visionen von Querdenkern waren. Die beiden Technologien Multimedia und Internet haben ein Tor zu neuen Wegen geöffnet. So abenteuerlich die Produkte und Visionen der Münchner Firma sind, die von acht Gründern ins Leben gerufen wurde, so charakteristisch ist auch die Herkunft ihres Namens. In einem Science-fiction-Roman taucht die Firma »Black Sun« auf, die die gesamte Cyberspacesoftware programmiert. So entstand BLAXXUN. Visionen werden Wirklichkeit, Wirklichkeit wird zur Vision.
Das Münchner Unternehmen hat ein Softwarepaket programmiert, das die Konstruktion dreidimensionaler Internetumgebungen erlaubt, wie sie in aufwendigen Computerspielen schon lange möglich sind. Dazu gehören auch Avatare, virtuelle Körper, mit denen der Internetbesucher in fremde Abenteuerwelten oder Businessanwendungen abtaucht. Kommunikation heißt hier Chatten: Schwatzen via Internet. Das können Texte sein, die sofort und ohne Filter, oder hinterlegte Dokumente, die über ein virtuelles »schwarzes Brett« ausgetauscht werden. Fun, Spaß und Freizeitbeschäftigungen machen aber nur einen Teil der Anwendungen aus, die das Softwarepaket im Auge hat. Im Vordergrund stehen vielmehr professionelle Plattformen für Unternehmen und Wirtschaft, etwa eine Aktionärshauptversammlung der Deutschen Bank oder Onlineshops, die ein attraktives und von vergleichbaren Händlern unterscheidbares Angebot wünschen. Mit Hilfe der neuen Software von BLAXXUN können sich Online-Händler Geschäftsräume im Internet einrichten und ihre Produkte dreidimensional anbieten. In speziellen Clubs können sich Kunden treffen und dort Informationen austauschen. IBM hat für eine Firmenpräsentation ein komplettes Labor im Cyberspace aufgebaut, in dem der Besucher den Produktionsprozeß verfolgen kann. Die verwendete Technik basiert dabei immer auf der Internettechnologie. »Für uns ist die Kommunikation in Echtzeit wichtig«, betont Franz Buchenberger, Vorstandsvorsitzender der BLAXXUN INTERACTIVE AG. Trotz aufwendiger 3D-Simulationen reiche die Internettechnologie problemlos aus. Das weitverbreitete Vorurteil, daß solche Anwendungen mehr Datenvolu-

men benötigen als herkömmliche zweidimensionale Seiten im World Wide Web, will BLAXXUN widerlegen. Erreichen will man dies mit einer sehr kompakten mathematischen Beschreibung der 3D-Umgebung. Eine Kugel beispielsweise lasse sich lediglich mit den beiden Parametern »Mittelpunkt« und »Radius« beschreiben. So brauchen nur entsprechend wenig Daten über das Internet übertragen zu werden, die dann auch erst auf dem lokalen Rechner des Nutzers zu einer Kugel zusammengesetzt werden. Die meisten dreidimensionalen Umgebungen lassen sich mit gerade einmal 28 Kilobyte beschreiben. Hinzu kommen Texturen: Grafiken, die den virtuellen Räumen und Gegenständen ein realistisches Outfit geben. Hier ist aber die Datenmenge auch nicht größer als die anderer Webseiten, die Grafiken enthalten. Nicht damit zu verwechseln sei die Video-Technik im Internet, die tatsächlich massive Datenmengen beanspruche.

Neben dem Businessbereich kommt *Internet Communities* ein hoher Stellenwert unter den Zielgruppen von BLAXXUN zu. Der französische Fernsehkanal Plus beispielsweise hat ein virtuelles Paris aufgebaut, in dem die bekannten Bauwerke zu sehen sind und das als virtuelles Studio dienen kann. Zunehmend hält auch ein ausgiebiges Shopping-Angebot Einzug. Eine Variante davon sind Kundenclubs, die um einen Markennamen herum entstehen, wie sie etwa von Bacardi bereits erprobt werden. Denkbar sind auch Starchats, die von einem Avatar geführt werden, der wie Madonna aussehen und sich auch so geben könnte.

Im Bereich Kollaboration entwickelt BLAXXUN ein *Virtual Office*, in dem sich Kollegen treffen lassen, die in San Francisco oder wo auch immer sitzen. BLAXXUN kennt die Problematik aus eigener Erfahrung; denn die High-Tech-Schmiede ist selbst auf verschiedene Standorte verteilt. Chats und virtuelle Anwesenheit bieten die Möglichkeit zum besseren Kennlernen. Vergleichbare Anwendungen sind eine virtuelle Universität oder virtuelle Foren, in denen Experten aus aller Welt gemeinsam an der Entwicklung eines Projekts arbeiten können. So programmierte BLAXXUN zum Beispiel eine Anwendung für ein CAD-Konstruktionsbüro, das sich mit über die ganze Welt verstreuten Zulieferern abstimmen muß. Während viele Konzepte für das virtuelle

Büro aus dem Feld des Dokumentenmanagements kommen, rückt BLAXXUN multimediale Elemente und die Kommunikation stärker in den Vordergrund. Zwei technologische Trends kommen dem Unternehmen dabei zugute. Zum einen begünstigt eine immer bessere und billigere Hardware Multimedia-Anwendungen, zum anderen fordert das populäre Internet moderne Kommunikationsformen. »Multimedia und Kommunikation aber sind für sich noch keine Anwendungen, sondern Added-Value-Leistungen für Anwendungen«, meint Franz Buchenberger. Deshalb sei BLAXXUN in verschiedenen Bereichen aktiv, um eine Integration der technischen Möglichkeiten zu leisten.
Die Vision des Gründers Buchenberger besteht in einem Paradigmenwechsel im Internet. Wenn man sich das Internet heute anschaue, stelle man fest, daß das Vorbild nach wie vor beim gedruckten Text liege. Das Anklicken eines Hyperlinks, eines Verweises auf andere Internetseiten, werde mit dem Blättern und Nachschlagen in einem Buch verglichen. BLAXXUN hält dem eine neue Metapher entgegen: die virtuelle Umgebung, in der sich Personen treffen und miteinander reden. »Heute sind Sie vielleicht auf einer Textseite, auf der auch tausend andere sind, aber Sie sehen keinen«, erklärt Buchenberger den Unterschied. Jeder befinde sich praktisch in seiner eigenen Welt. Der Internetnutzer der Zukunft dagegen werde in einem 3D-Buch blättern und dort eine zweidimensionale Textwelt finden. Der Vorstandsvorsitzende geht davon aus, daß sich der 3D-Ansatz durchsetzen und die Textwelt integrieren wird. Im Spielebereich sei das bereits 100prozentig der Fall. An Stelle des herkömmlichen Desktops mit Icons werde man demnächst sein 3D-Büro sehen können. BLAXXUN beschreitet keinen Einzelweg, sondern arbeitet beispielsweise mit dem renommierten Fraunhofer Institut zusammen. Dennoch verfolgt das Unternehmen keine elitäre High-End-Lösungen mit Cyberanzug und Datenhelm. Ein einfacher Discount-PC mit Maus soll ausreichen.

Kernkompetenzen: Technik und Marketing

Am 1. August 1995 begann die offizielle Firmengeschichte von BLAXXUN. Insgesamt acht Gründer brachten ihr Fachwissen und ihre Erfahrungen in die Firma ein. »Wir haben eine etwas ungewöhnliche Historie, weil wir uns erst einmal einen Haufen Geld besorgt haben. Vier Millionen Dollar Venture Capital haben wir uns aus den USA gesichert und dann die Firma gegründet«, berichtet Franz Buchenberger. Dank der finanziellen Basis hatte BLAXXUN sehr schnell Erfolg in der Technologie-Entwicklung. Die fundierte Praxis, die jeder mitbrachte, war mit Sicherheit ein Grund dafür. Buchenberger selbst hat Informatik studiert und anschließend zehn Jahre lang in dem Münchner Softwarehaus SoftLab gearbeitet. »Ich habe dort ganz verschiedene Dinge gemacht. Nach meinem Studium habe ich zunächst als Entwickler gearbeitet«, berichtet der Vorstandsvorsitzende. Es folgten Aufgaben im Entwicklungsmanagement und in der Systemarchitektur, schließlich im Product Management und Marketing. Ein ganzes Jahr lang war Franz Buchenberger für Softlab in den USA, um eine Tochterfirma aufzubauen. Rund 200 Mitarbeiter arbeiteten in dem Unternehmen, als Buchenberger dort anfing, zuletzt waren es 2000. »Ich habe dort sehr viele Leute kennengelernt, sowohl im Entwicklungs- als auch im Marketingbereich, und das international«, erzählt der Vorstandsvorsitzende. Auf diese Weise fand auch das Gründerteam zusammen, das bis auf eine Ausnahme komplett bei SoftLab beschäftigt war. »Aus meiner Sicht habe ich mit den besten Leuten, die ich in den zehn Jahren kennengelernt habe, die Firma aufgemacht«, meint Buchenberger. Die Beteiligung von insgesamt acht Personen an der Unternehmensgründung habe ihnen nie große Schwierigkeiten bereitet. Da Franz Buchenberger die Initiative ergriffen hatte und seine Vision das Unternehmen prägt, nimmt der 39jährige heute auch die Funktion des Chief Executive Officer (CEO) wahr. Jeder habe sich seinen Stärken entsprechend in das Unternehmen eingebracht. Bei der Bandbreite der vorhandenen Fachkompetenz ist eine Verteilung der Aufgaben unumgänglich.
Den Anstoß, sich unternehmerisch auf eigene Füße zu stellen, gab dem Initiator von BLAXXUN der USA-Aufenthalt. »Ich habe dadurch Ame-

rika kennengelernt und gemerkt, daß die da auch nur mit Wasser kochen«, berichtet Franz Buchenberger. Es werde immer ein wenig glorifiziert, was im Silicon Valley ablaufe. Die Leute die er dort kennengelernt habe, seien nicht unbedingt besser gewesen als deutsche Fachkräfte. Außerdem beschäftigte er sich mit Trends und Entwicklungen auf dem Markt und entdeckte dabei die Bedeutung des neu aufkommenden Internets. »Wie allerdings bei großen Firmen häufig der Fall, war es schwierig, SoftLab zu bewegen«, erinnert sich Buchenberger. Obwohl er viele Businesspläne geschrieben habe, habe sich niemand im Unternehmen richtig dafür interessiert. Das war ausschlaggebend für den Entschluß, eine eigene Firma aufzumachen, in der es mehr Flexibilität gab als in dem bereits gewachsenen Unternehmen. Die Idee virtueller Umgebungen hatte den Firmengründer schon immer interessiert und geht bereits auf sein sechzehntes Lebensjahr zurück. Allerdings habe er bis 1995 nie ein Geschäft darin gesehen, da die Technik noch nicht soweit war. Hinzu kam die breite Erfahrung des Gründerteams, die Buchenberger das Gefühl gab, mit BLAXXUN die richtige Entscheidung zu treffen. »Es hilft nichts, als 24jähriger Student zu sagen: Jetzt möchte ich mit meiner Vision eine internationale Firma aufbauen«, meint der Vorstandsvorsitzende. Das werde in der Regel nicht funktionieren, weil dazu Berufserfahrung notwendig sei.

Hilfreich war für das BLAXXUN-Gründerteam, daß die Stärken gut auf alle verteilt waren. Unter den acht Leuten seien die fünf besten Techniker, die Buchenberger je kennengelernt habe. »Weil wir eine technische Firma sind, war es wichtig, einen kompetenten technischen Kern zu haben«, erklärt er. Er selbst habe sich im Marketing engagiert. Ein anderer Kollege, der zehn Jahre Erfahrung beim großen Wirtschaftsprüfer KPMG mitbrachte, kümmert sich um die Finanzen. Schon für das Erstellen des Businessplans lieferte er detaillierte Kalkulationen. Inzwischen ergänzen Vertriebsprofis das Managementteam und entlasten die Führungsspitze. »Das braucht man nicht am Anfang. Erst einmal muß man die Technologie entwickeln und positionieren«, meint Buchenberger.

Physik der virtuellen Welten

Ergebnis der anfänglichen Entwicklungsarbeit ist eine Kleinserverumgebung. Inhalte interessieren BLAXXUN weniger. Statt dessen bietet das Softwarehaus eine Datenbankarchitektur an, die gewissermaßen die Physik der virtuellen Welten darstellt. Die Räume sind in der Datenbank definiert: Je nach Eintrittsort des Besuchers weiß die Datenbank, was die Person tut, wie sie sich bewegt und mit wem sie kommuniziert. Auf der Homepage von BLAXXUN kann jeder Besucher kostenlos ein spezielles Plug-in laden, ein Erweiterungsprogramm für seinen Browser, das die dreidimensionale Darstellung möglich macht. Mittlerweile arbeiten die Informatiker an speziellen Branchenlösungen, etwa für das Internetshopping. Ziel sei ein virtueller 3D-Verkaufsraum mit Agenten, die in der Lage sind, Kunden oder neugierige Surfer zu beraten. Die Entwicklung, die BLAXXUN dafür in Vorleistung finanzieren mußte, verlangte nach ausreichend Startkapital. Franz Buchenberger hatte den Vorteil, bei SoftLab im Bereich strategische Planung tätig gewesen zu sein, der sich unter anderem damit befaßte, Firmen aufzukaufen. »So habe ich ansatzweise die Rolle des Venture Capital-Gebers eingenommen«, berichtet der Vorstandsvorsitzende. Dabei habe er die Aufgabe gehabt, Glaubwürdigkeit und Werte von Firmen überprüfen. Das erworbene Wissen nutzte Buchenberger, um ein Geschäftskonzept zu schreiben, das Investoren schnell vermittelte, warum BLAXXUN für sie interessant ist. »1995 war in Deutschland so gut wie kein Geld dafür aufzutreiben«, erinnert sich der Unternehmensgründer, der zu diesem Zeitpunkt weder Kunden noch Produkte vorweisen konnte. Die drei oder vier Venture Capital-Geber, die es damals gab, waren kaum erreichbar. Aus diesem Grund wandten sich die Gründer sofort an den US-amerikanischen Kapitalmarkt. Hilfreich bei dieser unkonventionellen Vorgehensweise war die internationale Erfahrung der Kapitalsucher. »Ich hatte in der Zeit, als ich drüben war, schon erste Kontakte geknüpft«, bemerkt Buchenberger. Das Thema »Venture Capital« sei eine Wissenschaft für sich, deren Spielregeln man kennen müsse. Die meisten deutschen Firmen scheitern schon daran, daß sie sagen: Ich benötige Venture Capital, aber von meiner Firma gebe ich nichts her«, meint Buchenberger. Das funktioniere nicht, allerdings habe sich inzwischen auch in Deutschland die Situation für Venture Capital erheblich verbessert.

Nachdem der Entschluß gefaßt war, eine eigene Firma zu gründen, sei alles rasend schnell gegangen. Im Februar 1995 war noch keine Rede davon gewesen, im August desselben Jahres war das Jungunternehmen bereits gestartet. Buchenberger hatte sich von März bis Mai mit der Thematik beschäftigt und angefangen, das Team zusammenzusuchen. »Erst einmal muß man jemanden davon überzeugen, den Job aufzugeben, obwohl er eine Familie und viel Berufserfahrung hat«, nennt der Pionier eine der zu überwindenden Schwierigkeiten. Darüber hinaus war die Vorbereitungszeit von Präsentationen und Flügen nach Amerika bestimmt. Da es kein Produkt und keinen Prototypen gab, beschränkte sich die Vorführung im Grunde auf eine Power point-Präsentation und viele Worte. Ein Außenstehender wird unter diesen Voraussetzungen einen Erfolg kaum für möglich halten. Doch das Glück spielte mit. Der Investor, den Buchenberger und seine Gründerkollegen fanden, war auf Internet spezialisiert und hatte zu diesem Zeitpunkt bereits ein Investment ins Auge gefaßt, das der BLAXXUN-Idee sehr ähnlich war. »Wir mußten ihn nur noch davon überzeugen, daß wir ein besseres Investment sind als das, was sie in Amerika machen wollten«, erzählt der Vorstandsvorsitzende. Schließlich kam es zu einer parallelen Gründung an den Standorten München und San Francisco. Der Zufall wollte es, daß einer der Gründer bereits dort lebte und arbeitete. Von Anfang an habe sich BLAXXUN als internationale Firma verstanden. In Deutschland war die Unternehmensform zunächst eine GmbH, die 1996 in eine AG umgewandelt wurde. »Am Anfang gab es in Deutschland noch keine Möglichkeit für den Gang an die Börse, so daß wir ganz auf die Nasdaq fokussiert waren«, erklärt Buchenberger. Mittlerweile habe das Management beschlossen, auf Grund des Neuen Marktes zuerst in Deutschland und dann in Amerika an die Börse zu gehen. Das soll bald passieren. Eine zweite Runde der Kapitalaufnahme fand bereits 1996 in Deutschland statt; eine Münchner Venture Capital-Gesellschaft, die das Geld ihrer Anleger plaziert, und die Technologiebeteiligungsgesellschaft TBG wirkten daran mit.

Am 31. Juli kündigten die Gründer bei SoftLab; schon am nächsten Tag existierte BLAXXUN offiziell. »Ich weiß noch, daß ich am letzten Tag um fünf vor fünf einen Anruf unseres Anwalts aus Boston bekommen habe, daß die Verträge unterschieben sind«, erzählt Franz Buchenberger. Dann sei er mit acht vorbereiteten Kündigungen zum Geschäftsführer von SoftLab gegangen und habe ihm diese auf den Tisch gelegt. Einige waren dann noch zwei oder drei Monate auf Grund der vereinbarten Kündigungsfrist an den alten Arbeitsplatz gebunden. Trotzdem haben die Jungunternehmer schon im Dezember 1996 auf einem Kongreß ihre Software präsentiert. Im Februar '96 konnten sich Interessenten bereits eine Betaversion aus dem Internet ziehen. »Wir haben extrem kurze Entwicklungszeiten«, behauptet der Vorstandsvorsitzende mit Stolz. Das Internet biete den Vorteil, eine neue Version sehr schnell vertreiben zu können. Nur wenige Tage vergehen, bis 5 000 Internetnutzer eine neue Softwareergänzung von der BLAXXUN-Homepage heruntergeladen haben. »Zum einen haben wir gerade die ersten ein, zwei Jahre extrem viel gearbeitet«, erzählt Buchenberger – in den ersten Monaten keine Woche unter 100 Stunden. In dieser Zeit sei nicht so sehr die Frage gewesen, ob man noch Freizeit habe, sondern ob man bei der Belastung überhaupt noch schlafen könne. Der andere entscheidende Punkt sei gewesen, daß keine Anfänger im Entwicklungsteam saßen. Buchenberger: »Nach meinen Beobachtungen der Softwarebranche liegt der Unterschied zwischen Top-Leuten, guten und mittelmäßigen Leuten jeweils mindestens beim Faktor zehn.« Für den Output eines Top-Manns brauche man ansonsten zehn gute Informatiker. Ein guter Informatiker produziere wiederum mehr als zehn durchschnittliche. Bei BLAXXUN würden eineinhalb Personen das leisten, wofür andere Softwarehäuser ein Team von 20 Mitarbeitern benötigen.

Noch immer ist der Anteil an Forschung und Entwicklung bei BLAXXUN stark ausgeprägt, obwohl mittlerweile auch die Vertriebsaufgaben zunehmen. 1997 arbeiteten 25 Personen in dem Softwarehaus, von denen 17 Forschung und Entwicklung betrieben. Heute sind es 40 Mitarbeiter mit einer 17köpfigen F&E-Abteilung. Die Version 4 der BLAXXUN-Software habe durch die hohe Investition etwa einen Entwicklungsvorsprung von ein bis zwei Jahren gegenüber der Konkurrenz. Die Kundenliste kann sich inzwischen ebenfalls sehen lassen: Deutsche Bank, Karstadt, BMW, NTT, Siemens sowie Intel und einige Fernsehgesellschaften. Der Verkauf der Software funktioniert nach drei Modellen. Modell 1 ist die Lizenzierung des Kunden. Canal Plus verfahre so, da der Sender über eine eigene Multimedia-Abteilung verfügt, die selbst alle Inhalte auf der Plattform aufbaut. Im Modell 2 kommt eine Agentur auf Blaxxun zu, weil sie einen Kunden hat, der ein Internetangebot dreidimensional gestaltet haben will; die Münchner liefern dann ebenfalls nur die Software. Modell 3 bedeutet für Blaxxun, ein komplettes Projekt selbst zu übernehmen und die kreativen Gestaltungsaufgaben an eine Partneragentur weiterzugeben.

Pro und Contra Standort Deutschland

Auf Grund der hohen Vorleistungen steckt Blaxxun zur Zeit noch in den roten Zahlen. Der Vorstandsvorsitzende der Münchner Aktiengesellschaft macht sich aber deshalb keineswegs Sorgen. Rote Zahlen seien in der Anfangsphase ganz normal für eine Internetfirma. »Profit steht bei uns an zweiter Stelle hinter dem Wachstum«, meint Franz Buchenberger. Wichtig bei der Entwicklung neuer Technologien sei es, sich im Markt festzusetzen und dort eine Position aufzubauen. Wenn man nichts falsch macht, würde sich der Profit automatisch einstellen. Darin bestehe der Unterschied zwischen einem Produkt- und einem Projekthaus. Als nächstes wird Blaxxun systematisch Vertriebskanäle aufbauen. In Japan sind beispielsweise zehn Reseller geplant. »Wir haben den Vorteil, daß wir als deutsche Firma, die in Amerika aktiv ist, bereits die Globalisierung hinter uns haben«, erklärt Buchenberger optimistisch. US-Unternehmen würden erst einmal versuchen, sich in Amerika zu etablieren, um im Anschluß daran international tätig zu werden. Die klassische deutsche Vorgehensweise dagegen sei, erst einmal ein Produkt zu entwickeln, es zu perfektionieren und erst dann den Markt ins Blickfeld zu nehmen.

Eine große Hilfe bedeutete die Erfahrung im Personalwesen, die der Manager von SoftLab mitbrachte. Dazu gehört auch die Kenntnis der unterschiedlichen Kulturen in Deutschland und den USA. »Ich habe gelernt, daß die Amerikaner – entgegen der landläufigen Meinung – sehr hierarchisch organisiert sind«, erläutert der Vorstandsvorsitzende. Sie bräuchten ihren Vorgesetzten, ihre regelmäßigen Reviews und ihren Karrierepfad. Auch deutsche Mitarbeiter erklärten sich dazu bereit, dem Ziel, eine neue Softwareversion herauszugeben, ganz pragmatisch Priorität einzuräumen. Dennoch sind sie mitunter skeptischer als ihre amerikanischen Kollegen und fragen nach dem Sinn dessen, worin sie ihre Arbeitszeit investieren. Während in München alle Entwickler sitzen, arbeiten in San Francisco die Profis für das Marketing und den Vertrieb. Das hat seinen Grund. »Wenn wir diese Leute, die jetzt so gut sind, in Kalifornien hätten, würden sie alle abgeworben«, begründet Buchenberger die Trennung der Aufgabenbereiche. Wer einigermaßen gut programmieren könne, sei drüben gleich der Chefentwickler einer neuen Start-up-Firma. In Kalifornien würde man entweder nur zweitklassige Leute bekommen oder ein Vermögen für Spitzenkräfte ausgeben.

Ist Deutschland demnach sogar der bessere Standort? In die Klagen über mangelnde Fachkräfte stimmt der Vorstandsvorsitzende jedenfalls nicht ein. Im November habe BLAXXUN beispielsweise auf eine einzige Stellenanzeige in der *Süddeutschen Zeitung* hin eine so große Resonanz gehabt, daß die Softwareschmiede zehn neue Mitarbeiter einstellen konnte. »Wenn wir heute fünf Entwickler haben wollen, sind in zwei Monaten die Verträge geschlossen«, fügt Buchenberger hinzu. Der Standortvorteil von Deutschland liege in den günstigeren Gehältern und der größeren Loyalität auf Seiten der Mitarbeiter über einen längeren Zeitraum hinweg. In Amerika sei es an der Tagesordnung, daß ein Angestellter schon die nächsten fünf Jobs im Terminkalender stehen habe. Wenn der Job nicht gefällt, werden die fünf Firmen angerufen, und nach einer Woche ist der Mitarbeiter weg. In Deutschland dagegen wisse niemand so recht, was er nach seinem augenblicklichen Job tun solle.

Ein wichtiger Bestandteil der BLAXXUN-Unternehmenskultur ist Offenheit. Hat ein Mitarbeiter den Eindruck, daß etwas falsch läuft, wird er das auch schnell sagen. Da alle überlastet sind, entscheidet jeder möglichst eigenständig. Viele Diskussionen, die bei SoftLab noch im Rahmen von Meetings abliefen, werden bei BLAXXUN per E-Mail-Kommunikation abgewickelt, ob sie nun Produktstrategie, Marketingkonzepte oder Events betreffen. In Zukunft soll es ein komplettes Virtual Office geben, in dem sich die Mitarbeiter aus München, Berlin und San Francisco treffen. Rund 100 E-Mails beantwortet Franz Buchenberger jeden Tag, größtenteils auf der Zugfahrt zur Arbeit. Drei Stunden lang E-Mails zu beantworten entspräche von der Effizienz her etwa zehn Stunden Meeting, kalkuliert er.

Der Unternehmensaufbau forderte von den Gründern einen hohen Einsatz. Finanziell mußten sie erst einmal einige Abstriche machen. »Wir haben natürlich die Aussicht, daß sehr viel Zukunftspotential darin liegt«, hält Franz Buchenberger dagegen. Viel schwerer wiege der Verzicht auf ein Familienleben. Seine drei Kinder habe er in den ersten Jahren so gut wie nicht gesehen. Sogar am Wochenende hatte der Vorstandsvorsitzende durchgearbeitet. Buchenberger: »Man muß auf vieles verzichten. Das unterschätzen manche.« Er selbst komme gut damit zurecht, weil seine Frau mitziehe und in der Familie alles manage. Das Klischee sehe den Unternehmer als jemanden, der nur des Geldes wegen arbeite. Das treffe aber nicht zu. »Das, was die meisten motiviert, ist der Wunsch zu beweisen, daß man ein Unternehmen tatsächlich hochziehen kann«, glaubt Buchenberger. Das Verhalten gleiche dem eines Sportlers, der während eines Spiels nicht an die Prämie denke und alles tue, nur um an die Spitze zu gelangen und zu siegen. Dennoch bereite ihm seine jetzige Tätigkeit letztlich nicht mehr Streß als der Job davor. Eher im Gegenteil: Es sei aufreibender gewesen, sich mit internen Konflikten herumzuschlagen. »Als Unternehmer hingegen kann ich mich 100prozentig auf meine Aufgaben konzentrieren.«

Von einem Test zum erfolgreichsten Internetkaufhaus Deutschlands

Wer sich in einer Stadt gut genug auskennt, weiß, wo es schöne Mode, preiswerte CDs oder einen Shop mit pfiffigen Geschenkideen gibt. Und doch ist es manchmal bequemer, gleich die Passage aufzusuchen, die jede Menge Geschäfte unter einem Dach vereint, inklusive Espressobar für den Ausklang nach dem genüßlichen Kaufrausch. Wem dann noch einfällt, daß er ein paar Glühbirnen braucht, findet sie garantiert auch irgendwo.
Szenenwechsel: In der Mittagspause vor dem Bildschirm. Der erfahrene Internetwellenreiter wird genau wissen, wo er was im weltweiten Computernetz kaufen kann und seine Bookmarks, eine Liste von elektronischen »Lesezeichen«, entsprechend eingerichtet haben. Wer dagegen diese Erfahrung nicht besitzt und sich kein Navigationssystem erarbeitet hat, dessen Schnäppchensuche wird eher ein richtungsloses Dahintreiben in der Datenflut sein. Als Alternative dazu bietet NETZMARKT das bequeme virtuelle Warenhaus. Übersichtlich auf verschiedene »Stockwerke« verteilt, findet der Internetnutzer hier alles von der Abenteuerreise über Kondome bis zum Handy. Das Unternehmen, das sich hinter der Webadresse »netzmarkt.de« verbirgt, handelt dabei nicht selbst, sondern versteht sich vielmehr als Dienstleister und Plattform für alle Händler, die ihre Waren über das Internet vertreiben wollen. NETZMARKT ist gewissermaßen der Vermieter von Verkaufsfläche im virtuellen Kaufhaus. Eine ganze Reihe von Geschäften verteilt sich auf den Etagen und buhlt um die Gunst der Kunden. Wer unschlüssig ist, welchem Angebot er bei seinem Besuch nachgehen soll, kann eine Suchmaschine benutzen, die gleich beim Aufruf der Startseite von NETZMARKT sichtbar wird. Die Funktionsweise ist denkbar einfach:

Der Besucher tippt einen Begriff in das leere Suchfeld und betätigt die Entertaste. Sofort erscheint eine Liste aller Angebote von Netzmarkt-Geschäften, in denen der gesuchte Begriff vorkommt. In jedem der Geschäfte kann sich der Besucher einen Warenkorb nehmen und wie gewohnt einkaufen. Netzmarkt hat die Bedienung bewußt einfach gehalten und an reale Shoppingerlebnisse angelehnt. Neben den angebotenen Produkten erscheint ein Warenkorbsymbol. Ein Klick mit der Maus, und schon landet das Handy oder ein anderer Artikel im Korb.

Internet-Shopping für jedermann

Obwohl Online-Shopping-Angebote wie Pilze aus dem Boden schießen, nimmt Netzmarkt eine besondere Stellung ein. Die Gründer Heiko und Michael Zeutschner bieten den Händlern auf der Basis eines selbst entwickelten und programmierten Shoppingsystems eine vorgefertigte Verkaufsplattform. Dabei verzichteten die Brüder auf die zeitraubende Javasoftware, die zwar komfortabel ist, aber längst nicht von jedem Internetbesucher benutzt werden kann. Ihre Unternehmensphilosophie lautet: Jeder soll Netzmarkt nutzen können, auch wenn er über einen Computer und eine Internetsoftware verfügt, die nicht dem neuesten Standard entsprechen. 1,4 Millionen Pageviews im Monat sprechen für sich. So oft werden die Internetseiten unter der Adresse von Netzmarkt monatlich aufgerufen. Das entspricht etwa 400 000 Besuchern, die pro Monat durch das Internetkaufhaus spazieren.

Die Gestaltung der Seiten ist simpel; denn für den Kunden ist es wenig hilfreich, wenn sich große Mengen von Daten durch den Kupferdraht zum heimischen Rechner quälen. Ein Handyvertrieb verzichtet sogar ganz auf Bilder und macht dennoch 240 000 Mark Umsatz innerhalb eines halben Jahres. Das Team von Netzmarkt legt Wert auf ein Screen-Design, das wohl die Besonderheit der einzelnen Shops betont, zugleich aber den Besucher erkennen läßt, daß er sich auf einer Seite von Netzmarkt befindet. Außer der Unterstützung in der Gestaltung der Website bekommt der Händler ein Autorensystem an die Hand, mit dem er von seinem PC im Geschäft aus eine Internetseite anwählt, auf die nur er mit einem Password zugreifen kann. Dort findet er ein Formular vor, mit dessen Hilfe sich Produktbeschreibungen und Preise ändern lassen. Andere Händler hingegen verfügen über eine Direktverbindung zum Unternehmensrechner, um aus der eigenen Datenbank aktuelle Informationen, wie etwa Reisetermine, in ihr NETZMARKT-Angebot einspeisen zu können. Der Händler kann selbst entscheiden, nach welchem Modus sein Kunde bezahlen soll: Kreditkarte, Bankeinzug, Nachnahme oder Rechnung stehen zur Wahl.

Internetmarketing

»Unsere Vision war, etwas für unseren Kulturkreis Neues zu machen«, beginnt Michael Zeutschners Erzählung der Erfolgsgeschichte von NETZMARKT. Bis heute liege für sie der Reiz darin, Unbekanntes auszuprobieren. »Besondere Freude macht uns die weitverbreitete Ansicht, das Konzept ›Shopping im Internet‹ funktioniere nicht«, fügt der Unternehmer hinzu. NETZMARKT kann mit entsprechenden Zahlen das Gegenteil belegen, wenngleich das Online-Geschäft nicht für jedes Produkt und für jeden Anbieter geeignet ist. Mittlerweile habe sich aber ein Kreis von Kunden herauskristallisiert, der sehr gut mit dem neuen Vertriebskanal klar komme. Michael Zeutschner sieht aber noch viele Möglichkeiten, mehr aus der Idee »Internetshopping« zu machen. »Wir wissen, daß wir von dem großen Kuchen ›Internetshopping‹ nur ein winzig kleines Krümelchen verwendet haben, weil die Spielregeln für das Internet weltweit noch nicht klar sind«, meint der Geschäftsführer. Wie für Zeitung, Radio und Fernsehen gebe es auch für das Internet spezifische Gesetzmäßigkeiten und Erfolgsmuster. Ein Hörfunkjournalist beispielsweise lernt, nie länger als eine Minute und 30 Sekunden zu reden. Auch für das Internet und für Shoppingsysteme bestehen entsprechende Regeln. Zeutschner: »Wir freuen uns, daß wir zu den ersten gehören, die diese Regeln erkennen, definieren und anwenden.«

Momentan ist noch ein intuitives Vorgehen bei der Konzeption und

Realisierung des Internetauftritts an der Tagesordnung. Anders bei NETZMARKT: Um Kriterien dafür zu gewinnen, was den Erfolg eines Internetkaufhauses ausmacht, führt das NETZMARKT-Team empirische Untersuchungen durch. Ein elektronisches Protokoll hält fest, um welche Zeit und an welchen Tagen die Shops besucht werden. Kommt der Besucher aus einem privaten, universitären oder geschäftlichen Umfeld? Welche Seiten schaut er sich an? Wie häufig führt das Stöbern im Shop zu einer konkreten Kaufanfrage? »Wir versuchen auch herauszufinden, wie sich die festgestellten Größen gegenseitig bedingen«, ergänzt Zeutschner. Sogar eine Umfrage, die von der Gesamthochschule Kassel wissenschaftlich begleitet wurde, liegt vor.
Die Ergebnisse, die sich daraus ableiten lassen, dienen nicht allein dem Selbstzweck und verschwinden daher nicht in irgendwelchen staubigen Aktenordnern. Ihren Erfahrungsvorsprung lassen die Brüder Zeutschner in die Beratung ihrer Kunden einfließen. Wenn ein frischgebackener NETZMARKT-Händler seinen Produktkatalog auf den Tisch legt, um zu demonstrieren, wie sein Angebot aussehen soll, weist Michael Zeutschner auf die Unterschiede zwischen den herkömmlichen und den neuen Marketingkanälen hin: »Man muß spezifische Internetvermarktungskonzepte entwickeln«, weiß der Geschäftsführer. Diese beinhalten ein Bündel von Maßnahmen, die über das Angebot auf der Homepage hinausgehen. Beispielsweise sollte sich ein Unternehmen darüber Gedanken machen, wie es mit den eingehenden E-Mails umgeht. Oft sind Einsteiger in das neue Medium von deren Menge überrascht und haben Schwierigkeiten, ihre Bearbeitung zu bewältigen. Darüber hinaus müsse man für die Auffindbarkeit des eigenen Angebots sorgen, indem man beispielsweise Einträge in die geläufigen Internet-Suchmaschinen vornimmt. »Dabei muß man zum Teil sehr kundenspezifisch vorgehen«, bemerkt Zeutschner und weist darauf hin, daß die automatischen Suchmaschineneinträge allein nicht immer ausreichen, um auf sich und sein Produkt im Netz aufmerksam zu machen. Mitunter ist es für den Händler sinnvoll, in anderen Internetangeboten, die sich inhaltlich mit dem eigenen Produkt überschneiden, Anzeigen, sog. »Banner«, zu schalten oder sich dort um einen redaktionellen Hinweis zu bemühen.

Strategie Service

Zwischen 18 und 35 Jahren liegt das Durchschnittsalter von 70 Prozent der Besucher des Internetkaufhauses. Noch sind es sehr viel mehr Männer als Frauen, die die Angebote im neuen Medium wahrnehmen. Deshalb finden nach Michael Zeutschner auch technische Produkte wie PCs und Handies besonders großen Anklang. »Bei Mode, insbesondere Damenmode, kommen ganz andere Aspekte ins Spiel«, ergänzt Michael Zeutschner. Dazu gehöre auch, ein Kleidungsstück anfassen und anprobieren zu können. Ob sich ein Internetshop langfristig durchsetzen kann, ist vor allem von günstigen Angeboten abhängig; Zeutschner stellte fest, daß der Internetkunde sehr preisbewußt denkt und auf Service achtet. »Nur wenn er davon einen Nutzen hat, kauft jemand im Internet.« Ein Vorteil kann die besondere »Tiefe« eines Sortiments sein. »Wenn ich zum Beispiel passionierter Havannaraucher wäre und alle Zigarren bei den Händlern in meiner Umgebung sind ausverkauft, könnte ich bei einem Internethändler bestellen«, erzählt Zeutschner. In diesem Fall liege der Vorteil für den Kunden auf der Hand. Das Produkt sei vollständig standardisiert und bedürfe keiner individuellen Auswahl. Ein großer Warenbestand, der eine schnelle Auslieferung ermöglicht, kann ebenfalls zum Argument für das Internetshopping werden. »Auch Dinge, die laut Umfragen woanders gar nicht laufen, sind bei uns gefragt«, fügt Zeutschner hinzu.

»Das Internet ist sehr serviceintensiv«, gibt der Unternehmer zu. Die meisten Benutzer erwarten, daß eine Frage innerhalb kürzester Zeit beantwortet wird. NETZMARKT kümmert sich sogar um Anfragen, die über die eigene Dienstleistung hinausgehen, nur um eine Kundenbindung aufzubauen. Das ist in der Branche noch keine Selbstverständlichkeit. Zeutschner kennt große Firmen, die angesichts der E-Mail-Flut resignieren und die eingehenden Anfragen kurzerhand in den virtuellen Papierkorb werfen.

Um die Händler zu bedienen, die sich an NETZMARKT beteiligen, beschäftigt das Unternehmen sowohl Screen-Designer, die für den professionellen »Anstrich« sorgen, als auch Informatiker, die das Shoppingsystem den jeweiligen Erfordernissen anpassen. Von einer starren

Standardlösung hält Michael Zeutschner nicht viel. »Weil wir das Gefühl hatten, eine fertige Software würde uns eine Menge Arbeit ersparen, haben wir uns frühzeitig damit auseinandergesetzt«, berichtet Zeutschner. Tatsächlich aber ließen sich die Bedürfnisse der Kunden nicht über einen Kamm scheren. Vielmehr erwarten die Kunden, daß Netzmarkt bestehende Computer- und Datenbanksysteme mit dem Internetshopping verbindet. »Manche Händler bringen auch ganz spezifische Ideen mit, wie sie ihre Unternehmensphilosophie im Netz kommunizieren wollen.«

Einige hundert Seiten Programmcode sind in der Entwicklungsküche von NETZMARKT entstanden, aus denen die Programmierer schöpfen können. Für jedes neue Projekt setzt sich NETZMARKT mit dem Händler zusammen, um eine den jeweiligen Kundenbedürfnissen angepaßte Lösung zu erstellen. Dazu gehört auch eine Beratung in den Bereichen Vermarktung, Pressearbeit und Werbung mittels des elektronischen Vertriebskanals. So organisiert NETZMARKT etwa einen Bannertausch mit anderen belebten »Plätzen« des World Wide Webs. »Bei unserer letzten Nutzerumfrage ergab sich, daß wir einen hohen Anteil an Stammkunden haben«, beschreibt Zeutschner die derzeitige Situation. Über 40 Prozent gaben an, schon mehr als zehnmal NETZMARKT aufgesucht zu haben. Auf der einen Seite sei die Kundenbindung ein schönes Gefühl, auf der anderen Seite berge sie die Gefahr des Stillstandes. »Um neue Besucher zu gewinnen, tauschen wir etwa 300 000 Banner mit Lycos«, erklärt der Geschäftsführer.

Zu Beginn hatten die Zeutschner-Brüder Schwierigkeiten, Händler für ihr virtuelles Kaufhaus zu gewinnen. In der Regel mußten sie sogar erklären, was Internet überhaupt ist. Ihr Hinweis, daß es in Deutschland bereits mehr als drei Millionen Menschen gebe, die über einen Internetzugang verfügten, schreckte die Händler eher ab, statt Begeisterung auszulösen. Die Angst habe häufig darin bestanden, die eingehenden Anfragen und Bestellungen nicht bewältigen zu können. »Danach mußten wir mühsam erklären, daß man erst einmal Geld dafür ausgeben muß, um auch nur einen kleinen Teil von den drei Millionen zu erreichen«, berichtet Michael Zeutschner. Diese Zeiten sind vorbei. Heute sei es wichtiger, den Unterschied von NETZMARKT zum

Umfeld herauszustellen; denn mittlerweile gibt es erste Enttäuschungen über den ausbleibenden Erfolg im Internet. »Viele Firmen steigen ein, indem der Neffe des Prokuristen, der neulich HTML gelernt hat, eine kleine Internetpräsentation macht, damit schon mal etwas im Netz steht«, beschreibt Zeutschner einen der häufigsten Fehler. Im zweiten Anlauf werde dann oft eine Werbeagentur damit beauftragt, dem Webauftritt zu einem professionellen, dem Corporate Design angepaßten Aussehen zu verhelfen. Wenn dann nach einem halben Jahr die unbequeme Frage auf den Tisch kommt, was der Internetauftritt außer Kosten gebracht habe, ist die große Enttäuschung da. »Das ist die Ausgangssituation, in der viele Kunden zu uns kommen«, berichtet Zeutschner. Einmal ohne und einmal mit Einsatz von Geld hätten sie es versucht, ohne den gewünschten Erfolg und entsprechenden Umsatz im Internet zu erreichen. Zeutschner erkundigt sich deshalb erst einmal genau nach den Zielen des Kunden. Besseres Design ist dabei gar nicht der entscheidende Faktor. Nicht immer sei das, was gut aussieht, auch das, was den Besucher anspricht, mit dem Erfolg, daß er etwas kauft.

Trotz des Pilotcharakters von NETZMARKT verlangten die Brüder Zeutschner gleich von Anfang an Miete für die virtuellen Shops in ihrem Internet-Kaufhaus. Zu den ersten Kunden zählte das Musikhaus Thomann, das mit seiner aggressiven Preispolitik gut ins Internet paßt. Leicht war es nicht, das Musikhaus zu überzeugen; denn dort hatte man bereits negative Erfahrungen mit BTX gemacht. Nach mehreren Anfragen jedoch lenkte es ein. »Für wenig Geld starten wir einen kleinen Versuch und sprechen uns nach einem halben Jahr wieder«, lautete die Zusage. Drei Monate später waren die Erwartungen weit übertroffen worden. Seit dieser Zeit ist die Tendenz steigend.

Vorsprung durch solides Halbwissen

Mitten im fränkischen Erlangen ist NETZMARKT groß geworden. Da der Standort ohnehin keine Rolle für den Internetdienstleister spielt, konnten die Pioniere im liebgewordenen Studienort bleiben. Noch beinahe leer muten die neuen Räumlichkeiten an, die NETZMARKT 1998 bezogen hat. Genug Platz, um zu wachsen, ist vorhanden. In der Mitte des hellen Großraumbüros steht in einem professionellen Elektronikschrank der Netzwerkrechner mit Verteilerstation. Seit drei Jahren ist das Unternehmen am Markt, aber noch immer ist Aufbruchsstimmung in den Räumen zu spüren. NETZMARKT bereitet sich auf die Zukunft vor.

Wenn Michael Zeutschner von Details des Internetmarketings berichtet, liegt die Vermutung nahe, seine Herkunft ebenfalls in dieser Branche zu suchen. Doch der Geschäftsführer, der lieber Jeans als Anzug trägt, startete ebenso wie sein Bruder auf einem ganz anderen Gebiet ins Berufsleben. Beide schlossen sich 1994 zu einem Journalistenbüro zusammen. »Wir hatten das Glück, drei größere Aufträge zu bekommen, und wuchsen ein Jahr später zu einem Team von sechs bis acht Leuten heran, die uns als Freie zugearbeitet haben«, erzählt der NETZMARKT-Geschäftsführer. Zu den Aufträgen, die eine Einkommensbasis sicherten, gehörte die regelmäßige Redaktion von ganzen Zeitschriftenteilen. Geschrieben hat das Redaktionsbüro vor allem über Computerthemen, Multimedia und später über die Online-Szene. Die intensive Beschäftigung mit den neuen Medien führte die Journalisten zu der Einschätzung, daß die CD-ROM nur als ein Übergangsphänomen zu betrachten sei. Dagegen erwartete man vom Internet, die Tür zum Informationszeitalter und zur Informationsgesellschaft wirklich aufzustoßen. Online-Medien sollten das Ende der »Gutenberggalaxis« besiegeln. »Nebenher haben wir ein Pilotprojekt gestartet, um Erfahrungen aus erster Hand zu sammeln, über die wir schreiben konnten«, erzählt Michael Zeutschner. So entstand die NETZMARKT-Site. Das Ergebnis brachte zum ersten Mal eigene »Einschaltquoten«, während vorher nur die Kunden, denen man die Artikel zulieferte, Auflagenhöhen zu verzeichnen hatten. Schon im ersten Monat gab es 15 000 Zugriffe auf NETZMARKT. Im zweiten Monat verdoppelte sich bereits die Zahl. Zwar hatte das Journalistenbüro auf einen Erfolg des Projektes gehofft, doch die Realität übertraf alle Erwartungen. Plötzlich wurde ihnen klar, wie ein eigenes Medium ohne viel Verwaltung, Vertrieb und Druckerei aufgebaut werden könnte. Michael Zeutschner

war fasziniert. Die Dynamik versprach weiteres Wachstum, so daß schließlich die Entscheidung fiel, NETZMARKT zur hauptsächlichen Aktivität zu machen.
Im Dezember 1995 war es dann soweit: Die Firma NETZMARKT war geboren. Die Umwandlung in eine GmbH & Co. KG erfolgte im Oktober 1998. Geblieben sind einige freie Mitarbeiter, die schon für das Journalistenbüro tätig waren.
Der Abschied vom Redaktionsbüro fiel dem Gründerduo nicht allzu schwer. »Der Journalismus ist sehr mühselig und gerade bei den Freien wird gerne gekürzt«, weiß Michael Zeutschner. Abgesehen davon müßte man als Journalist häufig hinter den Honoraren herlaufen. Zeutschner: »Es hat uns viel Spaß gemacht und wir haben unheimlich viel gelernt, aber die Entscheidung für NETZMARKT ist uns damals leicht gefallen.«
In der Pionierphase des Internets zu starten, bedeutete eine Herausforderung, war aber zugleich auch ein günstiger Zeitpunkt. Einen voll ausgebildeten Informatiker brauchte man damals noch nicht. Kenntnisse in Hypertext Markup Language (HTML) reichten aus, um eine Internetseite zu programmieren. Komplexere Softwarefunktionen wie der virtuelle Einkaufskorb, der den Besucher von NETZMARKT ständig begleitet, kamen erst später hinzu. »Wir haben uns langsam die Möglichkeiten des Mediums erschlossen«, gibt der Unternehmer zu. Innerhalb von zwei Jahren nahm die technische Dimension immer mehr zu. Mittlerweile hat Zeutschner jedoch den Eindruck, daß das Internetangebot – ähnlich wie beim Fernsehen oder Hörfunk der Fall – auf der Technik zwar aufbaut, diese aber nicht in den Vordergrund spielen darf. »Der eigentliche Erfolg eines Mediums, einer Sendung oder einer Veranstaltung hängt vom Inhalt ab«, ist der Geschäftsführer überzeugt. Die Stärke von NETZMARKT liege darin, mit Hilfe des journalistischen Backgrounds beurteilen zu können, welche Inhalte ankommen, und ein Gefühl dafür zu besitzen, die entsprechenden Angebote erfolgreich zu präsentieren. Daß dafür Programmierer, Informatiker und Designer gebraucht würden, liege auf der Hand. Sie nehmen jedoch nicht die wichtigsten Funktionen wahr. »Das ist es, was uns von unseren Mitbewerbern unterscheidet«, beschreibt Zeutschner die Stra-

tegie von Netzmarkt. Viele Anbieter im Bereich des Online-Shopping kämen entweder aus der Werbebranche oder es handle sich um Provider, die diese Dienstleistung zusätzlich anböten. Während ersteren das technische Verständnis und ein Gefühl für das Medium fehle, verfügten letztere zwar über geschulte Programmierer, die professionelle Entwicklersprachen wie C++ beherrschen, kaum aber über Marketingerfahrung. »Bei so vielen Bausteinen, die man benötigt, um in diesem Medium erfolgreich zu agieren, bringt eigentlich nur derjenige die idealen Voraussetzungen mit, der in allem ein solides Halbwissen hat, und das ist der Journalist«, lacht der Gründer.

Gründung ohne Kredite und Fördermittel

Das Thema »Kapitalbedarf« bereitete den Unternehmensgründern keine Schwierigkeiten. NETZMARKT ist ausschließlich aus eigener Kraft groß geworden. Nachteilig dabei ist sicherlich, daß das Unternehmen auf diese Weise nicht so schnell wachsen konnte, wie es aufgrund der Geschäftsentwicklung möglich gewesen wäre. Dennoch bereut Michael Zeutschner die selbsterwirtschaftete Entwicklung nicht, die die Unabhängigkeit des Unternehmens sicherte. Schritt für Schritt kam beim Aufbau und Ausbau des Internetkaufhauses mehr Technik hinzu; so verfügt man mittlerweile über mehrere Server. Seit 1998 stehen zwei davon bei RCRC in München, einem der drei größten Internetknotenpunkte in Deutschland. Eine großzügige 2-Megabit-Anbindung soll Staus auf der Datenautobahn vermeiden helfen. Die Investition wird sich auszahlen, weil vielen Internetsurfern der Seitenaufbau von Homepages viel zu lange dauert.
Weil die Gründung ohne Kredite und Fördermittel verlief, warf NETZMARKT schnell Gewinn ab. Die gesamte Technik ist bezahlt, und die Gründer können von ihrer Idee bereits leben, wenngleich noch nicht als Millionäre. Die Umwandlung in eine GmbH war vor allem im Hinblick auf die Situation bei den Wettbewerbs- und Urheberrechten sinnvoll. »Wir sind umzingelt von Plagiatoren«, berichtet Zeutschner, »so daß in einigen Fällen der Rechtsstreit nicht ausbleibt.«

Der Aufbau aus eigenen Kräften bedeutete für das Duo eine Lernerfahrung, denn sie mußten erst in die neue Rolle als Unternehmer hineinwachsen. »Indem wir Kunden herangeholt haben, ohne darauf zu achten, ob sie ihre Rechnung bezahlen können, haben wir einen Fehler gemacht, den auch viele andere Gründer begehen«, erzählt Michael Zeutschner. Dabei haben sie erfahren müssen, daß Verträge wenig wert sind, wohl aber das Geld auf dem Konto. Noch heute laufen Verfahren, in der Hoffnung irgendwann doch noch Geld zu bekommen. »Wenn man ein junges expandierendes Unternehmen ist, ist das Wichtigste die Manpower, die man in dessen Entwicklung hineinsteckt«, erklärt Zeutschner. Es sei bitter, wenn dann nichts dabei herausspringe, weil die Kunden alte Hasen sind, die wissen, wie man Neulinge erst einmal bluten läßt. Bis die Jungunternehmer wußten, was ein gerichtlicher Mahnbescheid ist und diesen einsetzten, dauerte es seine Zeit. Sie lernten auch, vor Aufnahme einer Geschäftsbeziehung Überlegungen hinsichtlich der Rentabilität und des Nutzens eines interessierten Kunden anzustellen. Zu Beginn habe man Geschäfte um jeden Preis abgeschlossen. Schon als Journalisten waren es die Brüder Zeutschner gewohnt, schon mal ein halbes Jahr auf das Honorar warten zu müssen. »Im Internetbusiness mußten wir zeitweise damit leben, daß ein Drittel unseres Umsatzes vollständig ausblieb«, berichtet Michael Zeutschner. Später habe man deshalb vor allem auf die Qualität der Anbieter geachtet, deren Mix sich auch für die Besucher des Internetkaufhauses positiv bemerkbar machte.

Die Konkurrenz schläft nicht, erst recht nicht auf dem Gebiet des Internetshoppings. Viele Unternehmen versuchen sich beispielsweise an einem eigenen Shoppingsystem. Zeutschner sieht darin allerdings keine Gefahr für NETZMARKT. »Der erste gewesen zu sein, kann uns niemand mehr nehmen«, stellt der Existenzgründer stolz fest. Dieses Argument macht nach wie vor Eindruck. In einem Ranking von Internetshops im Magazin *Business Online* lag NETZMARKT nicht nur auf Platz eins, sondern die Konkurrenten – darunter auch Karstadt und Otto – hatten zusammengenommen nicht annähernd soviele Besucher aufzuweisen wie das Erlanger Unternehmen. An ein Auslaufen des Shoppingsystems glaubt Zeutschner nicht, auch wenn Auktionssysteme für einige Produkte sehr interessant sein könnten. Für möglich hält er dagegen eine Vermischung der verschiedenen Ansätze. Die Zukunft liegt für ihn in einem Multiplattform-Marketing. »Jemand, der das Internet vermarktungstechnisch gut nutzen will, wird in erster Linie versuchen, nicht auschließlich an einem Ort präsent zu sein, sondern an möglichst unterschiedlichen Plätzen, die frequentiert sind und ein gutes Image haben«, meint Michael Zeutschner. Auf alle Fälle wird sich das virtuelle Kaufhaus noch weiter entwickeln. »Sehe ich NETZMARKT, sehe ich Unvollkommenheit«, meint der unruhige Unternehmer.

Über den persönlichen Einsatz reden Existenzgründer generell nur wenig, obwohl jeder von ihnen viel Energie in sein Unternehmen stecken muß. »Ich glaube, daß ein Großteil unseres Erfolges darauf beruht, daß wir exzessive Selbstausbeutung betrieben haben«, gibt Michael Zeutschner zu. Es sei ein Riesenvorteil, die Geschäftsführung zu zweit zu machen, obwohl es manchmal krache »wie die Hölle«, weil man genau weiß, wie man den anderen mit einem Wort auf die Palme bringen kann. Die Brüder haben aber einen Modus gefunden, sich immer wieder zu einigen. »Wir können uns rückhaltlos vertrauen«, meint Zeutschner.

Erst 1998 ist der wöchentliche Arbeitsaufwand von 80 auf 70 Stunden gesunken. Der Druck hingegen ist nicht gewichen, auch wenn der Mindestumsatz inzwischen überschritten ist. »Es erfordert viel Disziplin, sich aus der krassen Selbstausbeutung zu lösen«, weiß der Unternehmer. Das sei erst teilweise gelungen, nachdem sie vier Jahre lang »Gas« gegeben hätten. Die Motivation ist jedoch nach wie vor sehr hoch. Der Gründer zitiert einen Spruch, der seine Einstellung auf den Punkt bringt: »Wer in anderer Leute Fußstapfen tritt, hinterläßt keine eigenen Spuren.« Gerade als Unternehmer betrete man immer Neuland. Die nächste Neuerung wird die Festanstellung von Mitarbeitern sein, während man bisher nur mit Freien gearbeitet hat. Durch das wachsende Personal und das unterschiedliche Know-how verändern sich auch Organisation und Hierarchie. Zeutschner: »Das ist das Schöne an einem Unternehmen. Es kommt immer wieder zu einer Metamorphose, und nach einem halben Jahr sehen wir dann einen Schmetterling. Manchmal ist es auch nur eine Motte, aber wir bleiben nie stehen.«

Geld verdienen mit kostenloser Dienstleistung

Wenn unter Freunden und Kollegen der Begriff Internet fällt, macht eine Adresse die Runde, bei der alles umsonst zu haben ist. Die Seiten von »kostenlos.de« sind immer aktuell. Es gibt Verweise auf Gewinnspiele, Testsoftware und alles, was ansonsten kostenlos im Internet zu haben ist. Bereits im ersten Jahr seiner Existenz wurde »kostenlos.de« zu einer der bestbesuchten Internetseiten Deutschlands. Noch keine zwölf Monate war das Angebot online, als die Macher bereits drei Web-Oscars eingeheimst hatten. Die Inhalte wurden sogar höher bewertet als diejenigen von *Focus online* – ein Zeichen dafür, daß das Angebot den Nerv der Internetgemeinde getroffen hatte.

Alle Verweise auf »kostenlos.de« sind recherchiert und erprobt. Ähnlich wie in einem Magazin gibt es Rubriken, die etwa »Tip des Tages«, »Gewinnspiele« oder »Forum« heißen. Alternativ dazu wäre sicherlich die Einrichtung einer entsprechenden Suchmaschine denkbar gewesen. Doch die Macher von »kostenlos.de« haben diese Idee bewußt verworfen; gerade die redaktionelle Aufbereitung des World Wide Chaos ist das Erfolgsgeheimnis ihres Internetangebots. Kein Wunder, denn die Gründer der UP2DAY TELEKOMMUNIKATION GMBH, die »kostenlos.de« ausbrütete, sind von Hause aus Journalisten. Deshalb besteht bis heute die klassische Trennung von redaktionellem und Anzeigenteil. Was ins Internet kommt, bestimmen die Macher aus journalistischer Sicht. Hinweise auf Neuigkeiten kommen dabei auch aus dem Kreis der 1,7 Millionen Besucher pro Monat.

Makeln im Netz

Den Erfolg von »kostenlos.de« haben andere Unternehmen längst gewittert und versucht, die Adresse zu kaufen. In die Schlange der Interessenten haben sich sowohl Fernsehsender als auch große deutsche Verlagshäuser eingereiht. Mit RTL existiert bereits eine Kooperation. Dr. Raymond Wiseman, einer der Geschäftsführer von UP2DAY, verschweigt aber auch nicht die Schwierigkeiten, die »kostenlos.de« anfangs hatte. Online-Magazine in Deutschland seien in der Regel ein Spin-off großer Verlagshäuser und dementsprechend als Begleitprodukte erkennbar. Dadurch ist von vorneherein für einen gewissen Bekanntheitsgrad des Internetauftritts gesorgt, ganz abgesehen von den Geldern für das notwendige Personal. UP2DAY dagegen hatte keinen Geldgeber im Rücken. »Wir hatten nur die Idee, daß es dort einen Markt gibt, der sich einmal entwickeln wird«, fügt Wiseman hinzu. Ebenso wie heute für Fernsehgesellschaften oder Printmedien werde es auch für das Medium Internet irgendwann Produktionsteams geben.
»Kostenlos.de« ist nicht das einzige Projekt des jungen Duisburger Unternehmens, das darüber hinaus sowohl weitere Internetmagazine als auch Marketingplattformen gestaltet, für die das Team die komplette Abwicklung übernimmt. Abgesehen von einer Provision hat der jeweilige Kunde nichts zu bezahlen. »Wir suchen uns ein Produkt, das noch nicht im Internet verkauft wird«, erklärt Martin Althaus, der ebenfalls zur Geschäftsführung gehört. »Wir erstellen ein Vermarktungskonzept für dieses Produkt, sorgen für dessen Bewerbung im Internet und die Weiterleitung der eingehenden Bestellungen.« Am Umsatz, der dadurch erreicht wird, verdienen dann beide Partner, sowohl UP2DAY, das dem Produkt einen Internetauftritt verschafft, als auch das Unternehmen, dessen Produkte gehandelt werden. Die vier Journalisten verstehen sich jedoch nicht als Händler; vielmehr nehmen sie eine Art Maklerfunktion wahr. Aufträge, die über das Web zu UP2DAY gelangen, werden deshalb nur weitergereicht. Mißlingt der Versuch, haften die Duisburger für das eingegangene Risiko; denn der Kooperationspartner zahlt für die Vermarktung seines Produkts im neuen Medium keine müde Mark. Entsprechend sorgfältig wählt

Up2Day die in Frage kommenden Unternehmen und Produkte aus. Der Verkauf von Zeitschriftenabos und Loseblattwerken macht dabei einen wichtigen Bestandteil aus. Für den Verlag Norman Rentrop etwa erstellte das Team unter der Adresse »geldanlageberater.de« ein Angebot. Der Leser wird über Neuigkeiten informiert und kann Serviceleistungen rund ums Geld in Anspruch nehmen. Zusätzlich besteht die Möglichkeit, ein Abonnement des Magazins *Der Geldanlage-Berater* zu bestellen. »Ein Produkt anzubieten, reicht allein nicht aus«, meint Dr. Wiseman. Benötigt werde vor allem das Know-how, um dem Produkt ein präsentables Umfeld zu verschaffen und den Nutzern einen Mehrwert zu bieten. Bei »geldanlageberater.de« bekommt der Besucher der Seite sofort aktuelle Informationen zum Thema, manchmal sogar eine kleine Softwareapplikation in Form eines Makros. Wichtig sei es, den Kunden davon zu überzeugen, die jeweilige Internetadresse mehrfach anzuwählen.

Ein weiteres Standbein des Unternehmens ist die Softwareentwicklung für spezielle Anwendungen im Bereich Internetshopping oder E-Commerce. Unter anderem entwickelte Up2Day im Auftrag des Giganten Microsoft eine Suchmaschine für das inzwischen eingestellte *Microsoft Network*. »Die Inhalte, die mit dieser Suchmaschine recherchierbar waren, wurden von uns verlinkt und in die Datenbank integriert«, beschreibt Martin Althaus die geleistete Arbeit. Ansonsten ist der Ausgangspunkt eines Projektes möglichst der eigene Bedarf. Von Technikverliebtheit halten die Gründer nicht viel – ohne einen großen Namen als Entwickler zu haben, kann Up2Day auf diesem Feld nur pragmatisch vorgehen.

Vom Journalismus zur Online-Vermarktung

Up2Day ist noch jung; erst im April 1996 ging das Unternehmen an den Start. Neben Dr. Raymond Wiseman und Martin Althaus bestand das Gründungsteam noch aus Mirko Müller und Michael Altenhövel, die ebenfalls aktiv im Unternehmen mitarbeiten. Die vier Journalisten kannten sich aus gemeinsamen Projekten schon lange vor der Unternehmensgründung. Zu dem Gedanken, gemeinsam eine Firma aufzumachen, trugen alle vier bei. »So eine Idee entsteht ja nicht in einem einzelnen Kopf, sondern sie ergibt sich in Gesprächen«, weiß Dr. Wiseman, der mit kariertem Hemd und Handwerkerweste nicht unbedingt dem Bild des erfolgsverliebten Aufsteigers entspricht. Irgendwann habe sich das Thema, einen Start zu versuchen, verdichtet. Nicht der Gründungsgedanke war ausschlaggebend, sondern die Dynamik, die das Internet Mitte der 90er Jahre besaß. Über das *Microsoft Anwenderjournal* kam Martin Althaus mit Mirko Müller zusammen. Michael Altenhövel wiederum lektorierte Bücher für Althaus. »Es gab immer wieder eine punktuelle Zusammenarbeit«, erinnert sich auch Dr. Wiseman. Das Verbindende dabei war der Computerjournalismus, der den Gründern schon früh eine Nähe zur Technik und ein Gespür für kommende Entwicklungen verschaffte. »Als in Deutschland außer Studenten und Forschern noch niemand wußte, was Internet eigentlich ist, hatten wir bereits einen E-Mail-Anschluß und haben über dieses Medium kommuniziert«, berichtet der 31jährige Martin Althaus. Als klar war, daß – ähnlich wie in den USA – der Markt in Deutschland größer zu werden begann, setzte sich das Günderquartett zunächst journalistisch mit diesem Thema auseinander. Zu diesem Zeitpunkt seien auch die ersten Ideen zu der Frage entstanden, welche Geschäfte man mit dem Internet machen könne. Doch bis es wirklich dazu kam, sollte noch eine Weile vergehen. Dr. Wiseman erinnert sich an das Buch *Schnäppchen im Datennetz*, das er für den Eichborn-Verlag geschrieben hat. Es habe noch davon gehandelt, wie der Konsument Teletext nutzen könne. Von CompuServe über AOL bis zu T-Online schlug der Autor schließlich eine Brücke zum Internet. »Damals bin ich auf den ›Schnäppchengedanken‹ gekommen, allerdings ohne die Idee, ihn im Netz selbst umsetzen zu können«, erzählt Wiseman. Erst Mirko Müller habe ihn auf diese Idee gebracht. Es sei typisch für ihr Unternehmerteam, daß durch den Austausch untereinander Ideen eine neue Dimension gewönnen. Die Frage der Urheberschaft sei dabei völlig unwichtig; Hauptsache, das Feuer brenne.

Ein Auftrag von 1 & 1 brachte dann die Initialzündung zur Unternehmensgründung. Martin Althaus kannte den ehemaligen Chefredakteur von *PC professionell*, der zu 1 & 1 gegangen war, um dort den Bereich Internet zu übernehmen. Dieser wußte, daß sich Althaus mit neuen Medien befaßte und wandte sich an den Journalisten, als er nach einem Team suchte, das ihm Internetinhalte recherchierte, aufbereitete und ins Web stellte. »Top.de« sollte das Angebot heißen. Schon beim ersten Gespräch wurde deutlich, daß viel Energie und Manpower für den Auftrag gefordert war. Die Journalisten erkannten jedoch ihre Chance, mit dieser Hilfe im Rücken eine GmbH zu gründen. »Unsere Interessen kanalisierten sich plötzlich in eine Richtung«, erzählt Dr. Wiseman. Gesagt, getan. UP2DAY baute »top.de« auf und lieferte den kompletten Inhalt. Doch die Zusammenarbeit mit 1 & 1 sollte nur kurze Zeit dauern. Unter anderem führte das Vorhaben des Auftraggebers, die namentliche Erwähnung in dem E-Zine kostenpflichtig zu machen, zur Trennung. Der Schwenk von der journalistischen Idee zu einem reinen Werbemagazin widersprach dem Anspruch der Pioniere.

Die Wahl für den Firmensitz fiel auf Duisburg, weil Mirko Müller dort wohnte und arbeitete. Er hatte sich von Anfang an als derjenige erwiesen, der vor Ort das technische Geschäft erledigte. Obwohl er auch als Journalist arbeitete, lagen die Wurzeln des Wirtschaftsinformatikers im Bereich der Systemprogrammierung. Müller konnte die Server einrichten und pflegen, besaß aber auch die Fähigkeit, Mitarbeiter zu führen. Darüber hinaus ließ es die Nähe zur Universität Duisburg zu, etwa für Recherchearbeiten freie Mitarbeiter auf Stundenbasis in das Unternehmen zu holen.

Bis heute ist der Personalstamm eher klein geblieben. Sechzehn Mitarbeiter sitzen in der Duisburger Zentrale, fünf weitere in einer Außenstelle in Schwelm bei Wuppertal. »Durch das Internet und die Möglichkeiten der Vernetzung haben wir die optimale Chance, alle Bereiche zusammenzuführen, auch wenn sie sich nicht an einem Ort befinden«, erklärt der 44jährige Geschäftsführer Dr. Wiseman.

Schnäppchen im Datennetz

Der Unternehmensstart mit der kompletten Entwicklung der Internetplattform »top.de« läßt kostspielige Investitionen vermuten. Doch die Gründer entschieden sich dafür, sparsam zu wirtschaften. Bis heute halten Partner die technische Infrastruktur von Up2Day bereit. Besucher von »kostenlos.de« landen nicht auf einem Rechner von Up2Day, sondern auf dem eines leistungsstarken Providers. Dennoch existiert auch ein internes Netz für die vielen Daten und Informationen, die die Mitarbeiter recherchieren und sammeln. »Die Phase der großen Investitionen kam erst, als wir uns von 1 & 1 trennten«, berichtet Althaus. Während der sichere Anfangsauftrag lediglich die Redaktion und visuelle Aufbereitung von Inhalten erfordert hatte, verlangten die eigenen Projekte eine technische Plattform und entsprechendes Marketing. So führte Mitte 1997 kein Weg daran vorbei, richtig Geld zu investieren. Bis heute überlegen die Geschäftsführer sehr genau, wofür sie ihr Geld ausgeben; denn Fördermittel hatten sie nicht beansprucht; und Althaus zufolge verdient sich das Gründerteam auch noch keine »goldene Nase« am Internetgeschäft.
Das erste eigene Angebot wurde sofort zum Renner: »kostenlos.de« traf aus dem Stand ins Schwarze. Nur wenige Monate zuvor hatten die Vorbereitungen für die Internetadresse begonnen. »Wir hatten zu dieser Zeit bereits viel Know-how gesammelt, vor allem, was die Interessen unserer Kunden betrifft«, erzählt Dr. Raymond Wiseman. Letzteres sei das A und O für den Erfolg, viel wichtiger als die technischen Dinge. Einen Marktvorteil konnte sich Up2Day durch das Wissen darüber verschaffen, welche Erwartungen ein Kunde an das Internet stellte. Zugriffsstatistiken und Umfragen zeigen, daß »kostenlos.de« eine richtige Fangemeinde hat, die die Adresse weiterempfiehlt und mit Vorschlägen sogar selbst aktiv wird. Täglich erreicht die Redaktion per E-Mail Leserpost. Darüber hinaus überwacht ein Computerprogramm genau, welche Seiten wann abgefragt werden, an welcher Stelle die Besucher abbrechen bzw. interessiert weitere Seiten aufrufen. Das detaillierte Marktwissen von Up2Day ist nicht zuletzt ein wichtiges Argument im Gespräch mit den Firmenkunden, für die das Duisburger

Telekommunikationsunternehmen einen Vertriebskanal im Internet aufbaut. UP2DAY weiß, wer das neue Medium wann und wie nutzt, der Kunde dagegen hat seine Zielgruppe definiert. Die exakte Wirkungskontrolle ist einer der unschlagbaren Vorzüge des neuen Mediums etwa Printmedien gegenüber. Was eine kleine Änderung an einem Bestellformular bewirkt, läßt sich anhand der daraufhin erfolgenden Zugriffe genau quantifizieren. Dadurch lassen sich unter anderem Formulierungen oder das Design optimieren. »Alle Auswertungen, die wir abfragen, haben wir komplett in MS Office integriert«, erklärt Martin Althaus. Der UP2DAY-Mitarbeiter kann sich in der Tabellenkalkulation Excel ein Menü aufrufen und einen Analysewunsch auswählen. Angesichts der alltäglichen Anforderungen ist diese Lösung eine schnelle Hilfe.
Während Jungunternehmen in der Regel ordentlich schwitzen müssen, um die ersten Kunden zu gewinnen, befindet sich UP2DAY dank »kostenlos.de« in einer nahezu paradiesischen Situation. Der Erfolg brachte es mit sich, daß Unternehmen mittlerweile von sich aus auf das Unternehmerquartett zugehen und anfragen, ob ihr Produkt nicht ebenfalls für den digitalen Shop in Frage käme. Bereits das 1&1-Projekt hatte sich als gute Referenz erwiesen; inzwischen öffnet aber auch der Status als offizieller Softwareentwickler für Microsoft viele Türen. Die systematische Kundenakquise und die Bereithaltung von Präsentationen würde, so die beiden Geschäftsführer Althaus und Wiseman, derzeit sowieso zuviel Zeit und Manpower verschlingen, die UP2DAY nicht habe. »Wenn es darum ging, Einnahmen zu verteilen, haben andere Investitionen bisher immer Vorrang gehabt.« Vertrieb und Marketing seien Bereiche, für die UP2DAY sofort neue Mitarbeiter einstellen könne. Arbeit gibt es jedenfalls genug. Da kein Fremdkapital in der jungen Firma steckt, gehen die Geschäftsführer aber vorsichtig mit den Geldressourcen um. Investitionen müssen 100prozentig durch die Einnahmen gedeckt werden. Unbegrenzt wollen die Gründer mit ihrem Unternehmen ohnehin nicht expandieren. »Das Wachstum hat sicher keine Priorität«, erläutert Dr. Raymond Wiseman. Allerdings sei das Internet ein stark expandierender Markt, in dem man ohne Wachstum auf Dauer nicht erfolgreich sein könne. »Erfolg ist unsere Maxime«,

fügt Wiseman hinzu. Derzeit brauche Up2Day aber noch kein Fremdkapital, ohne damit einer zukünftigen Entscheidung vorgreifen zu wollen, die in dem Moment zu treffen sei, in dem etwa die Idee eines großen, umsatzträchtigen Projektes Gestalt annehme.
Die Unternehmer kennen die Leistungsfähigkeit ihrer Firma genau und stellen diese auch schon einmal auf die Probe. Um so größer ist der Eindruck, den Up2Day dann bei seinem Kunden hinterläßt. In einer Ausschreibung von American Online machte das Jungunternehmen das Rennen. Ein Buch über AOL sollte innerhalb von vier Wochen fertig werden. Innerhalb dieses Zeitraums sollte nicht nur der Inhalt erstellt sein, sondern das Buch auch gedruckt und gebunden auf Paletten angeliefert werden, natürlich möglichst kostengünstig. Das Unternehmerquartett stellte sich der Herausforderung und nahm hohe finanzielle Vorleistungen in Anspruch, um Autoren, Buchgestaltung und Druck zu finanzieren. Da alle Beteiligten bereits mit Buchprojekten Erfahrung hatten, konnten tatsächlich auch alle Termine eingehalten werden. Nur einen Tag nach Anlieferung der Bücher erhielt Up2Day ein Dankesschreiben vom Auftraggeber. »Da wir eine sehr flache Organisation haben, können wir selbst zeitkritische Projekte schnell und präzise abwickeln«, verkündet Dr. Wiseman.
Flache Hierarchien mögen bei einigen Jungunternehmen vor allem Chaosmanagement bedeuten. Jeder macht alles, die Mitarbeiter halten zwanglos Kontakt zueinander und tauschen sich nach Bedarf aus. Up2Day dagegen verfügt über eine für die geringe Größe des Unternehmens ausgefeilte Struktur, die eine Dokumentation aller Prozesse und ein professionelles Wissensmanagement erlaubt. »Wir haben ein internes Managementinformationssystem, das wir selbst aufgebaut und konzipiert haben«, erklärt Martin Althaus nicht ohne Stolz die fortgeschrittene Organisation. Eine Datenbank integriert detaillierte Aufgabenbeschreibungen für alle Produkte und Geschäftsfelder. Angenommen, ein Mitarbeiter bearbeitet Bestellungen, die aus dem Internet kommen. Er hat in diesem Fall die Aufgabe, diese an die entsprechenden Firmen und dort an die richtige Abteilung weiterzuleiten. Ist der Mitarbeiter unsicher, kann er im Firmennetzwerk eine Beschreibung finden, wie er vorzugehen hat. Ein sonst hoher Einarbeitungsaufwand

wird dadurch elektronisch erledigt. Anstatt vier Wochen zu hospitieren und einem anderen Mitarbeiter über die Schulter zu schauen, reichen bei UP2DAY zwei Tage aus, um als neuer Mitarbeiter eingewiesen zu werden. Auf der anderen Seite haben alle Mitarbeiter die Aufgabe, ihre Arbeit ständig zu dokumentieren. Kommt es dennoch zu einem Problem, weil eine Beschreibung zu ungenau ist, wendet sich der Mitarbeiter an den Kollegen, der mit der Pflege des Informationssystems beauftragt ist. Dieser nimmt dann gegebenenfalls Änderungen vor. Die Dynamik des Internets spiegelt sich auf diese Weise in der Ablauforganisation von UP2DAY im kleinen Rahmen wider. Jeder kann bei Problemen gezielt nach Lösungen suchen. Dabei helfen Stichwörter, die das Problem in einem Suchfeld beschreiben, weiter. Althaus vergleicht das Prinzip mit einer Knowledgebase von Microsoft, die Schritt für Schritt zum gewünschten Detail führt. Neue Erkenntnisse werden sofort eingearbeitet. Hinter den nachvollziehbaren Prozessen steckt nicht zuletzt die Strategie, später das DIN-ISO-Zertifikat, die Europäische Norm für Qualitätssicherung, zu erhalten.

Kommunikationsfreudigkeit und Flexibilität

Obwohl bei UP2DAY alle Arbeitsplätze miteinander vernetzt sind, vermeiden die Unternehmer Telearbeit. Auf die physische Anwesenheit der Mitarbeiter wollen sie nicht verzichten. »Zum einen haben wir Sicherheitsbedenken, zum anderen ist das für die Kommunikation wichtig«, erklärt Martin Althaus. Kommunkationsfreudigkeit kennzeichnet überhaupt die Unternehmenskultur. So existiert immer ein reger Austausch. A und O dabei ist für Dr. Wiseman, daß nichts unter den Teppich gekehrt wird. Alle positiven wie negativen Dinge würden direkt angesprochen, und das nicht nur von Seiten der Geschäftsführer, sondern auch der Mitarbeiter. Informelle und offene Teams haben in den Augen von Martin Althaus allerdings auch ihre Grenzen. Trotz flacher Hierarchien gibt es Zuständigkeitsbereiche und Ansprechpartner. Der Schritt, Verantwortung abzugeben, fiel den Unternehmern nicht immer leicht, vor allem bei wichtigen Kundengesprächen, die die

Gründer am Anfang alle selbst geführt hätten. »Für mich war es gewöhnungsbedürftig, Mitarbeitern das ebenfalls zuzutrauen«, bemerkt Althaus. Aufgrund von Zeitmangel mußten sich die Unternehmer jedoch ans Delegieren gewöhnen. Dennoch haben sie immer darauf geachtet, den Überblick zu behalten. Dr. Wiseman verweist auf den Vorteil, die Geschäftsführung auf die Schultern von vier Personen verteilt zu haben. Einer aus dem Quartett habe immer die Zeit, sich mit Details zu beschäftigen. Niemand müsse alles wissen, aber durch die Arbeitsteilung gehe keine Information verloren. »Ich kenne zwar nicht alle Einzelheiten des Marketings, aber wenn ich etwas wissen will, kann ich mir die entsprechenden Information besorgen«, meint Wiseman.

Texte schreiben die ehemaligen Journalisten allerdings nur noch sehr wenig. Statt dessen finden sie sich in der Managerrolle wieder. Zu ihren Aufgaben zählt unter anderem die Formulierung exakter Zielvorgaben für die Mitarbeiter, die dann aber alle Freiheiten haben, diese im vorgegebenen Zeitrahmen zu erreichen. Für Journalisten ist es normal, daß allein die Deadline zählt und nicht Arbeitszeiten oder Recherchepläne. Die Qualität muß stimmen. »Wir machen konzeptionelle Vorgaben, entwickeln aber nicht das Marketingkonzept für ein Produkt von A bis Z«, führt Martin Althaus aus. Das Fazit der Geschäftsführer: Unternehmertum ist ein regelrecht neuer Beruf. Es versteht sich von selbst, daß dabei viele Lernerfahrungen gemacht werden mußten. Eine davon betraf etwa die Einstellung neuer Mitarbeiter. Keiner der ehemaligen Freiberufler war darin geübt, zwei von ihnen kannten sie nicht einmal aus eigener Anschauung. Die Lehre, die die Unternehmer aus ihren nun vorhandenen Erfahrungen ziehen, lautet: Bei der Einstellung niemals auf die Papierform achten. Im Bereich Internet sei der Markt so neu, daß es zu einem Arbeitsplatz oftmals noch gar kein definiertes Berufsfeld gebe. »Wir brauchen Leute mit strategischem und konzeptionellem Denkvermögen. Da ist es egal, ob jemand zuvor Journalist war, Mathematiker, Wirtschaftsinformatiker, Lehrer oder Studienabbrecher«, meint Martin Althaus. Die Entscheidung darüber, ob jemand akzeptiert werde oder nicht, falle ausschließlich im Vorstellungsgespräch. Wiseman hält die Leistungsbereitschaft für die wichtigste Eigenschaft von allen. »Womit ich überhaupt nicht klarkomme, ist die Angestelltenmentalität«, fügt der Geschäftsmann hinzu, der selbst immer freiberuflich tätig war. Die Anzahl gearbeiteter Stunden interessiere ihn nicht, nur das, was geleistet wird, zähle. Trotzdem räumte Dr. Wiseman seiner Assistentin, die er beschäftigte, als er noch als selbständiger Journalist arbeitete, auch gewisse Freiräume ein. Wenn die Arbeit bis Donnerstag geschafft war, konnte sie freitags zu Hause bleiben. Die Mitarbeiter sollen sich ihre Arbeit möglichst selbst einteilen. Mit Menschen, die nach Stundenplan leben und um 18 Uhr den Stift fallen lassen, kann Dr. Wiseman nichts anfangen. »Es ist tatsächlich immer wieder ein Problem gewesen, die Mitarbeiter darauf hinzuweisen, daß es nicht um Zeiteinheiten, sondern um Produktionseinheiten geht«, faßt der Geschäftsführer zusammen. Wünschenswert sei auch eine ergebnisabhängige Bezahlung, doch sei das im Rahmen einer GmbH nur schwer zu leisten. Eine erfolgsabhängige Mitarbeiterbeteiligung könne es höchstens bei einer AG geben.

Die Arbeitszeiten hält UP2DAY deshalb flexibel. So gibt es neben den Vollzeitkräften freie Mitarbeiter, die sich lediglich nach der Deadline zu richten haben. Mütter, die als Teilzeitkräfte arbeiten, können zum Beispiel morgens arbeiten, während die Kinder im Kindergarten sind, und später, vielleicht sogar am Abend, nochmals wiederkommen. »Von den Rechercheuren arbeiten viele auch nachts«, fügt Althaus hinzu.

In den Chor der klagenden Unternehmer, die sich über die Lohnnebenkosten aufregen und den Umzug ins Ausland androhen, wollen die Geschäftsführer von UP2DAY nicht so richtig einstimmen. »Ich denke schon, daß wir in Deutschland ein gutes Sozialsystem haben«, ist Dr. Raymond Wiseman überzeugt. Ein solches System müsse eben auch finanziert werden. Auf der anderen Seite stünden allerdings junge Unternehmen, die erst einmal ihre Finanzen selber bräuchten, um irgendwann später einmal gute Steuerzahler werden zu können. Es müßten Modelle entwickelt werden, die bei den Abgaben die Position und Finanzkraft eines Unternehmens stärker berücksichtigten. Trotz aller Kritik am Standort Deutschland hält Wiseman die hohe Allgemeinbildung des Personals für einen großen Vorteil gegenüber dem Ausland. Eine Verlagerung der Geschäfte in ein anderes Land würde in

ihrem Fall nicht viel Sinn machen; denn die teuren Kräfte erledigten vor allem die kreativen Aufgaben sowie die Kundenbetreuung, und gerade letztere ließe sich nur schwer vom Ausland aus bewältigen.
Trotz aller Herausforderungen wollen die Unternehmer »Mensch bleiben«. Eine 60-Stunden Woche ist genug. »Ohne einen Freizeitausgleich kann ich nicht arbeiten«, beteuert Althaus. Seine Familie sei ihm wichtig, weshalb er sich für sie am Wochenende Zeit nehme. Sie würden eben versuchen, die Arbeit entsprechend einzuteilen. Natürlich gebe es auch Wochen, in denen mehr zu tun sei, allerdings solle das nicht zur Regel werden. »Es macht wenig Sinn, sich hoffnungslos zu überlasten. Besser ist es, einen neuen Arbeitsplatz zu schaffen und die dadurch gewonnene freie Zeit für kreative Aufgaben zu verwenden.«

Stellenangebote für die ganze Welt

Samstagmorgen sind die Lesesäle der Stadtbibliotheken besonders begehrt. Die großen Tageszeitungen veröffentlichen dann seitenweise Stellenanzeigen. Nüchterne Überschriften in nicht zu übersehenden Lettern locken Interessenten zu den Angeboten der Personalberater. Ob mit Notizblock oder leuchtend gelbem Textmarker, die Suche nach dem passenden Arbeitgeber ist mühsam. Jede Woche dasselbe Spiel: Die Tageszeitungen liegen auf dem Tisch und werden nach Stellenrubriken durchforstet. Wehe, jemand war schon früher da und hat die Beilage der *FAZ* weggeschnappt!

Läßt sich das neue Medium Internet für den lukrativen Stellenmarkt nutzen? Dr. Roland Metzger hatte 1995 diese Marktlücke entdeckt und gründete noch im selben Jahr die erfolgreichste Internetstellenbörse in Deutschland: Jobs & Adverts. Der Stellensucher hat hier den Komfort wie bei einer Datenbank; er braucht weder lange Listen noch eine Fülle von Anzeigen durchzublättern. Aber nicht nur das: Es gibt auch die Möglichkeit, sich online zu bewerben. Dadurch wird das Internet selbst zu einem echten Dialogmedium von Unternehmen und Bewerbern, seit 1998 sogar über den deutschsprachigen Raum hinaus. Der Erfolg ist enorm: Etwa 15 000 Stellen sind unter der Internetadresse »job.de« zu finden. Aufgerufen werden die Seiten von Jobs & Adverts 6 Millionen Mal im Monat. Das reicht Dr. Metzger zufolge schon nahe an die Zugriffszahlen von Publikumsmagazinen heran, die im Netz aktiv sind. Durch den Umfang des Angebots mache Jobs & Adverts etwa ein Drittel der Quellen aus, die von der Jobsuchmaschine der *Zeit* genutzt werden. Der »*Zeit*-Robot«, der für eine Suche nach offenen Stellen zur Verfügung steht, ermöglicht zwar eine verknüpfte

Suche anhand von Stichwörtern, aber nicht nach Berufsfeldern und Branchen wie bei JOBS & ADVERTS.

Jobsuche im Internet

Vier Säulen tragen JOBS & ADVERTS – Stellenanzeigen, Stellengesuche, Werbung und Seminarangebote –, wobei die ersten beiden 70 bis 80 Prozent des Umsatzes einbringen. Die zentrale Dienstleistung ist die Aufnahme von Stellenanzeigen der Unternehmen, die in der Regel vier Wochen lang auf der Site im Internet stehen. In der Datenbank von JOBS & ADVERTS kann der Besucher der Homepage mit Hilfe von Kriterien wie Branche, Stichwort und Datum auf Stellensuche gehen und sich die Rosinen aus dem Arbeitsmarktkuchen herauspicken. Schließlich geht seine Bewerbung per E-Mail direkt an die Personalabteilung des Wunscharbeitgebers. In manchen Fällen bietet JOBS & ADVERTS auch Chiffreanzeigen an.
Auch der Bewerber kann aktiv werden und die Initiative für den Kontakt zu einem Unternehmen ergreifen, indem er ein kostenloses Gesuch aufgibt. Ein Formular unterstützt ihn dabei, damit später sinnvolle Recherchen von Firmenseite möglich sind. Ein Personalleiter mag etwa einen Bewerber mit Spezialkenntnissen suchen, die ihn für die zu besetzende Position qualifizieren; außerdem kann er sich über die vom Bewerber angestrebten Tätigkeiten oder dessen Alter informieren. Gerade bei der Suche nach Programmierern kann es wichtig sein, Kenntnisse und Erfahrungen in einer speziellen Programmiersprache abzufragen. Dr. Metzger: »Wir haben festgestellt, daß immer mehr Firmen im Internet nach Personal suchen.« Dadurch liege die Trefferquote recht hoch; jeder Bewerber erhalte im Durchschnitt mindestens eine Antwort auf sein Gesuch. Sobald im Nachrichtenfach des Bewerbers, das JOBS & ADVERTS einrichtet, die Mitteilung eines interessierten Unternehmers vorliegt, geht eine E-Mail an den Bewerber heraus. Die Person bleibt dadurch anonym und kann entscheiden, ob sie auf den Interessenten reagiert. Das Nachrichtenfach funktioniert ähnlich wie eine E-Mail-Adresse: Mit Hilfe eines Passwords lassen sich die unter

der Benutzernummer eingegangenen Nachrichten über das Internet abrufen.
Die Alternative dazu sind auf den Arbeitssuchenden zugeschnittene Stellenanzeigen, die es gleichsam im Abo gibt. Der Stellensuchende gibt sein Profil dauerhaft ein und erhält dadurch automatisch alle Anzeigen, die genau seinen Qualifikationen entsprechen. »Er hat quasi eine persönliche Homepage bei uns«, erklärt Dr. Metzger. Für den Fall, daß ein Bewerber eine technische Stelle im Telekommunikationsbereich sucht, bündelt Jobs & Adverts automatisch die aktuellen Ausschreibungen und sendet sie dem Stellensucher auf elektronischem Wege zu. Wie die anderen Verfahren auch ist dieser »Premium-Service« kostenlos. Ein großer Pluspunkt von Jobs & Adverts ist die Berücksichtigung von Freiberuflern, die nach neuen Projekten suchen. »In unserer Datenbank läßt sich danach auswählen, ob man freiberuflich tätig oder fest angestellt sein will«, erklärt der Geschäftsführer. Das werde nicht separat verkauft, sondern sei Bestandteil des Stellenmarktes. »Man kann Jobs für Berufseinsteiger, Berufserfahrene und Freiberufler sowie Praktikantenstellen suchen.« Für den Freiberufler ist diese Dienstleistung sehr angenehm und fair. Während Agenturen den Bewerber mit knallharten Verträgen binden, geht bei Jobs & Adverts niemand Verpflichtungen ein. Ein Freiberufler kann sich auch weiterhin frei bewegen.
Die dritte Säule von Jobs & Adverts ist die Online-Werbung. Genauso wie Zeitschriften und Zeitungen verkauft das Unternehmen Platz für Anzeigen. Dr. Roland Metzger schätzt das Geschäftsvolumen auf 10 bis 15 Prozent. Meist sind die Anzeigenkäufer auch die Firmen, die mit Jobs & Adverts nach Personal suchen.
Die vierte Säule ist eher Service als Geldquelle. Dank der mehrjährigen Erfahrung in einem jungen Geschäftsfeld bietet Jobs & Adverts ein Seminar mit dem Thema »Erfolgreiche Personalarbeit im Internet« an. In dem eintägigen Seminar lernen die Teilnehmer zunächst das Internet kennen, um dann zu erfahren, welche Möglichkeiten es bietet, Personal zu rekrutieren. Unter anderem setzt es sich mit den verschiedenen Stellenmärkten auseinander, die es mittlerweile im Netz gibt. Ein großer Themenblock betrifft den Umgang mit den E-Mails der Bewerber. Um

nicht von einer Flut von Anfragen erdrückt zu werden, kann eine Personalabteilung mit Hilfe eines Formulars bereits eine automatische Vorauswahl treffen. Darüber hinaus haben die Formulare den Vorteil, daß der Bewerber bestimmte Informationen bereits liefern muß, wodurch die Internetbewerbung für das Unternehmen an Aussagekraft gewinnt. »Für die Unternehmen ist es häufig gar nicht so einfach, die vielen E-Mails zu bewältigen«, meint Dr. Roland Metzger.

Jobsuche international

Im Gründungsjahr von Jobs & Adverts war der Aufbau einer Internetjobbörse noch Pionierleistung in Deutschland. In dem Maße jedoch, wie der Umgang mit dem neuen Medium auf Unternehmensseite an Professionalität gewann, ist ebenfalls die Qualität der Bewerbungen angestiegen. »Es gab ein Problem bei Online-Bewerbungen: Die Kandidaten haben sich sehr lax beworben«, erzählt Dr. Roland Metzger. Einige hätten die Personalleiter geduzt. Das habe sich mittlerweile jedoch geändert. Häufig verursachten auch die Dateien ein Problem, die als Attachment zusammen mit der Bewerbungs-E-Mail verschickt wurden. Dr. Metzger empfiehlt heute, auf dieses Verfahren zu verzichten und alle Informationen direkt in die E-Mail zu packen. Während anfangs hauptsächlich Berufe im EDV-Bereich vermittelt wurden, gehen die Stellenanzeigen und -gesuche heute quer durch alle Branchen. Berufe mit relativ hohen Qualifikationsanforderungen sind jedoch nach wie vor am häufigsten vertreten. »Wir haben natürlich einen hohen Anteil an Bewerbern im Bereich Datenverarbeitung, Telekommunikation und neue Medien«, berichtet Dr. Metzger. Stark vertreten seien aber auch die kaufmännischen Berufe, weniger dagegen das Handwerk oder Berufe in der Produktion vom Schlosser bis zum Dreher. Das hat seinen Grund. Anders als das Arbeitsamt, das einen festgelegten Etat für sein Stellenangebot einsetzt, muß Jobs & Adverts mit dem Stellenmarkt Geld verdienen. »Wir müssen uns am Markt orientieren«, betont der Geschäftsführer. Daher sprechen die ausgeschriebenen Berufe auch eine qualifiziert ausgebildete Schicht an. Dazu gehören unter anderem Sekretärinnen. »Indem Randbereiche hinzukommen, verbreitert sich die Pyramide immer mehr«, führt Dr. Metzger aus. Das gehe Hand in Hand mit der Ausbreitung des Internets. Ende des Jahres 1998 benutzten etwa 12 Millionen Menschen in Deutschland das Internet. Bei einer arbeitenden Bevölkerung von 30 Millionen sei das schon beachtlich. »Damit wird es immer interessanter, neue Berufsgruppen mit den Stellenanzeigen anzusprechen«, meint der Geschäftsführer. Sogar ein Zoodirektor habe bereits über JOBS & ADVERTS nach einer Stelle gesucht.

Der Unternehmensgründer geht davon aus, daß sich auf dem Feld der Online-Stellenbörsen noch einiges tun wird. An der Umsetzung neuer Ideen arbeiten seine Programmierer bereits. Doch Dr. Roland Metzger zögert, seine Geheimnisse preiszugeben. Er will den Markt überraschen. »Die Zukunft liegt in der Bewerbung per Video«, prognostiziert er. Auch die Interviews mit den Bewerbern ließen sich per Videokonferenz durchführen. Insbesondere diesen Service will JOBS & ADVERTS anbieten, sobald das junge Aufsteigerunternehmen im Ausland Fuß gefaßt hat. »Wenn ich einen Bewerber in Asien suche, werde ich ihn nicht nach Deutschland fliegen lassen oder selbst hinfliegen«, begründet Dr. Metzger den Vorteil des Verfahrens. Das würde viel zuviel Zeit in Anspruch nehmen. Statt dessen wird der Kandidat gebeten, zur Teilnahme an einer Videokonferenz die bereits bestehende JOBS & ADVERTS-Niederlassung in Thailand aufzusuchen. Dort sind dann Kamera, Mikrophon und ISDN-Anschluß vorbereitet. Dr. Metzger: »Für ein Prescreening reicht das aus.« Der Personalsuchende könne sich ein ausreichendes Bild von den Kandidaten machen und so zumindest eine Vorauswahl für ein detailliertes Vorstellungsgespräch zu treffen.

JOBS & ADVERTS berät seine Kunden nicht bei der Abfassung von Anzeigentexten für die Personalsuche. Aus dem Personalberatungsgeschäft hält sich das Unternehmen heraus. Dafür bietet es eine exakte Analyse über den Erfolg einer Stellenanzeige. »Im Unterschied zu einer Zeitung können wir feststellen, wieviele Zugriffe es auf eine Anzeige gibt«, erklärt Dr. Metzger. Angenommen, eine Stellenanzeige hat sehr viele Zugriffe erzielt, ohne daß sich jemand beworben hat – in diesem Fall kann JOBS & ADVERTS den Kunden darauf hinweisen, daß vergleichs-

weise mehr Reaktionen zu erwarten gewesen wären. Dieses Feedback kann den Kunden dazu motivieren, die Stellenanzeige zu überarbeiten. Die internationale Ausrichtung der Jobbörse gehört hingegen zu den Unternehmenszielen mit oberster Priorität. »Unser Ziel ist weniger, in der Dienstleistungspalette in die Breite zu gehen, als mit unserem Angebot weltweit tätig zu werden«, erklärt Roland Metzger. Der 44jährige Unternehmer hat viel vor, und die Zentrale von Jobs & Adverts unweit der Finanzmetropole Frankfurt wächst beständig. Jede Woche kommt ein neuer Mitarbeiter hinzu, so daß im November 1998 die angemietete Etage aus allen Nähten platzte. Jeder Raum und jeder Arbeitsplatz waren belegt. Die Tendenz des Marktes ist eindeutig: Firmen wie Bewerber suchen international. Schon 1998 war Jobs & Adverts in Österreich und der Schweiz, aber auch in Bangkok und Virginia, USA tätig. »Es war uns klar, das Asien ein riesiger Wachstumsmarkt sein würde«, begründet Dr. Metzger die Entscheidung, sich nach Osten auszudehnen. »Wir haben eine internationale Arbeitsteilung und übernehmen in Thailand einige Aufgaben für die USA«, erklärt er. Vier von den 14 Mitarbeitern in Bangkok sind für den amerikanischen Markt tätig. Seit Ende 1998 baut Metzger eine Zweigstelle in Frankreich auf, weitere sind geplant. Nachdem der Stein einmal ins Rollen gekommen ist, ist die Internationalisierung von Jobs & Adverts nicht mehr aufzuhalten.
In Deutschland hatte Jobs & Adverts im November 1998 bereits mehr als 70 Mitarbeiter. Personalintensiv sind vor allem die Bereiche Akquise und Anzeigenproduktion. Viele Unternehmen schicken ihre Stellenanzeigen noch per Fax. Aber selbst, wenn sie per E-Mail ankommen, müssen sie noch internetgerecht aufbereitet werden.
Seit Anfang 1999 bietet die Internetstellenbörse deshalb auch ein Autorensystem an, das verschiedene Routinen automatisiert hat und mit dessen Unterstützung die Unternehmen ihre Anzeige direkt ins Netz stellen können. »Wir orientieren uns immer am Markt. Bislang war er in Deutschland allerdings noch nicht reif dafür«, meint Dr. Metzger. In den USA hingegen sei die Nutzung eines Autorensystems schon selbstverständlich und gleich von Anfang an in das Angebot von Jobs & Adverts aufgenommen worden.

Von der zündenden Idee zum funktionierenden Unternehmen

Der Firmensitz von Jobs & Adverts liegt in Oberursel, weil der Gründer dort auch seinen Wohnsitz hat. Das Schöne an einer Internetdienstleistung ist für Dr. Roland Metzger gerade die Unabhängigkeit von einem Standort. »Nur die Nähe zu Frankfurt ist im Zuge der Internationalisierung fast unabdingbar«, ist der Geschäftsführer überzeugt. Vor der Gründung von Jobs & Adverts im August 1995 hatte Dr. Roland Metzger Erfahrungen in einer Unternehmensberatung gesammelt und war in einem Systemhaus für Verlagssysteme tätig gewesen. Er begleitete Projekte und beriet Großkunden, die ihre Unternehmensbereiche mit der Spezialsoftware ausstatten wollten. »1995 begann das Internet in Deutschland gerade populär zu werden«, erinnert sich Dr. Metzger. Nachdem er seine ersten Schritte als Compuserve-Kunde gemacht hatte, war er sofort fasziniert von den Möglichkeiten des weltweiten Netzes. Die zündende Idee zu einem Stellenmarkt kam ihm aber erst bei einem Besuch der Messe »Infobase« in Frankfurt. Ein Aussteller hatte dort ein Mailboxsystem vorgestellt, mit dem er einen Stellenmarkt aufgebaut hatte. »Das ist es«, dachte sich Dr. Metzger. Eine Weile zögerte er noch; denn der Schritt von einer gut bezahlten Position in die Selbständigkeit wollte gut überlegt sein. Doch mit der Unternehmensidee schien er genau richtig zu liegen. In der Branche, in der er bis zu diesem Zeitpunkt tätig war, sah er hingegen kaum noch Wachstumsmöglichkeiten. »Ich habe mich immer sehr für die Kunden engagiert«, erinnert sich der Geschäftsmann. Doch irgendwann setzte sich in seinem Kopf die Frage fest: Warum immer für andere? Roland Metzger wollte beweisen, daß er auch selbst ein Unternehmen aufbauen konnte, anstatt immer nur andere zu beraten. Nach der Messe im April 1995 setzte sich der studierte Mathematiker und Betriebswirt zunächst an einen Businessplan, den er nur wenige Monate nach der Unternehmensgründung allerdings gründlich revidieren mußte. Seine kaufmännische Erfahrung riet ihm, erst einmal sparsam vorzugehen. So ließ er die Software für Jobs & Adverts von Freiberuflern entwickeln, während er selbst das Konzept und die Funktionalitäten erstellte. Nach dem Unternehmensstart unterstützte ihn ein Vertriebsmitarbeiter. Ende des Jahres kam ein Student hinzu, der Verwaltungsarbeiten und die Telefonakquise übernahm. »Am Anfang hat jeder alles gemacht«, erinnert sich der Gründer. Auch er selbst sei im Vertrieb tätig gewesen, um seine Idee Wirklichkeit werden zu lassen. Im zweiten Jahr gab es bereits 16 Mitarbeiter, doch der große Durchbruch kam 1997. Zu dieser Zeit war das Internet bereits so weit etabliert, daß Fernsehsender damit begannen, Web-Adressen einzublenden.

Viel Startkapital benötigte Dr. Roland Metzger für Jobs & Adverts nicht. Nach einem halben Jahr hatte er bereits die laufenden Kosten gedeckt. Lediglich kurz nach Unternehmensgründung habe es eine Krise gegeben. Dr. Metzger: »Ich dachte damals, daß ich nochmals Geld in das Unternehmen stecken müßte. Doch dann ging es plötzlich weiter.« Für die Internettechnik hatte der Gründer einen günstigen Provider als Partner gefunden, der nur wenige Monate vor Jobs & Adverts angefangen hatte. Über den Netzknoten von Nacamar läuft die Stellenbörse bis heute. Die Atmosphäre bei der Zusammenarbeit sei von Pioniergeist geprägt gewesen. »Die Dienstbesprechung fand bei mir zu Hause auf der Terrasse statt. Ich hatte den Geschäftsführer eingeladen«, erzählt der Unternehmer vergnügt. Zu derart günstigen Konditionen wie damals könnte er heute keine eigene Internetdienstleistung mehr aufbauen. Dasselbe galt für die Mitarbeiter, die keine überzogenen Gehaltsvorstellungen hatten, sondern einfach von der Idee begeistert waren. »Auch heute noch suche ich mir Leute, die nicht in erster Linie Geld verdienen wollen, sondern die Sache toll finden und darin eine Zukunft sehen. Alles weitere wird sich entwickeln«, meint der Unternehmer mit Unschuldsmiene. Das habe nichts mit Ausbeutung zu tun. Wenn das Unternehmen wächst, steigen auch die Gehälter dementsprechend. Damit erklärt er sich die außerordentlich geringe personelle Fluktuation in der Firma.

Bis zum gegenwärtigen Erfolg war für ihn und sein Team allerdings ein arbeitsreicher Weg zurückzulegen. »Wir haben schon ziemlich gekämpft«, resümiert der Geschäftsführer. Jeder habe gerade soviel verdient, um sich über Wasser halten und die laufenden Kosten decken zu können. Neue Ideen tauchten erst während des Aufbaus von Jobs & Adverts auf, so daß jede Menge Personal ausgesucht und eingearbeitet werden mußte. Diese Aufgaben nehmen den Unternehmer nach wie vor stark in Anspruch; der Aufbau eines weltweiten Netzwerkes ist außerdem hinzugekommen. »Da kommt man nie zur Ruhe. Ich gehe genauso an den Rand meiner Kräfte wie vor drei Jahren«, gibt Dr. Metzger zu. 70 bis 80 Stunden pro Woche zu arbeiten, ist für ihn ganz normal. Zwar haben am Wochenende die Familie und sein vierjähriger Sohn Vorrang, abends jedoch sitzt Dr. Metzger wieder am Schreibtisch. Die leitenden Mitarbeiter der Firma folgen dem Verhalten ihres Chefs. Manchmal stecke hinter der großen Energie, die das Team aufbringe, vor allem die Angst, daß ein starker Konkurrent mit viel Kapital kommt, etwa ein Zeitungsverlag. »Wir mußten immer fürchten, daß ein Großer kommt und uns wegpustet. Und dann kam der erste und versuchte es, ohne daß etwas passierte«, erinnert sich der Geschäftsführer. Die Zeitschrift *Computerwoche* hatte damit begonnen, einen eigenen Stellenmarkt im Netz anzubieten. Es folgten *Business Channel*, die *Süddeutsche Zeitung* und *Die Zeit*. »Das läßt mich inzwischen alles kalt«, macht sich der Unternehmer Mut. Nach drei Jahren habe JOBS & ADVERTS schon eine derart gefestigte Basis bei den Firmen, daß diese gar nicht mehr an dem Angebot vorbeikämen. Der Unternehmensname sei mittlerweile zu einer Marke geworden, die Mitbewerbern einen Verdrängungswettbewerb schwer mache.

Imagegewinn durch Innovation

Die ersten Kunden angelte sich das frisch gegründete Unternehmen 1995 mit einer ganz klassischen Maßnahme: Viele Telefonanrufe, Faxe und Briefe versuchten die Firmen von der neuen Dienstleistung zu überzeugen. Zum Teil mußte nachgehakt werden. »Die Presse hat auch ihren Teil dazu beigetragen, daß wir bekannt wurden«, berichtet Dr. Metzger. Das Thema Jobsuche im Internet war innovativ und hatte daher die Medien gereizt. JOBS & ADVERTS belieferte die Journalisten mit der entsprechenden Information. »Ich habe immer darauf geachtet, daß man mit den Presseinformationen auch wirklich etwas anfangen konnte«, betont er. Das positive Image habe beim Vorankommen geholfen. Mehr als ein Jahr verstrich, bis Jobs & Adverts schließlich Werbung in den Printmedien und im Hörfunk schaltete. Vorher liefen lediglich einige Online-Banner. Bei Tageszeitungen gab es Probleme bei der Anzeigenschaltung, weil sie ihren Konkurrenten nicht ins Blatt nehmen wollen.

Große Hoffnungen setzt Dr. Metzger in die Internationalisierung von Jobs & Adverts. »Die hat gerade erst begonnen«, bemerkt der Geschäftsführer. Mit diesem Schritt könne das Unternehmen erst richtig wachsen, auch wenn zu erwarten sei, daß es viele Nachahmer gebe. Das sei der Nachteil des Internets. »Es ist schon recht bitter zu sehen, wie wir abgekupfert werden. Das ist das Spiel im Internet. Aber wer ein halbes Jahr später kommt, hat Marketingkosten«, meint Dr. Metzger. Der Innovationsdruck ist entsprechend hoch. Auch die Kunden erwarten von Jobs & Adverts immer neue Ideen und Features. Dr. Metzger: »Unser Antrieb besteht darin, den Mitbewerbern immer einen Schritt voraus zu sein. Ziel ist es, nicht nur in Deutschland, sondern auch in Europa und dann weltweit die Führungsrolle einzunehmen.« Jobs & Adverts brauche sich selbst vor den Jobbörsen in den USA nicht zu verstecken. Nutzen zieht der hessische Internetdienstleister aus den ausländischen Niederlassungen, von denen neue Ideen und andere Sichtweisen kommen. Schon in Österreich gebe es eine ganz andere Bewerbungskultur. Dort bewerben sich alle Kandidaten mit einem Anschreiben und einem einseitigen Lebenslauf ohne Zeugnisse oder andere Unterlagen. »In den USA schicken die Kandidaten ihre Bewerbung ohne Anschreiben«, berichtet Dr. Metzger. Statt dessen würden Serienmailings verschickt, die immer ähnlich aufgebaut seien. Es gibt Internetadressen, auf denen die Besucher die gewünschten Stellenmärkte und Positionen ankreuzen können; die Bewerbungen werden dann an die inserierenden Firmen verteilt. »In Thailand zum Beispiel schreiben die Bewerber auch, wie groß sie sind und wieviel sie wiegen«, plaudert Dr. Metzger aus dem Nähkästchen.

Das Wachstum eines Unternehmens ist ein motivierendes Erfolgsmerkmal. Ein Indiz dafür ist die steigende Mitarbeiterzahl. Doch das bedeutet früher oder später auch eine neue Organisation, die nicht mehr die eines Pionierteams sein kann. »Wir sind wahrscheinlich jetzt in einer

Phase, in der wir uns überlegen müssen, die Strukturen mehr zu formalisieren«, meint der Geschäftsführer. Ein Freund des Abteilungsdenken sei er jedoch nicht. Der Umzug in ein neues Firmengebäude Ende 1998 bot eine gute Gelegenheit, Strukturen zu reformieren und der Größe des Unternehmens anzupassen. Der Mitarbeiter muß wissen, an wen er sich wendet, wenn er ein Problem hat. Dafür sind definierte Aufgaben und Arbeitsbereiche sinnvoll, ohne dabei das Entstehen von Scheuklappen zu fördern. »Im Moment herrscht bei mir folgender Prozeß vor: Immer mehr Aufgaben, die ich zunächst selber übernommen habe, gebe ich weiter«, berichtet Dr. Metzger. Vor kurzem gab er beispielsweise die PR-Arbeit, aber auch die Ausfertigung von Arbeitsverträgen ab.

Der Umgang mit dem Personal, das er Schritt für Schritt in die Selbstverantwortung führt, fällt dem Unternehmer nicht schwer. Bereits während seiner vorigen Tätigkeit hatte er rund 60 Mitarbeiter führen müssen. Seine jetzige Rolle als Unternehmer unterscheide sich in diesem Punkt nicht wesentlich von seiner vormaligen als Abteilungsleiter. »Ich habe den Vorteil, die strategischen Seite genauer zu kennen, weil ich in einer Unternehmensberatung tätig war und Erfahrung im Umgang mit Personal gesammelt habe«, fügt Dr. Metzger hinzu. Er habe einen anderen Weg genommen als der kleine Gründer, dem das Ganze bald über den Kopf zu wachsen drohe. So traut sich Dr. Metzger auch zu, später einmal die Rolle des Geschäftsführers mit der eines Vorstandsvorsitzenden zu vertauschen. Die Umwandlung des Unternehmens in eine Aktiengesellschaft hat er bereits eingeplant. Das sei in erster Linie eine Imagefrage, aber auch eine Vorbereitung auf den Börsengang.

Den Vorteil der Unternehmertätigkeit sieht der Gründer in der Auswahl des Personals. Als Angestellter war er auf eine bestehende Belegschaft angewiesen. Bei JOBS & ADVERTS konnte er ganz neu anfangen und Teams nach seinen Vorstellungen zusammenstellen. »In der alten Firma hatte ich solche Entfaltungsmöglichkeiten nicht. Ich hätte gerne Dinge aufgebaut, ohne Angst haben zu müssen, daß sie bereits vor Beginn gestoppt werden«, erzählt Dr. Metzger. Mit den von ihm ausgewählten Mitarbeitern wollte er nach dem Start eine Firmenkultur aufbauen, in der Informationen frei fließen und offen und ohne Mobbing miteinander geredet wird. Das interessante Aufgabengebiet würde die Entwicklung eines solchen Klimas begünstigen. Einmal im Monat kommen alle Mitarbeiter zur »Happy Hour« zusammen, es gibt belegte Brötchen und Sekt. Das Durchschnittsalter der Mitarbeiter liegt bei 30 Jahren. »Ich würde grundsätzlich keinen ins Unternehmen hineinnehmen, der älter als 38 ist«, betont Dr. Roland Metzger. Es komme jedoch immer auch auf die Art der Wirkung des Einzelnen an. »Der Unternehmer braucht Leute, die sich noch entwickeln wollen.« Ein 40jähriger habe bereits eine Vergangenheit. »Wenn er es bis dahin nicht geschafft hat, sich zu entwickeln, ist er nicht der richtige Mann.«

Faszinieren mit dem Charme der virtuellen Kira Day

Ein richtiges Energiebündel ist sie. Aufgeregt gestikulierend führt sie durch die kurze Gameshow, unterstreicht mit den Händen ihre Fragen an die Kandidaten und kündigt die nächsten Spots an. Die junge Moderatorin mit den kurzen schwarzen Haaren steht noch am Anfang ihrer Karriere, aber bei SAT 1 hat sie keinen schlechten Start hingelegt. Kira Day könnte es einmal weit bringen, vielleicht sogar zu einem echten Star. Zwar kann sie hinter den Kulissen manchmal recht kompliziert sein, wenn an einer Szene gefeilt wird. Doch Übung macht den Meister. Außerdem ist Kira ausdauernd. Schließlich ist sie keine Moderatorin wie jede andere; denn Kira Day ist eine Cyberfrau, ihre Wohnung ein Silicon Graphics Computer, ein superschneller Rechner, den die TEVOX GMBH für ihre *virtual characters* einsetzt. Das kleine Kölner Unternehmen hat eine Marktnische entdeckt, die ihm niemand in Deutschland so schnell streitig machen wird. So wie mittlerweile auch Prototypen für Gebäude und Autos auf leistungsfähigen Rechnern entworfen werden, programmierte das TEVOX-Team Kira Day, die zunächst wie ein virtuelles Drahtgeflecht aussah und dann eine Hülle verpaßt bekam, von der Frisur über die Augenfarbe bis hin zur Kleidung.
Doch zu einem virtuellen Charakter gehört mehr. Die Person muß leben, sich bewegen und reden können. Die Aufnahmen im Studio sind für einen Außenstehenden abenteuerlich. Vor einer Batterie von Monitoren und Bedienpulten sitzt das Team, ein Programmierer am Computer, eine Cutterin am Schnittplatz. Zur vorproduzierten Gameshow fehlt nur noch Kira Day, deren Stimme auf dem Video schon zu hören ist. Mit dabei sind die beiden Personen, die Kira Leben einhauchen. Einer der beiden Animateure starrt, zwei riesige Handschuhe an den

Händen, konzentriert auf einen separaten Bildschirm. Jede kleine Fingerbewegung muß haargenau sitzen; denn dadurch werden die Mundbewegungen von Kira Day gesteuert. Und das Auge des Fernsehzuschauers ist anspruchsvoll. Ein anderer Mitarbeiter des Teams steht wie ein Cyberritter im Raum. Sein ganzer Körper scheint verkabelt zu sein. Arme, Hände und Rumpf stecken in einem Geflecht aus Technik, das alle Bewegungen des Animateurs registriert und an einen Computer weiterleitet. Sogar auf dem Kopf trägt er eine Art Helm. Schließlich soll später im Fernsehen alles so echt wie möglich aussehen. Der Unternehmensgründer, Dr. Stefan Lichter, führt persönlich Regie. Unruhig geht er auf und ab, achtet kritisch auf jede Bewegung und gibt den Animateuren Anweisungen, was als nächstes zu sehen sein soll. Hin und wieder klingelt sein Handy. Auch das Management der Firma verlangt den ganzen Einsatz ihres Gründers.

Vision vom virtuellen Star

Die TEVOX GMBH kann einen breiten Erfahrungshorizont vorweisen. Dennoch konzentriert sich der Geschäftsführer mit seinem Team auf ein ganz spezielles Marktsegment. »TEVOX hat sich auf virtuelle Charaktere spezialisiert«, erklärt Dr. Stefan Lichter. Mittels Computeranimation wolle er Stars erschaffen. Bis zur Realisierung dieser Vision war es ein langer Weg. Stefan Lichters Doktortitel rührt von seinem Medizinstudium her. Der frisch examinierte Arzt wollte am liebsten eine Medizinshow im Fernsehen machen. Aber weder Sendeplatz noch Geld noch Interesse waren dafür vorhanden. Schon während des Studiums hatte Lichter darüber nachgedacht. »Immer wenn ich erzählt habe, was ich im Studium gelernt habe, fanden das alle hochinteressant«, erinnert sich der heutige Unternehmer. Aus dieser Erfahrung müsse doch etwas zu machen sein, folgerte er zu dieser Zeit. Während in Magazinen wie selbstverständlich Medizinseiten zu finden sind, übt das Fernsehen in diesem Bereich unverständlicherweise Zurückhaltung.
Sein Wunsch, in die Medien zu gehen, führte Dr. Stefan Lichter schließlich zur Gameshow *Mensch Meier* von Alfred Biolek, an der er von

1985 bis 1991 als freier Autor mitarbeitete. Als Spiele mit wissenschaftlichem Hintergrund gebraucht wurden, sah der studierte Mediziner seine Chance. »Damals hat die Möglichkeit gefehlt, schnell Computergrafiken erstellen zu lassen«, berichtet Dr. Lichter. Mitte der 80er Jahre hieß es, das sei nicht möglich, schon gar nicht für Live-Sendungen. Das gab dem freien Mitarbeiter den Anstoß, 1988 die TEVOX GMBH zu gründen. Anfangs habe das Jungunternehmen nichts anderes gemacht, als dem Bedarf nach fernsehtauglichen Grafiken nachzukommen. Beispielsweise galt es, die Punktezahl der Kandidaten während einer Gameshow anzuzeigen. Die eingesetzte Technik mußte kurzfristige Änderungen zulassen. Ein gutes Geschäft.

Eine Ausbildung für die Arbeit am Computer brachte der Unternehmensgründer nicht mit. Die nötige Kompetenz lieferte der praktische Umgang mit dem digitalen Tool: *learning by doing*. Für Programmierarbeiten holte er sich Verstärkung. Studiengänge, die auf die Arbeit in den Medien vorbereiteten, wurden damals noch nicht angeboten. »Das ist heute noch nicht viel anders«, urteilt Dr. Lichter. Zwar gebe es verschiedene Lehrberufe, die zum Beispiel dazu befähigten, eine Kamera zu führen, aber was Entertainment sei, könne man auf keiner Universität lernen. Dazu gehöre Verhaltenspsychologie und Erfahrung im Umgang mit Zielgruppen. All das, was für einen Werbekaufmann selbstverständlich ist, sei manchem Fernsehproduzenten noch unbekannt. »Die Kenntnis des Marktes und seiner Käufer ist erschreckend gering«, meint der TEVOX-Geschäftsführer. Größtenteils würden Sendungen nach dem Geschmack des Produzenten gemacht. Dr. Stefan Lichter ist sich sicher, daß sich das ändern wird, und arbeitet deshalb heute schon zielgruppenorientiert. »Das, was wir produzieren, muß ein Fernsehzuschauer gucken, nicht wir«, führt der kalkulierende Unternehmer aus. Kira Day etwa ist für ein Publikum geschaffen, das kurz nach 19 Uhr vor dem Fernseher sitzt. Hätte sie in einem Late-Night-Programm aufzutreten, müßte sie völlig anders aussehen.

Trotz guter Arbeit wurde es durch die zunehmende Zahl der Dienstleister mit der Zeit eng auf dem gewählten Marktsegment. Also mußte eine neue Idee, eine Innovation, her, um sich von den Mitbewerbern zu unterscheiden. »Bei allen Computergrafiken, die damals auf dem

Markt waren, ist mir immer aufgefallen, daß sie eigentlich leer waren«, berichtet der heute 41jährige Unternehmer. Gut seien sie nur dann gewesen, wenn es sich um eine Architektur oder einen leeren Raum handelte. Menschen oder Tiere waren in diesen virtuellen Landschaften nicht anzutreffen. In einem Film ist Dr. Lichter das viel zu langweilig. »Wenn der Computer erst einmal an dem Punkt ist, an dem sich heute der Film befindet, dann wird das Lebendige zum Kern des Bildinhalts«, sagte sich der Unternehmer und beantwortete sich damit die Frage nach der zukunftssichernden Dienstleistung von TEVOX bereits selbst. So kam es zum Geschäft mit virtuellen Charakteren. Andere Computeranimateure sind für Dr. Lichter wie Bühnenbildner, die eine Kulisse liefern. TEVOX liefert die Schauspieler und Stars. Das können menschenähnliche Figuren sein, aber auch Phantasietiere und »lebende« Cartoons. In dieser Spezialisierung und in kurzen Produktionszeiten sieht Dr. Lichter das Erfolgsgeheimnis seines Unternehmens.

Hurra Deutschland

Die Computeranimation ist nicht das einzige unternehmerische Abenteuer von Dr. Stefan Lichter. Zeitgleich mit der Tevox GmbH gründete er die GUM Studios, die »Gesellschaft für Unterhaltung und moderne Medien GmbH«. GUM ist mit ihren unvergleichlichen Puppen für die Sendung *Hurra Deutschland* bekannt geworden. Der millionenschwere Auftrag legte auch die Basis für die Unternehmensgründung; ohne eine offizielle Produktionsfirma hätte Lichter den Auftrag aber auch nie bekommen. Die handwerklich-künstlerische Fähigkeit, um in das Geschäft einzusteigen, brachte Lichtners Frau mit, die Bildhauerin ist. Bis heute ist Ute Krafft für diesen Part zuständig. Unzählige Puppen sind von ihr kreiert worden. Rund 200 Köpfe sind in den eigenen Studios eingelagert: alles, was Rang und Namen hat, angefangen bei der alten Garde der Polit-Promis bis hin zu Claudia Schiffer mit eingebauter Mechanik für den Augenaufschlag. Fein säuberlich sind die Kartons mit den Latexköpfen beschriftet: Hans Albers, dort drüben Rudi Carrell. Es riecht nach Farbe in den großzügigen Räumen. Gußformen lie-

gen in einer Ecke bereit, ein Stapel Hände wartet auf geschickte Puppenspieler. Und wo Schauspieler sind, gibt es auch eine Garderobe. Selbst Gummipuppen brauchen eine. Ein ganzes Arsenal von Anzügen und Kostümen befindet sich in einem Extraraum inklusive Nähmaschine und Bügelbrett. In den GUM Studios wird alles selbst gemacht.
Auf die Idee, mit Puppen zu arbeiten, brachte Dr. Stefan Lichter der englische Produzent von *Splitting Image*, den er zweimal zu der Sendung *Mensch Meier* eingeladen hatte. Dieser brachte speziell für die Sendung gefertigte Puppen mit, die Helmut Kohl und Willy Brandt darstellten. Das führt beim WDR zu der Überlegung, etwas Ähnliches zu versuchen. Doch es kamen Zweifel auf: Der deutsche Humor sei anders als der englische. Alfred Biolek und Stefan Lichters Bruder Andreas, der die Show produzierte, teilten diese Meinung jedoch nicht. Sie wagten das Risiko, die Puppen für Deutschland tanzen zu lassen. So stiegen alle drei in das Unternehmen ein: Biolek und die beiden Brüder Lichter. Ersterer gab das Geld für einen Pilotfilm, den Stefan Lichter mit einer simplen Homevideokamera auf VHS-System drehte. Trotz schlechter technischer Qualität legte er das Band dem WDR vor. »Von da an ging es bergauf«, erzählt Dr. Lichter. Ein Etat wurde errechnet und eine erste halbstündige Sendung produziert, in der »Franz-Josef Strauß« die Hauptrolle spielte. Besonders erfolgreich war sie bei allem Enthusiasmus jedoch nicht. Genau zu dieser Zeit starb der wirkliche CSU-Mann, und die Sendung platzte. So wurde aus einem halbstündigen Format ein viertelstündiges: *Hurra Deutschland* war geboren. Nach dem Projekt sollte die Firma wieder aufgelöst werden. Alfred Biolek und Andreas Lichter zogen sich als Gesellschafter zurück, nicht aber Dr. Stefan Lichter. Die Geschäftsidee schien ihm nach wie vor interessant.
Am Anfang gingen die GUM und die TEVOX GMBH noch getrennte Wege. Mittlerweile sitzen beide in derselben Halle und profitieren gegenseitig vom jeweils vorhandenen Know-how. Eine EG-Förderung soll die Synergien aus dem Zusammenspiel beider Unternehmen noch zusätzlich beflügeln. »In der GUM gibt es Kenntnisse darüber, wie man virtuelle Charaktere bedient«, begründet der doppelte Geschäftsführer die Zusammenarbeit. Die Gummipuppen seien erst einmal nur ein Haufen schnöder Gummi, den man so in Szene setzen müsse, daß der

Zuschauer die Puppe liebgewinnen könne. Das Wissen, wie man diesen Effekt erzielt, will Dr. Lichter nun auch für TEVOX stärker nutzen, weil dort zur Zeit in erster Linie Techniker sitzen.

Erfolg durch Risikobereitschaft

Zweifellos hat sich Dr. Stefan Lichter mit der Führung von zwei Unternehmen auch eine doppelte Verantwortung aufgebürdet. Ein großer Vorteil ergab sich daraus jedoch für die Kapitalbeschaffung. »Es ist ein günstiger Umstand, zwei Firmen zu haben, die sich je nach Auftragslage gegenseitig aushelfen können«, erklärt der zweifache Unternehmer. In der Anfangsphase war der WDR-Auftrag das Faustpfand der GUM, mit dem sie TEVOX unter die Arme greifen konnte. Zwar bedeutete das nicht sofort klingelnde Kassen, doch mit der Bürgschaft öffneten sich die Türen bei den Banken. Für TEVOX hatte Dr. Stefan Lichter einen anderen Trumpf in der Hand. Da er für Alfred Biolek noch als freier Autor schrieb, wußte er, welche Grafiken für die Spiele gebraucht wurden, und konnte seinem Unternehmen eine sichere Auftragslage verschaffen. Zu der Frage, wie groß der Baikalsee sei, dachte sich Lichter beispielsweise folgendes aus: Sein Team erstellte per Computer eine Deutschlandkarte und dazu einen Grundriß des Sees. Die Kandidaten mußten diesen Grundriß so vergrößern oder verkleinern, daß der Maßstab mit dem der Deutschlandkarte übereinstimmte. Zugleich wertete der Computer aus, wie nah die Kandidaten der richtigen Antwort kamen.

Dem unternehmerischen Mut ihres Gründers hat es TEVOX zu verdanken, daß man rechtzeitig den finanzkräftigen Kunden Philip Morris für sich gewinnen konnte, der nach Firmen suchte, die seine abenteuerlichen Kampagnenideen umsetzen konnten: Ein Roboter sollte gebaut werden, der an Kneipeneingängen sitzt, gut aussieht und die Gäste mit folgenden Worten begrüßt: »Guten Tag, haben Sie heute schon eine Philip Morris geraucht?« Trotz technischen Neulands wollte Philip Morris eine verbindliche Zusage. Dr. Lichter zögerte nicht lange und sagte zu. 45 000 Mark würde der Spaß kosten. Einen Liefertermin nannte er obendrein. »Das war absoluter Wahnsinn. Aber wir haben es auch geschafft«, berichtet der Geschäftsführer. Philip Morris habe damals nach Firmen gesucht, die sich verbindlich auf den Auftrag einließen. Die Konkurrenten nannten entweder astronomische Summen oder wollten keinen erfolgreichen Projektabschluß garantieren. Den eigenen Finanzbedarf deckte die TEVOX mit einem Vorschuß von 50 Prozent. Auch Verträge über Videospiele wurden auf diese Weise mit Philip Morris gemacht. Für TEVOX blieb die Vorgehensweise typisch: Das Unternehmen hat sich immer mit Prototypen beschäftigt und Dinge realisiert, die es vorher noch nicht gab.

Um den Anforderungen gerecht zu werden, brauchte TEVOX Spitzenkräfte, die sich im Programmieren bestens auskannten. »Ich habe mir freie Mitarbeiter gesucht und mußte dafür in die Programmiererszene abtauchen«, erinnert sich Stefan Lichter. So traf er auf Leute, die praktisch nur des Nachts lebten, wenn sie vor ihrem Computer saßen. »Ich habe wirklich mit Leuten gearbeitet, die mir nicht ins Gesicht geguckt haben, sondern die ganze Zeit auf ihren Monitor schauten«, lacht der Unternehmer. Anders als heute gab es in den Anfängen von TEVOX noch eine echte Hackerszene. Die Hauptsache war, es funktionierte. Mittlerweile arbeiten vier Festangestellte und ein Pool von freien Mitarbeitern für TEVOX. Auch jungem Nachwuchs gibt Dr. Lichter durch ein Praktikum eine Chance. »Die müssen mir aber sagen, daß sie wirklich Character-Animation machen wollen«, betont der Unternehmer. Die verwendete Technik war nie das Wichtigste bei TEVOX. Angefangen hat sein Team sogar mit einem Amiga-Computer. Der Gründer selbst beschränkt sich bis heute auf die kreativen Aufgaben. Dafür braucht er lediglich zu wissen, was sich mit Hilfe des Computers verwirklichen läßt und wieviel Zeit dazu notwendig ist.

Character-Animation

Von Lehrbuchweisheiten, etwa einem Businessplan, hält Dr. Stefan Lichter nicht viel. Jedenfalls paßte diese Methode nicht zu seiner Unternehmung. »Ich habe zwar einen Steuerberater, der mir das immer nahegelegt hat. Aber an den Umsatzsprüngen, die wir gemacht haben, hat er erkannt, daß eine solche Planung wenig Sinn macht«, erläutert der Geschäftsmann seinen Standpunkt. Mal habe er auf einen Schlag 120 000 Mark verdient, dann auch mal zwei Monate nichts. »Das ist bis heute so«, ergänzt der Unternehmer. Drei Monate sei das Geschäft schwach gewesen und plötzlich produziere TEVOX zwei virtuelle Charaktere gleichzeitig und ist außerdem mit aufwendigen Produktpräsentationen für Unternehmen im Veranstaltungsgeschäft aktiv. »Computeranimation ist ein sehr kurzfristiges, labiles Geschäft«, faßt Dr. Lichter zusammen und scheint damit keine Probleme zu haben. »Viele Kunden haben Schwierigkeiten, das Produkt zu verstehen, und mangelnde Budgets drohen Projekte in den Verhandlungen zu kippen.« Darüber hinaus gebe es viel zu hohe Erwartungen an die virtuellen Charaktere. »Es gab im Fernsehen bestimmt ein Dutzend von virtuellen Charakteren, die wieder gestoppt wurden, weil man sich nicht darüber im Klaren war, was sie leisten können«, diagnostiziert Dr. Lichter. Man glaubte, allein ihr Vorhandensein reiche aus, um virtuelle Charaktere attraktiv zu machen. »Das konnte ich schon immer widerlegen«, meint der Produzent, der diesbezügliche Erfahrungen mit GUM sammeln konnte. Eine interessante Puppe ziehe etwa fünf Sekunden die Aufmerksamkeit auf sich, dann aber müsse irgend etwas Lustiges passieren. Dasselbe gelte für eine virtuelle Figur, die nicht länger fasziniere, als bis der Zuschauer begriffen habe, wie sie funktioniert. Soll sie sich hingegen einprägen, braucht sie eine Seele. Das beste Beispiel sei Kermit aus der *Muppetshow*. Die einfache Puppe kann weder mit den Augen zwinkern noch die Hände bewegen. Und doch ist sie eine der berühmtesten Puppen, weil sie so genial gespielt sei, daß man die Figur liebgewinnt. Lichter: »Darauf kommt es an. Aber das wird durchgehend falsch gesehen.« Häufig werde zuerst nach technischen Features gefragt. Viel wichtiger aber sei das Team hinter der Figur, das ihr eine Biographie und eine eigene Meinung verleihe. Das läßt sich etwa daran erkennen, ob der virtuelle Charakter, unabhängig davon, was er sagt, Gefühle zeigt. »Schön habt ihr's hier«, mag er sagen und genau das Gegenteil davon mimisch zum Ausdruck bringen. Wie bei echten Schauspielern sind die »Subtexte« wichtig, die Ausdrucksstärke zwi-

schen den Worten. Aus diesem Grund greifen GUM und TEVOX auch auf Schauspieler, Tänzer und professionelle Sprecher zurück, um die Figuren zum Leben zu erwecken. Dr. Lichter weiß, daß die *virtual characters* das Publikum faszinieren. »Das Künstliche hat schon immer eine große Anziehungskraft gehabt; denken Sie an *Metropolis*«, begründet der Geschäftsführer. Der Reiz des Neuen ist allerdings bereits verflogen, vor allem, seitdem das Thema *virtual characters* von der Presse abgefeiert wurde. Für TEVOX beginnt jetzt die eigentliche Arbeit. Die vielen Spekulationen und Ankündigungen wollen verwirklicht werden.
Bevor die *virtual characters* das Publikum erreichen können, müssen die Fernsehanstalten gewonnen werden. Wie jeder Unternehmer stand auch Dr. Stefan Lichter vor der Aufgabe, einen Kundenkreis aufzubauen. Er wählte dazu einen kleinen Umweg, der sich lohnen sollte. »Ich habe zu den Leuten Kontakt aufgenommen, die diesen Kundenzugang hatten«, erklärt der Unternehmer seine Strategie. Früh sei ihm bewußt gewesen, daß er an die Werbeleiter herankommen mußte, um seine Dienstleistung zu verkaufen. Der Hinweis auf die Tätigkeit für das Fernsehen hat dabei geholfen. Lichter: »Man sollte immer sagen, daß man jung, flexibel und risikobereit ist. Alles, was man an Renommee aufweisen kann, sollte man auch auf die eigenen Fahnen schreiben.« Die Chancen erhöhten sich, wenn man einen Branchenkundigen im Schlepptau habe. Wer im Fernsehbereich einen Regisseur mitbringe, der bereits einen Namen hat, habe das Projekt bereits so gut wie verkauft. Das beeindrucke. Dr. Lichter empfiehlt jungen Unternehmern, sich einen Mentor zu suchen, der die erste Geschäftsphase begleitet.

Konsequenter Ausbau der Nischenposition

Anfänglich hatte die TEVOX GMBH aber noch eine zweite Hürde zu überwinden; denn es erwies sich als schwierig, den Kunden überhaupt zu erklären, was *virtual characters* sind und was sie können. Oft trifft Dr. Lichter auf eine Mischung verschiedener Ansichten, die ein Kunde mit diesem Thema verbindet und die auf die Presse oder das Kino zurückgehen. »Dinge, die er im Kino gesehen hat, will der Kunde dann auch von TEVOX realisiert haben«, weiß Lichter. Das führe dann öfter zu Enttäuschungen. Anfragen etwa, ob TEVOX nicht eine Figur in den Raum holographieren könne, müsse er negativ beantworten. Der Erklärungsbedarf sei groß. Dabei bleibt der Unternehmer zurückhaltend und weist kaum darauf hin, wie aufwendig die Technik ist. »Es ist nicht immer günstig, das zuzugeben«, weiß Dr. Lichter aus Erfahrung. Auch er habe am Anfang darauf verwiesen, wie kompliziert das alles sei und dadurch Kunden verloren. Heute reagiert er anders. In einem Fall fragte die Firma Epson an, ob Tevox einen Drucker als *virtual character* zum Sprechen bringen könne. »Kein Problem. Das Thema ist zwar hochkomplex, aber wir machen das schon lange«, lautete die Antwort von TEVOX. So etwas hat natürlich seinen Preis, der mit der Garantie, den Auftrag fristgerecht zu erfüllen, gerechtfertigt werden kann.

Was im Rückblick wie eine Erfolgsgeschichte aussieht, gestaltete sich in den ersten fünf Jahren in Wirklichkeit als Auf und Ab. Das TEVOX-Team hatte anfänglich mehr nach dem Spaßprinzip gearbeitet und dadurch eine schwankende Auftragslage zu verzeichnen. Anstatt einige bereits fertiggestellte Produkte – beispielsweise eines der Videospiele, die TEVOX entwickelte – konsequent weiterzuvermarkten, suchte das junge Team immer wieder nach neuen Herausforderungen, bei denen es gewissermaßen von Null anfangen mußte. Erst in den letzten drei Jahren gelang es, das Thema Character-Animation konsequent auszubauen. Dafür baute man u. a. eine Bibliothek mit den einzelnen Elementen auf, aus denen die digitalen Figuren zusammengesetzt sind. Darüber hinaus wächst der Bekanntheitsgrad. »Man muß ja den Namen einer Firma aus verschiedenen Ecken gehört haben, bis er an Wert gewinnt«, ist Dr. Stefan Lichter überzeugt. Ein Indikator für den wachsenden Erfolg sei die Qualität der Anfragen. Weil ihm TEVOX von anderer Seite empfohlen wurde oder der Kunde bereits ein Produkt von TEVOX gesehen hat, kann er eine entsprechend konkrete Anfrage stellen. Der größte Umsatz wird zur Zeit mit Veranstaltungen, darunter Messen oder Animations-Events von Konzernen, gemacht. So entstand unter anderem ein virtueller Delphin, der aus einer riesigen Leinwand herauszuschwimmen schien.

Wenn das Potential der virtuellen Charaktere voll ausgeschöpft würde, könnte die nahe Zukunft TEVOX einen Wachstumssprung bescheren. Der Unternehmer schätzt den Personalbedarf für diesen Fall auf bis zu 40 Mitarbeitern. Dr. Lichter geht in Gedanken den Möglichkeiten nach: »Nehmen wir an, die Show von Kira Day dauerte nicht fünf Minuten, sondern eine halbe Stunde, und Kira Day würde darüber hinaus noch – wie ein Mensch – bei Live-Events und Radiointerviews zum Einsatz kommen. Ein ganzes Team würde sich dann um diese Figur gruppieren, wie dies auch bei Rudi Carrell in der *Wochenshow* der Fall ist.« Zur Zeit seien fünf Leute damit beschäftigt, das Bild von Kira Day zu erstellen.

Die Angst, daß irgendwann einmal virtuelle Charaktere Menschen ersetzen werden, hält Dr. Stefan Lichter für völlig unbegründet. Im Gegenteil, diese neue Art von Fernsehproduktion schaffe neue Arbeitsplätze und neue Ausdrucksformen. Ein Tänzer etwa verhalf einer virtuellen Katze zum Leben und war von der ungewöhnlichen Möglichkeit begeistert. Nie hätte er aussehen können wie eine Katze, doch auf diese Weise erhielt er die Chance, gewissermaßen in ihre Haut zu schlüpfen und etwas ganz Neues auszuprobieren.

Neue Ideen für *virtual characters* entstehen in der Regel durch den Kundenkontakt. Nur in Ausnahmefällen wagt Dr. Lichter auch Eigenentwicklungen, ohne einen Auftrag in der Tasche zu haben. »Am liebsten würde ich immer ›Ja‹ sagen, aber das kostet Investment«, erklärt Dr. Lichter. Ein Nein koste höchstens einen potentiellen Gewinn. Darin bestehe die größte Schwierigkeit eines Unternehmers: Er spüre immer zwei Seelen in seiner Brust. Die eine flüstert ihm zu, die spontane Idee sofort umzusetzen, die andere hingegen pocht auf Zahlen und realistische Erfolgsaussichten.

Kritik übt der Unternehmer an den deutschen Banken. Sie gehörten zu den Problempartnern, weil sie – anders als ein Unternehmer – nach hinten statt nach vorne schauen würden. Das Vorvorjahr sei ihnen wichtiger als die Zukunft. Besonders schwierig ist es im Filmgeschäft. Ein Unternehmen, das zweimal pro Jahr 400 000 Mark verdient, erzeuge keine Bilanzkurve, mit der ein Banker etwas anfangen könne. Lichter: »Das Problem, das wir haben, ist mangelnder Sachverstand.« Die Kölner Stadtsparkasse sei Vorreiter auf diesem Gebiet, indem sie eine Mediaabteilung aufgebaut habe.

Bei allen Erfolgen, die TEVOX mittlerweile vorzuweisen hat, empfindet Dr. Stefan Lichter das Unternehmerdasein als einen harten Job. »Jeder muß sich von Anfang an darüber im Klaren sein, wieviel Verantwortung er tragen kann«, warnt er. Als Unternehmer werde man die einmal eingegangene Verantwortung nie mehr los; denn es gelte immer wieder neu zu investieren. »Man sitzt nie auf einem Pott Geld«, fügt Lichter hinzu. Man müsse sich immer dessen bewußt sein, daß morgen alles vorbei sein könne. Anders verhalte es sich bei einem Angestellten, der sein verdientes Geld ansparen und zusehen könne, wie es zu einem Vermögen anwachse. Mit 55 – oder wann auch immer – könne dann die Ernte beginnen.

Kein Wunder, daß sich deshalb auch schon einmal Zweifel einstellen. Als Arzt hätte Dr. Lichter auch ohne das Risiko eines Unternehmens gut verdienen können. Dafür hat er sich in der Rolle des Produzenten einen Arbeitsbereich geschaffen, der ihm mehr Spaß macht. Für ihn ist die Arbeit tatsächlich eine Art Hobby. Nach Feierabend kann er die Beine hochlegen, ohne das Gefühl zu haben, etwas Versäumtes nachholen zu müssen. Vielleicht werden seine virtuellen Geschöpfe ja einmal echte Kultfiguren werden. Teure Honorare braucht er ihnen dann jedenfalls nicht zu zahlen.

Siedler für die Reise zum Erfolg

Heroische Kämpfe werden in virtuellen Welten ausgefochten. An den Tastaturen und Joysticks der Multimedia-PCs schwitzen Heerführer, Abenteurer und Helden, die ihre Gegner zu überwältigen suchen. Einige probieren es mit Rambo-Tugenden, andere setzen ihren Kopf ein, um eine gemeine Strategie auszubrüten. Mindestens ebenso abenteuerlich geht es auf dem Spielemarkt zu, auf dem rund 95 Prozent der Produkte als Flop enden. Blue Byte hat sich durchgeboxt, oder besser, mit einem Gespür für den Markt die richtigen Treffer erzielt. Die zahlreichen Awards des Strategiespieles *Siedler* finden auf dem CD-ROM-Cover in einer Zeile gar keinen Platz mehr. Auch das Magazin *Computerbild* zeigte sich begeistert davon. Schon *Siedler II* brachte dem Mülheimer Unternehmen durch eine viertel Million verkaufter Exemplare eine goldene CD ein, verliehen durch den Verband für Unterhaltungssoftware in Deutschland. Die Erstorder der dritten Version liegt bei 350 000 Stück. Der Spieler gründet auf dem Bildschirm Dörfer und setzt alles daran, die Wirtschaft in Gang zu bringen und eine stabile Gemeinschaft aufzubauen, die im Ernstfall gegen andere Völker verteidigt werden muß. Mittlerweile konkurrieren und chatten im Internet sogar mehrere Spieler in Siedlungsgebieten. Erfolg bringt Blue Byte auch ihr Erstling, der Dauerbrenner *Great Courts* (deutscher Titel *Pro Tennis Tour*), ein – ein PC-Tennisspiel mit umfangreichen Internetfunktionen. In Zusammenarbeit mit *Stern Online* hat es sogar schon ein erstes Online-Turnier gegeben.

Konkurrenzfähig durch Konzentration

Während die Konkurrenz häufig einen Ausstoß von 40 Spielen im Jahr zu verzeichnen hat, konzentriert sich die Softwareschmiede aus dem Ruhrgebiet auf die Produktion von höchstens vier Spielen. Zu den erfolgreichsten Spielen gehört neben *Siedler* und *Great Courts* das Strategiespiel *Battle Isle.* Ohne das Tennisspiel für PC-Freaks wäre BLUE BYTE der Start nicht gelungen, und ohne *Battle Isle* hätte es das Strategiespiel *Siedler* nicht gegeben. Da das Unternehmen nie auf Kapital von Banken oder anderen Investoren zurückgreifen konnte, haben die frühen Erfolge die Investitionen für die darauffolgenden Spiele überhaupt erst möglich gemacht. BLUE BYTE ist allein durch Unternehmergeist und eigene Produkte gewachsen. »Ich möchte das Geschäft so führen, wie ich es für richtig halte«, kommentiert der heutige Alleininhaber und Mitgründer Thomas Hertzler diese Situation. Venture Capital sei in einem solchen Fall daher nur bedingt geeignet. In jeder Unternehmensphase habe es Produkte gegeben, die das Unternehmen getragen hätten, in diesem Jahr sei es *Siedler III* gewesen.

Die Strategie, sich auf wenige gute Produkte zu konzentrieren, ist wohlüberlegt. Viel mehr als andere Unternehmen investiert BLUE BYTE in das Marketing der einzelnen Produkte, die nicht als namenlose Games auf einer CD-ROM verschwinden sollen, welche einem Computermagazin beiliegt. So bleiben die anspruchsvollen Spiele längere Zeit im Handel, ohne daß sich der Käufer über einen schnellen Preisverfall ärgern muß. »Es ist eine Unsitte in unserer Branche, den Preis nach vier Wochen schon um 40 Prozent zu senken«, beklagt Hertzler. Während einige Großpublisher Verluste in diesem Segment hinnehmen müßten, gehe die Rechnung von BLUE BYTE auf. Viele Firmen würden sich nur die Rosinen herauspicken, von denen sie sich einen Erfolg versprechen, und diese dann entsprechend bewerben, den Rest aber vernachlässigen. »Das ist ein schlechtes Modell für den Entwickler; denn er wird letztlich dazu gezwungen, russisches Roulette zu spielen«, kritisiert Hertzler. Zwar kann auch BLUE BYTE nicht für den Erfolg eines Spieles garantieren, aber das Unternehmen setzt sich mit einem professionellen Marketing dafür ein. In der Entwicklergemeinde stößt Hertzlers Politik auf ein positives Echo, wenngleich jeder auf die großen Player des Marktes schielt – so wie Musiker vom Vertrag mit einem renommierten Label träumen, ohne es wirklich zu Sony oder EMI schaffen.

BLUE BYTE entwickelt die Spiele selbst, allerdings mit der Unterstützung von externen Dienstleistern. Das Unternehmen verfügt sogar über ein hauseigenes Musikstudo und eine Videoproduktionsstätte. 1998 verpaßte Hertzler seinem Unternehmen eine Schlankheitskur und sparte dadurch vor allem die Kosten für einige Mitarbeiter in der Verwaltung »eines aufgeblähten Overheads« ein. So wurde beispielsweise für *Siedler III* die Programmierung zugeliefert. »Das hat dem Produkt ganz gut getan«, resümiert Thomas Hertzler. Die Kooperation mit Spezialisten außerhalb des Hauses habe wieder frischen Wind und neue Ideen geliefert.

Trends rennt Thomas Hertzler nicht hinterher. 1998, zehn Jahre nach Gründung des Unternehmens, seien die Spiele ausgereifter geworden. Zugleich sei die Zielgruppe älter geworden. Ein Kunde um die 40 ist keine Seltenheit. In den USA ist diese Tendenz noch stärker ausgeprägt als in Deutschland. Während bei den Älteren intelligente Strategiespiele gefragt sind, ziehen Jugendliche meistens Actionspiele wie *First Person Shooter* vor. »Das ist nicht unsere Sache«, meint Hertzler, dessen Firma auf qualitativ hochwertige Produkte setzt. Darüber hinaus hat vor allem *Siedler* einen relativ hohen Anteil – etwa zehn Prozent – an weiblichen Spielern, denen zuliebe BLUE BYTE inzwischen ein Amazonenvolk entwickelt hat. Bisher waren die Siedler immer männlich gewesen, was durchaus zu Diskussionen unter den Spielern geführt hatte. Die Möglichkeiten von *Siedler* steigen von Version zu Version an; manchmal fallen bestimmte Funktionen aber auch ganz bewußt weg. Eine Zunahme an Komplexität wird von der Fangemeinde nämlich nicht unbegrenzt goutiert. »Es soll ja Unterhaltung sein und keine Wissenschaft«, betont Hertzler, der selbst ursprünglich als Computerspielefreak ins Business eingestiegen ist.

Konstanz ist für die Spielebranche ein Fremdwort. Die Trends ändern sich ständig. Doch aufgrund der langen Entwicklungszeiten von 18 bis 24 Monaten für ein Spiel kann sich niemand auf kurzfristige Moden verlassen. Die Erfolgsformel von Hertzler hört sich deshalb schon fast utopisch an: Man muß Glück haben und selbst Trends setzen. Als *Great Courts* auf den Markt kam, hatte Blue Byte zum Beispiel das Glück, daß gerade zu diesem Zeitpunkt der Tennissport in Deutschland populär wurde. Boris Becker und Steffi Graf machten Karriere und kämpften sich auf der Weltrangliste nach oben. Damit hatte das Softwarehaus nicht gerechnet und konnte sich um so mehr freuen: Fast 300 000 Spiele wurden damals verkauft. Marktforschung im klassischen Sinne führt Thomas Hertzler zufolge nicht weiter. »Sie zu betreiben ist unherheblich, weil sie nur den Ist-Zustand reflektiert«, kommentiert der Geschäftsmann. Zum großen Teil würden die Trends durch neue Hardware und durch den Zeitgeist bestimmt. *Tomb Raider* von Eidos habe beispielsweise zum ersten Mal 3D-Videokarten für PCs unterstützt. Jeder, der seinen Computer zu Hause bereits getuned hatte, wollte seine Maschine natürlich nun auch ausreizen. Technikverliebtheit allein sei aber längst keine Erfolgsgarantie mehr. Ein Spiel kann perfekt animiert und doch langweilig sein, weil es nicht in die Szene paßt. Ist ein Produkt allerdings erfolgreich, wird sich der Hersteller auf ein Nachfolgespiel konzentrieren. Das Problem bei Computerspielen besteht unter anderem darin, daß ein Storyboard und ein ausführliches Drehbuch allein noch keine sicheren Schlußfolgerungen auf die Qualität eines Spieles zulassen. Erst wenn die Alpha-Version nach viel Programmierarbeit, Tonaufnahmen und Grafikproduktion zusammengefügt ist, wird erkennbar, ob das Spiel Spaß macht und logisch aufgebaut ist. Bis zu diesem Zeitpunkt sind bereits zwölf Monate Entwicklungszeit investiert worden.

Pionierarbeit ohne Geruhsamkeit

Anfangs saß der damals 24jährige Thomas Hertzler noch selbst am PC, um die Programmcodes für die Spiele zu schreiben. Die dazu notwendigen Kenntnisse hatte er sich nach einem Studium der Nachrichtentechnik angeeignet. Zunächst programmierte er bei einem Spielehersteller, arbeitete sich dort zum Projektleiter hoch und schaffte schließlich den

Karrieresprung zum Entwicklungsleiter. Trotz der Erfolge stellte ihn die Tätigkeit nicht zufrieden. »Für mich war nach zweieinhalb Jahren klar: Ich will mich beruflich verändern«, erzählt Hertzler. Aber anstatt zu einer anderen Firma zu wechseln und dabei viel Geld zu verdienen, kam ihm der Gedanke der Selbständigkeit. Von dieser Vision angespornt, konnte er schließlich den Programmierer Lothar Schmitt zu einer gemeinsamen Firmengründung animieren. Das dazu notwendige Kapital besaßen die beiden allerdings nicht. Die Anfänge sahen dementsprechend bescheiden aus. Pionierarbeit ohne Geruhsamkeit war angesagt. Thomas Hertzler arbeitete bei seinen Eltern unterm Dach, Lothar Schmitt saß in seinem Appartement vor dem Computermonitor. An eine 40-Stunden-Woche war überhaupt nicht zu denken. Der Umstand, an getrennten Arbeitsplätzen Programmzeilen zu schreiben, kam erschwerend hinzu. Nach einem halben Jahr entschieden sie sich dazu, einige Quadratmeter Büroraum in Mülheim anzumieten. Zwar gab es für das wenige Geld, das sie für die Miete aufbringen konnten, kein repräsentatives Office, doch die beiden Gründer saßen sich endlich gegenüber und konnten sich so sehr viel besser absprechen. Belohnt wurden sie dafür mit einer größeren Entwicklungsgeschwindigkeit. An ein Einkommen hingegen war noch nicht zu denken. Während Thomas Hertzler in seiner Position als Entwicklungsleiter etwas Geld beiseite gelegt hatte, hatte der jüngere Lothar Schmitt von seinen Eltern eine Finanzspritze bekommen. Auch Hertzlers Eltern legten etwas dazu. Erst nach der Auslieferung von *Great Courts* gab es das erste eigene Gehalt. 800 Mark machte der Ertrag pro Mann und Monat aus – eine Summe, die gerade einmal die notwendigsten Ausgaben für den Lebensunterhalt deckte.

Der erste Erfolg stellte Thomas Hertzler und Lothar Schmitt vor eine Entscheidung: Unter dem gleichen Druck und im selben Tempo konnte es nicht weitergehen. Eine Möglichkeit war, Mitarbeiter einzustellen; denn nach der Veröffentlichung des Spiels kamen auch kaufmännische und Managementaufgaben auf die Gründer zu. Der Verlag wollte Screenshots, Produktbeschreibungen und Pressetexte sehen. Die Würfel fielen für ein größeres Büro, zwei Programmierer und einen Grafiker. Aus heutiger Sicht sieht Hertzler an dieser Stelle einen entscheidenden Einschnitt innerhalb der Firmengeschichte: Die Inhaber von Blue Byte fanden sich plötzlich in einer völlig neuen Rolle wieder. »Man entwickelte sich weg vom Kreativen hin zum Administrativen«, erinnert sich Hertzler. Während er selbst sich schnell mit der neuen Situation anfreunden konnte, war Lothar Schmitt alles andere als zufrieden. Seinem Geschmack nach führte sie zu weit weg von der schöpferischen Tätigkeit der Anfänge. 1993 nahm er schließlich den Hut, ließ sich auszahlen und stieg aus. Er landete als Consultant in der IT-Branche. Das Unternehmen stand auf der Kippe; durch den Kapitalabzug schon geschwächt, mußte Hertzler es nun allein durch die Krise steuern. Hinzu kam, daß Blue Byte zwar gute Produkte für den Verlag produziert hatte, dieser aber nur die Rosinen aufwendig vermarktet hatte. Eine unglückliche Geschäftsstrategie für das Softwarehaus; denn die Entwicklungskosten sind für alle Produkte gleich hoch, unabhängig davon, ob später einmal 10 000 oder 100 000 Exemplare eines Spiels verkauft werden.

In dieser Situation ergriff Thomas Hertzler unternehmerische Initiative und beschloß, selbst als Verlag aufzutreten. »Das bedeutete natürlich zusätzliche Investitionen«, berichtet der Geschäftsmann. Erschwerend kam hinzu, daß die Hausbank dem Unternehmen die Überziehungskredite gestrichen hatte und Blue Byte damit in Gefahr brachte. Mit Hilfe seiner Eltern konnte Hertzler aber erneut Geld in die Softwareschmiede stecken und nach einem Bankenwechsel das Schiff sicher durch den Sturm steuern. Die Geschäftsstrategie hieß von da an: die Kontrolle über die Vermarktung selbst wahrzunehmen und auf möglichst vielen Märkten im Ausland präsent und aktiv zu sein. So kam es vor, daß ein Distributor ein Produkt nur halbherzig vertrieb, weil die Verkäufer das Spiel schlichtweg nicht verstanden. Hertzler erinnert sich an eine Erfahrung mit dem französischen Markt. Die französische Mentalität sei ganz anders als die deutsche. »Gerade bei *Battle Isle* merkten wir, daß die Franzosen das Spiel überhaupt nicht verstanden«, erzählt der Unternehmer. Obwohl es einige Versuche gab, das Spiel zu erklären, wußten die Verkäufer des Distributors nicht, worum es eigentlich ging. Hertzler zögerte nicht lange und kaufte die Rechte zurück, um einen Flop zu vermeiden. Obwohl Blue Byte dafür eine hübsche Summe auf den Tisch legen mußte, hat sich die Managemententscheidung gelohnt: *Battle Isle* ist mittlerweile zum Klassiker geworden.

Auch wenn das Unternehmen heute über eine schlanke Organisation verfügt, hat Hertzler nie vor Expansion zurückgescheut. Vor sechs Jahren rief er eine englische Niederlassung ins Leben. »Was mich dazu getrieben hat, kann ich heute gar nicht mehr richtig nachvollziehen«, gibt der risikofreudige Unternehmer zu. Es sei schon ziemlich verrückt gewesen, nach England zu fliegen, dort Leute zu treffen und sie danach zu fragen, ob sie nicht Lust hätten, einen Vertrieb für BLUE BYTE aufzubauen. Das Glück spielte bei der spontanen Aktion mit. Nach einigen Rückschlägen stellte sich heraus, daß sich ein Vertriebsmitarbeiter des bisherigen Distributors selbständig machen wollte. Dieser verschaffte BLUE BYTE eine neue Marktposition in England, indem er zwar im Auftrag der Niederlassung, aber als eigenständige Agentur die Vertriebstätigkeit durchführte. Nachdem die Agentur mit einer eigenen Spielentwicklung zum direkten Konkurrenten geworden war, stellte BLUE BYTE selbst Mitarbeiter in England ein. Nach Einschätzung von Thomas Hertzler ist England nur ein mittelmäßiger Markt, dafür aber ein Sprungbrett zu den anderen UK-Ländern, nach Skandinavien oder in den fernen Osten.

1995 erfolgte der Sprung in die USA, wieder aus der Erfahrung heraus, daß der dortige Vertrieb für Hertzlers Empfinden nicht ausreichend Know-how und Energie in das Marketing der BLUE BYTE-Spiele investierte. In Sachen Benutzerfreundlichkeit erwarten die amerikanischen Kunden einen höheren Standard als in Deutschland, bis hin zu Tastaturkombinationen, die zum Betriebssystem oder anderen Programmen zurückführen. Eine weitere Schwierigkeit in den USA war der zweimalige Besitzerwechsel der Vertriebsfirma, der jeweils neue Ansprechpartner zur Folge hatte. Kontinuität war damit nicht möglich. »Wir hatten einen Vertrag mit der Firma SSI, die für ihre Strategiespiele bekannt ist. Dummerweise ist das Unternehmen aufgekauft und das Management teilweise ausgetauscht worden«, erinnert sich Thomas Hertzler. Hinzu kommt das generell geringe Ansehen, das deutsche Produkte, vielleicht mit Ausnahme von PKWs, in den Staaten genießen. BLUE BYTE wollte sich mit dieser Situation nicht zufriedengeben. Heute hält sich Hertzler zeitweise selbst in den USA auf. Von Deutschland aus ließe sich der dortige Markt nicht erschließen.

Spontaneität und Kreativität

»Es ist wichtig, daß man ein Forum in den Massenmedien hat«, beschreibt Hertzler eine Voraussetzung für Erfolg. Das geschehe entweder durch Anzeigen oder durch die Aufnahme in den redaktionellen Teil von Magazinen. Mittlerweile seien Computerspiele salonfähig geworden, nachdem sie lange Zeit im Ruf standen, gewaltverherrlichend zu sein. Gerade wenn das Internet eine Rolle spiele, vermuteten manche »Teufelswerk« dahinter. Bei dem Versuch, sich eine Öffentlichkeit zu verschaffen, ist BLUE BYTE aber nicht nur auf Redaktionen, Zeitungen und Magazine angewiesen. Das neue Spiel *Siedler III* etwa läßt sich auch online spielen. Es gibt bereits richtige Spielergemeinschaften – Clans, die sich im Netz treffen. Die technischen Kapazitäten dafür bietet BLUE BYTE kostenlos an. Per Password verschaffen sich die Mitglieder einer Spielergemeinschaft dann Zugang.

Die Softwarefirma ist immer wieder auf neue Ideen angewiesen. Dennoch gibt es in der Mülheimer Zentrale keine speziellen Kreativitätszirkel mit festgelegten Treffpunkten. Thomas Hertzler setzt vielmehr auf spontane Ideen und eine flache Hierarchie. Die Entwicklungsabteilung hat – bis auf eine Kernzeit – freie Hand in der Arbeitszeitgestaltung. Bei der Beweglichkeit der Organisation, die mit dem schnellebigen Markt mithalten muß, müssen sich die Teams nach jedem Projekt neu formieren. Für Ausgleich sorgen zusätzliche Leistungen für die Mitarbeiter. »Auf Initiative eines Mitarbeiters hin haben wir im Keller eine Werkstatt für Motorräder eingerichtet«, erzählt Hertzler. Über den Lastenaufzug im Haus können die Motorradliebhaber ihren stolzen Besitz in den Keller bringen und einfache Wartungsarbeiten vornehmen. Für die Sportiven unter den Mitarbeitern stehen Hantelmaschinen und Tischtennisplatten zur Verfügung.

Nachdem die Softwareschmiede ein ansehnliches Leistungsniveau erreicht und das Bild von der deutschen Softwareindustrie im Ausland positiv korrigiert hat, werden immer höhere Anforderungen an BLUE BYTE gestellt. Die schlechte Situation im Bereich der Unterhaltungssoftware sei in Deutschland nicht dadurch entstanden, daß die Menschen hier weniger intelligent oder begabt seien, meint Hertzler. Vielmehr fehle das positive Image. Für Businessprogramme sei hier nun einmal leichter Personal zu bekommen als für die Spieleherstellung. »Wenn ich im Bekanntenkreis erzähle: Ich arbeite bei SAP, dann kann ich mich stolz in die Brust werfen. Sage ich aber: Ich programmiere Spiele bei BLUE BYTE, hört sich das sehr fragwürdig an«, beschreibt der Geschäftsmann die Situation. In England oder Frankreich und schon gar in den USA verhalte sich dies ganz anders. Entsprechend wachse der Ehrgeiz zu demonstrieren, welches Potential BLUE BYTE hat. Das Engagement in den USA ist mittlerweile keine Einbahnstraße mehr; denn von der Tochterfirma kommen Impulse für die Spieleentwicklung zurück. Die Nähe zu einem Markt, der Deutschland um einige Längen voraus ist, trägt erste Früchte. Thomas Hertzler ist sich nicht zu schade, nah am Kunden zu sein, dessen Interessen und Meinungen zu hören. »Sehr aufschlußreich war für mich die Beta-Testphase von *Siedler III*«, erzählt der Unternehmer. 18 000 Bewerber hatte es gegeben, von denen 5000 das Spiel schließlich testen konnten. Hertzler nahm unerkannt an den Chats teil, die es während der Onlinespiele gab, und erfuhr so aus erster Hand, wie die neue Version bei den Kunden ankam.

Der Einsatz für BLUE BYTE fordert aber seinen Preis: »Scheidung und eine 80-Stunden-Woche«, meint der Unternehmer, ohne zu zögern. Seine Freizeit beschränke sich auf wenige Stunden pro Woche. Eine Spur Bitterkeit macht sich in seinen Worten bemerkbar, doch Hertzler gibt sich stark. »Man sollte unternehmerische Tätigkeit halt mit seinem Lebenspartner absprechen«, empfiehlt er Einsteigern.

Living Systems AG

Virtuelle Agenten verhandeln an der Börse

Dreistellige Wachstumsraten bei den Aktienwerten einer Firma, die gerade einmal zwei Jahre alt und bereits Millionen wert ist – gibt es das? Die Living Systems AG gehört zu der Kategorie von Aufsteigern, die als Vorhut einer Technologie des kommenden Jahrtausends ein neues Kapitel von Dienstleistung aufgeschlagen haben. Erfolgreich hat sich das Gründerduo Christian Dannegger und Kurt Kammerer in den Trend des Internets eingeklinkt. Beide Vorstandsmitglieder sind keine Träumer; ihre Visionen und Ziele haben Hand und Fuß. Sie überraschen beispielsweise mit einer virtuellen Börse, an der elektronische Agenten miteinander verhandeln, oder einem System, das den Kunden zum Konstrukteur seines eigenen Produktes macht. Gar nicht wie Topmanager sehen die beiden Vorstandsmitglieder aus, die unter dem Dach eines Bürohauses im gemütlichen Villingen, einem kleinen Städtchen im Schwarzwald, arbeiten. Eine Sitzgruppe aus Holzmöbeln mit bunten Kissen signalisiert: Hier ist etwas anders.

Komplexitätsreduktion statt Visionen

Gestartet hatte Living Systems ursprünglich als Systemintegrator, der sich mit einem Kunden zusammensetzte, um eine von ihm gestellte Aufgabe mit Hilfe von Computer und Software zu lösen. Daraus entstanden schnell fünf eigene Produkte, mit denen die junge Aktiengesellschaft Neuland betrat. Eine dieser Eigenentwicklungen sind die *Living Agents*, elektronische Helfer, die für den Benutzer auf elektronischen Marktplätzen tätig werden. Eine von der Deutschen Börse in Auftrag

gegebene Anwendung bietet beispielsweise Hilfestellung für den Handel von Rentenpapieren.
Die gewöhnliche Alltagssituation entspricht in vielem dem Klischee des gestreßten Wertpapierhändlers, der am liebsten mehrere Telefonapparate gleichzeitig bedienen würde. Angenommen, es gilt im Kundenauftrag Wertpapiere mit einem hohen Wert zu verkaufen. Um auf dem Rentenmarkt keine Sprünge nach unten und oben zu provozieren, umgeht der Händler die Börse und telefoniert so lange, bis er einen »Kontrahenten«, wie es im Fachjargon heißt, gefunden hat, mit dem er sich einigen kann. Im umgekehrten Fall des Kaufgesuchs muß er so lange andere Händler abtelefonieren, bis jemand gefunden ist, der die nachgefragten Wertpapiere verkaufen will. Dank der *Living Agents* reduziert sich dieser Aufwand. Der Händler sagt, was er zu welchen Bedingungen haben will, und schickt seinen Assistenten mit diesen Informationen auf den virtuellen Markt, auf dem schon andere Agenten warten oder bereits miteinander »ins Gespräch vertieft« sind. Er wird dort gleichsam per Handschlag begrüßt und muß sich identifizieren – da sind seine Kollegen ganz streng. Völlig selbständig fragt der Agent bei den Anwesenden nach und sucht nach einem passenden Kontrahenten. Sogar Vorverhandlungen kann der Agent führen, um dem Händler bereits eine begrenzte Zahl potentieller Kontrahenten präsentieren zu können.
»Die Agenten sind natürlich keine Alleskönner«, dämpft Kurt Kammerer überzogene Erwartungen. Als High-Tech-Unternehmer will er keine Visionen verkaufen, sondern das auf dem Markt präsentieren, was bereits möglich ist. »Wir nehmen aus den Visionen die Komplexität heraus«, erläutert das Vorstandsmitglied. Internetauguren sehen in ihren Web-Auspizien schon Millionen von Agenten, die sich im Netz tummeln. Das sei alles Blödsinn. Man müsse diese Vorstellungen auf ein beherrschbares Umfeld herunterbrechen. So könnten die Agenten zum Beispiel nicht gleichzeitig chinesisch und englisch reden. Und für Agenten, die von unterschiedlichen Softwarehäusern geschaffen würden, müsse es erst einmal ein virtuelles Esperanto, sprich: Standards für eine Datenkommunikation der Softwareprogramme, geben, die hinter den Agenten stehen. Auch der vielbeschworene Suchagent stößt auf dieses Problem. Solange er nicht über formale Kriterien verfügt, nach

denen er die von der Suchmaschine gelieferten Antworten auswerten kann, ist für ihn das Internet erst einmal ein Buch mit sieben Siegeln. Außerdem muß ihm eine Wegbeschreibung mitgegeben werden, damit er weiß, welchen Weg er durch das weltweite Computernetz nehmen soll. »Sobald ein Agent oder ein Stück Software, dem man Wert entziehen kann, fremdes Terrain benutzt, gibt er Strom ab oder stellt sich an der Suppenküche des Servers der Firma XY an und bekommt dann dort etwas verpaßt«, erklärt Kammerer. Deshalb funktionieren elektronische Marktplätze nicht irgendwie und irgendwo, sondern nur in einem *geschlossenen* Netzwerk. Auch die Deutsche Börse hat sich für ein internes Handelsnetz entschieden, das nicht über das Internet zugänglich ist. Kammerer: »Das ist ein elektronisches Fort Knox.« Für ihre Innovation, die die Deutsche Börse zu der modernsten der ganzen Welt macht, hat LIVING SYSTEMS bereits eine Auszeichnung, den Best Solution Award, bekommen.

Nicht ohne Grund hat die junge AG ihr Augenmerk auf den Rentenhandel gerichtet. Kammerer begründet die Entscheidung: »Die Übersichtlichkeit des Rentenmarkts prädestiniert ihn dafür zu zeigen, was eine Handelsplattform mit Softwareagenten leisten kann.« Gerade weil 90 Prozent der Geschäfte außerhalb der Börse zwischen großen Instituten abgeschlossen werden, ist der innovative Weg eine echte Hilfe. Wenn ein Händler beispielsweise 100 Millionen Bundesanleihen hat, wird er damit nicht an die Börse gehen, um eine Preisverzerrung zu vermeiden. Stünde zuviel Angebot im Markt, würden die Preise verrückt spielen und sich sprunghaft verändern. Daran aber hat niemand Interesse, am allerwenigsten die großen Institutionen, die gut von einer Börse leben, die sich normal bewegt und nicht jeden Tag Achterbahn fährt. Bei der schwierigen Suche nach einem Kaufinteressenten bietet der virtuelle Marktplatz eine Erleichterung und könnte die Einschaltung von Brokern ablösen, die sich ihre Dienstleistung jährlich mit einem Betrag im zweistelligen Millionenbereich bezahlen lassen. Stolze 3,9 Billionen Mark umfaßte der Markt 1996. »Das ist jede Menge Holz«, meint Kammerer mit einem Schmunzeln. Da werde man einen Handel mit Wertpapieren nicht über das Internet laufen lasse wollen, obwohl das technisch überhaupt kein Problem darstelle.

Vor allem im angelsächsischen Bereich gibt es immer noch Börsianer, die sich eine Zukunft ohne hektisches Stimmengewirr nicht vorstellen können. An der Chicagoer Börse versammeln sich täglich 10 000 Händler, im Backoffice harren weitere 140 000 Personen aus. Insgesamt wird diese Zahl in den nächsten zwei Jahren auf 10 000 zusammenschmelzen: on the Floor und im Backoffice. Die Deutsche Börse habe das alte System bereits ad absurdum geführt und massiv das Geschäft aus London abgezogen. Wenn der Computer die Konditionen kennt, kann er effizienter und schneller als jeder erfahrene Börsianer handeln.

»Wir gehen davon aus, daß Festpreismodelle zukünftig brechen«, prognostiziert das Vorstandsmitglied. Der Strom werde beispielsweise heute noch mit einer Monopolvorgabe verkauft. Das werde sich aber, ähnlich wie in der Telekommunikation, bald ändern. In Kalifornien stellte die LIVING SYSTEMS AG eine Lösung vor, bei der via Internet mit Satellitenbandbreiten gehandelt wird. »Momentan existieren ineffiziente Marktstrukturen, die mit Festpreisen arbeiten«, erklärt das Vorstandsmitglied. Aus technischen Gründen sei das bislang auch nicht anders denkbar gewesen. Es hatte jedoch zur Folge, daß sich nun viel mehr Satelliten in der Umlaufbahn befinden als wirklich gebraucht werden. Die Nutzer kaufen ein bestimmtes Bandbreitenprofil, geraten aber durchaus in die Situation, in Spitzenzeiten 120 Prozent der Bandbreite zu brauchen. Kammerer: »In einem Moment habe ich etwas auf dem Spot-Market nachzufragen, und im nächsten habe ich etwas zu geben.« Diese Anforderung greift Living Systems auf; denn der Marktplatz für Bandbreiten ist ein idealer Tummelplatz für die Agenten. »Der Strommarkt in Deutschland kennt heute Monopolgewinne in einem sehr hohen Ausmaß«, meint Kammerer. Bei der VIAG entstünden aus 20 Prozent des Konzernumsatzes 80 Prozent des Konzerngewinns. Auch dort werde sich aber in naher Zukunft eine Situation ergeben, die derjenigen der Telekom gleiche. »Wer hätte gedacht, daß die Telekom ihre Tarife um 60 Prozent senkt?« Bei einem Überangebot an Strom wird sich der Preis für diejenigen reduzieren, die mit hohem Energieaufwand industrielle Produktionen fahren. Kammerer: »Wir bekommen dann vielleicht neue Player im Stromhandel, die es heute noch nicht gibt.« Vorbilder dafür könnten Carrier sein, die heute Telekommunikationsbandbreiten weiterverkaufen, beispielsweise MOBILCOM oder Telepassport. In den USA werden bereits Stromhändler ausgebildet, da die dort ansässigen Konzerne gleich zu Beginn mitmischen wollen. Kurt Kammerer schätzt, daß durch eine Annäherung an die europäischen Preise in Deutschland 30 Milliarden Mark gespart werden können. Die politische Tendenz, Strom zu verteuern, sieht das Vorstandsmitglied nicht als eine Gefährdung dieser Entwicklung. Man könne die Leute so stark »herunterknebeln«, daß sie alles Geld dem Staat ablieferten. Dann aber werde es mit Sicherheit keine Nachfrageeuphorie geben, die dem Staat Steuereinnahmen verschaffe. Dem Bürger billigeren Strom zugänglich zu machen, würde ihm im Gegenteil einen Ausgleich verschaffen. Auf diese Weise könnten die Monopolgewinne zugunsten der Gesellschaft umverteilt werden.

Interaktion mit neuer Qualität

Während die *Living Agents* von Profis losgeschickt werden, die damit viel Geld verdienen werden, wendet sich ein anderer Produktzweig von LIVING SYSTEMS an die Privathaushalte. Vor dem Hintergrund entstehender elektronischer Marktplätze erlaubt das Produkt *Living Options* eine Internetauktion, die das Zeug dazu hat, den bisherigen Kleinanzeigenmarkt zu revolutionieren. »Die Staaten haben heute schon Internetauktionen aufgegriffen, da ist man begeistert,« meint der High-Tech-Pionier. Vor zwei Jahren startete das größte Internetauktionshaus mit der Adresse »ebuy.com«, das 1998 mit einer Kapitalisierung von 750 Millionen US-Dollar an die Börse ging und sechs Wochen später seinen Wert auf vier Milliarden US-Dollar steigern konnte. Als Dienstleistung bietet der Senkrechtstarter 20 000 Private-to-private-Auktionen. Die Idee ist, dem Kunden einen Kleinanzeigenmarkt zu bieten und diesen zu professionalisieren. Interessenten wenden sich an den Anbieter, der eine kleine Auktion durchführt. Das Angebot wird dann von Interessenten hochgesteigert, bis ein Schlußtermin erreicht ist. Dann wird verkauft. »Der Punkt ist: In vielen Kellern befinden sich bestimmt zwei Fahrräder, die eines neuen Besitzers harren. Aber der potentielle Verkäufer schreckt vor dem Aufwand zurück, den die Suche nach einem Käufer verursachen würde«, erklärt Kurt Kammerer. Wenn der Besitzer sein Fahrrad für 500 Mark gekauft hat und heute gerade einmal 40 Mark dafür erlösen kann, wird er gar nicht erst versuchen, seinen Drahtesel loszuwerden. Eine Anzeige in der Lokalzeitung ist vielleicht sogar genauso teuer wie der endgültige Verkaufspreis. So wird das Fahrrad wohl eher im Keller vor sich hingammeln als seinen Besitzer wechseln. LIVING SYSTEMS will nicht selbst zum Auktionshaus werden, aber durch die Entwicklung von Basissoftware für Auktionshäuser sich ein Stück vom Kuchen des Erfolgs holen. Die Programmierung mit Java erlaubt den Einsatz im Internet mit jedem beliebigen aktuellen Internetbrowser.

Neben den *Living Agents* und *Living Options* baut Living Systems noch eine dritte Produktlinie auf: die *Living Products*. Die Idee der *Living Products* basiert auf einer Prognose für den E-Commerce. »Im Internet gibt es heute zu wenig Emotion und Interaktion«, holt das Vorstandsmitglied aus. Ungewöhnlich für einen High-Tech-Betrieb auf dem Feld der Neuen Medien präsentierte LIVING SYSTEMS im Dezember 1998 seine Idee auf der Messe *Heim und Handwerk* in München. Zusammen mit einem Schreinereibetrieb führt das Unternehmen vor, wie der Internetbenutzer am Bildschirm einen Schrank nach seinen Vorstellungen entwerfen kann, der dann von einem entsprechenden Schreiner gefertigt wird. »Das ist eine Interaktion mit neuer Qualität, die so weit führt, daß man bei dem jeweiligen Schreiner Eigentum generiert«, erzählt Kammerer begeistert. Ein Buch oder eine CD im Internet zu kaufen sei bereits ein alter Hut. »Der nächste Schritt ist für uns die Individualisierung von Produkten«, erklärt der Vorreiter.

Trotz großer Zuversicht ist er sich aber dessen bewußt, daß Neuheiten in Deutschland grundsätzlich einen schweren Stand haben. Kammerer: »Die Deutschen sind einfach von ihrem Naturell her so: Wir machen erst einmal nichts und schauen dann, ob es uns geschadet hat.« In den USA sei man dagegen offen für neue Ideen und Herangehensweisen, lebe und handle nach dem Motto »Let's try it out. If it doesn't work, we kick it out.« Kein Wunder, daß die innovationsfreudige LIVING SY-

STEMS AG ihre ersten Kunden in amerikanischen Unternehmen gefunden hat, die Wrigley und Hawlett Packard hießen. »Wir haben im Internet-Bereich heute kaum noch eine Chance gegen die Amerikaner«, stellt der Unternehmer fest. Auf lange Sicht komme kein Internetunternehmen daran vorbei, in den USA präsent zu sein. Die Menschen dort lebten heute schon in einer anderen Welt. Kurt Kammerer durchkämmt täglich an die 20 E-Mail-Newsletters, um sich auf dem Laufenden zu halten. Sein Augenmerk gilt nicht nur neuen Technologien, sondern darüber hinaus dem konkreten Bedarf der Wirtschaft und der auf dem Markt absehbaren Nachfrage.

LIVING SYSTEMS ist wählerisch. Die Partner, mit denen man eine neue Technologie plaziert, werden sorgfältig ausgesucht. Diese Botschaft kommt in der Geschäftswelt gut an. Wer mit LIVING SYSTEMS zusammenarbeitet, ist etwas Besonderes. »Es handelt sich bei uns um ein wettbewerbssensitives Umfeld«, führt Kammerer aus. Wenn er eine Innovation auf dem Markt einführt, will er für Aufregung sorgen, die die potentiellen Kunden zu einem Entscheidungsdruck führt. Internetagenturen, die Webseiten »bunt anmalen«, gebe es genug, das sei nicht ihr Geschäft. Der selbstbewußte Auftritt des Newcomers trug mit dazu bei, daß LIVING SYSTEMS von Anfang an profitabel war. Schulden habe es noch nie gegeben. »Wenn ich einem Banker jedesmal unsere Produkte erklären müßte, damit er uns erneut 5 000 Mark gibt, dann gäbe es das alles nicht«, glaubt der Geschäftsmann.

Orientierung an einem dynamischen Markt

Der Erfolg von LIVING SYSTEMS mag auch darin begründet liegen, daß sich die beiden Gründer ideal ergänzen. Christian Dannegger ist der Softwareguru, während Kurt Kammerer im Consulting-Bereich Erfahrungen sammelte. »Ohne Unterstützung des jeweils anderen hätten wir beide Probleme, aber gemeinsam haben die Mitbewerber ein Problem mit uns«, freut sich Kammerer. Bis heute funktioniert das Zusammenspiel der Unternehmensgründer ausgezeichnet. »Über Grundsätzliches brauchen wir nie zu reden«, erzählt Kurt Kammerer. Wenn wichtige Entscheidungen anstünden, würden sie immer gemeinsam getroffen. So sitzen auch Stellenbewerber immer beiden Vorstandsmitgliedern im Vorstellungsgespräch gegenüber.

Obwohl beide noch recht jung sind, sind die Unternehmensgründer schon seit etwa zehn Jahren im Geschäft. Kammerer ist 36, Dannegger 35 Jahre alt. Nach seinem Studium zum Wirtschaftsingenieur, das Kammerer bereits mit 23 Jahren abgeschlossen hatte, fand er den Einstieg in eine Beratungsfirma. Vier Jahre später entschloß er sich zur Selbständigkeit im Consulting-Bereich. Zwei Jahre lang arbeitete er an einem europaweiten Projekt in Brüssel mit. Ihre internationale Erfahrung hat die Existenzgründer der LIVING SYSTEMS AG jedoch nicht daran gehindert, wieder in den Schwarzwald zu ziehen, wo sie in dem 5 000-Einwohner-Dorf Hüfingen aufwuchsen. Ein ganzes Jahr Vorbereitung haben sie darauf verwendet, LIVING SYSTEMS entstehen zu lassen. Einen Businessplan wie aus dem Bilderbuch hat das Duo aber ebensowenig geschrieben wie ein Gründerforum besucht. Von politischen Programmen hält Kammerer ohnehin nicht viel. »Wenn Politiker propagieren, Unternehmensgründungen zu fördern, dann ist das erstunken und erlogen«, behauptet der Geschäftsmann. Dabei handle es sich lediglich um einen Werbegag. Er habe eine kritische Grundhaltung gegenüber einem Staat, der überall eingreifen will, aber von nichts wirklich Ahnung habe. Wer sich an Förderungen orientiere, folge einer falschen Fährte. Die richtige Fährte heiße »Markt«. LIVING SYSTEMS ist konsequent geblieben und hat bisher noch keine einzige müde Mark aus öffentlichen Fördertöpfen in Anspruch genommen.

Trotz der Siebenmeilenschritte in Richtung Zukunft ist ans Geldverdienen bislang noch nicht zu denken. LIVING SYSTEMS hat sich für eine Vorleistung entschieden, die nach entsprechender Saat die kalkulierte Ernte auf die Zukunft verschiebt. »Wir haben einen drastisch hohen Forschungsanteil, der wahrscheinlich mit zu den höchsten gehört, den es in Deutschland – relativ zum Umsatz gesehen – gibt«, sagt Kammerer. Ab dem Frühjahr 1999 betreut der kleine 30-Mann-Betrieb sogar fünf Diplomarbeiten von Studenten, die sich nicht mit einem Allerweltsthema auseinandersetzen wollen.

Innovative Unternehmenskultur

Gleich beim Start ihres Unternehmertums entschieden sich Christian Dannegger und Kurt Kammerer als erstes Unternehmen in Württemberg für die Rechtsform der kleinen Aktiengesellschaft. »Wir haben damit für Aufsehen gesorgt und wußten doch selbst noch nicht, wie eine AG funktioniert. Aber es ist die einzige richtige Rechtsform«, ist Kammerer überzeugt. Auf diese Weise könne LIVING SYSTEMS die Mitarbeiter an dem Unternehmen beteiligen. Die Einlage lag für die Gründer bei 50000 Mark. Nach zwei Jahren schon bescheinigt der Wirtschaftsprüfer dem Unternehmen einen siebenstelligen Wert. Weil die Mitarbeiter des Unternehmens an diesem Erfolg mitwirken, möchte der Vorstand sie auch daran teilhaben lassen. Deshalb veräußerten die Gründer über ein Stock Option-Programm fünf Prozent der Aktien mit Stimmrecht an die Mitarbeiter. »Wer bei diesem gigantischen Deal nicht mitmacht, kann nicht rechnen«, meint Kammerer. Doch die Mitarbeiter von LIVING SYSTEMS können rechnen. In welcher Höhe sich der Einzelne beteiligen kann, hängt von seiner Erfahrung und Position ab. Wer als Projektleiter mit jahrelanger Praxis das Unternehmen nach vorne bringt, kann mehr zulangen als die Auszubildende. Für 150 Mark pro Aktie sei ein extrem günstiger Einstieg geboten worden. Im November 1998 erreichte das Unternehmen bei der Partnerolympiade in Düsseldorf den ersten Platz. Veranstalter war das *Handelsblatt*. Aus eigener leidvoller Erfahrung hält Kammerer Mitarbeiterbeteiligung für absolut wichtig. »Ich hatte einen 80-Stunden-Job und habe mich totgearbeitet«, erinnert sich der Unternehmer an seine Angestelltenzeit. Mit 27 zog er die Konsequenz daraus und stieg aus. »Starkes Engagement läßt sich nicht nur mit einem entsprechenden Gehalt regulieren«, resümiert Kurt Kammerer seine Erfahrung. Sonst müßte man Startgehälter zahlen, die ein junges Unternehmen, das viel in Forschung und Entwicklung investiert, sich nicht leisten kann. Bei dreistelligen Zuwachsraten des Aktienwertes im Jahr ist das Stock Option-Programm ein lukratives Angebot, das das Risiko, das die Mitarbeiter durch ihre Beteiligung mittragen, voll und ganz rechtfertigt.

Die Unternehmenskultur von LIVING SYSTEMS ist von Leistung und internationaler Ausrichtung geprägt. Einmal in der Woche kommt eine Englischlehrerin in die Firma und bietet Unterricht an, in dem die Mitarbeiter kostenlos ihre Fremdsprachenkompetenz aufpolieren können. Auch die Arbeitszeiten entsprechen internationalen Richtlinien: Anders als in vielen deutschen Firmen gibt es nur 25 Tage Urlaub. Die Wochenarbeitszeit liegt bei 40 Stunden. »Die Japaner kennen den Begriff ›Tod durch Überarbeitung‹. Das wollen wir hier nicht einführen«, wehrt Kammerer überzogene Leistungsvorstellungen ab. Zwar kann es vorkommen, daß der eine oder andere auch einmal am Wochenende arbeitet, aber das werde nicht zur Norm. Verstecken kann sich niemand im Unternehmen. Bei LIVING SYSTEMS wird absolute Transparenz praktiziert. »Jede Zahl ist allen bekannt«, beteuert das Vorstandsmitglied. Alle Verträge können die Mitarbeiter in der Projektdatenbank nachlesen. Sie wissen, was LIVING SYSTEMS für einen Auftrag erhält und wie hoch die Konventionalstrafe ist, wenn die Vereinbarungen nicht eingehalten werden. Dennoch gibt es weder Formularwesen noch überflüssige Bürokratie. Eine Firma von Mitunternehmern reguliere sich selbst. Muß beispielsweise ein Flugticket für eine Reise bestellt werden, wird der Mitarbeiter ein Interesse daran haben, einen günstigen Preis zu finden und deshalb mehrere Reisebüros antelefonieren.

Daß sich aber bestimmte Strukturen auch bei LIVING SYSTEMS herauskristallisieren, weist das Vorstandsmitglied nicht ganz von der Hand. Die Verantwortung für ein Pojekt trägt ganz klar dessen Leiter. Da er ein hohes Maß an Freiheit hat, kann er auch dem Kunden gegenüber als ernstzunehmender Partner auftreten. Nachdem Kammerer bislang alle Kundenkontakte selbst geknüpft hatte, kam Ende 1998 zum ersten Mal ein Vertriebsleiter ins Unternehmen. Der Support hingegen soll in der Verantwortung des Projektleiters bleiben, der auch das Design macht und schwierige Dinge selbst programmiert. »Erst dann hat er die Autorität, ein Team von fünf Leuten zu führen, denen er sagt, wie etwas zu machen ist«, erklärt das Vorstandsmitglied. Zugleich betreibe LIVING SYSTEMS damit Job Enrichment, die Förderung breitgefächerter Qualifikation. Funktionale Trennungen hingegen würden immer wieder zu Informationsverlusten führen. Auch die Mitarbeiter eines Teams sollen durch eine flexible projektorientierte Organisation ein breiteres Kompetenzspektrum abdecken. »Unsere Auszubildende kam von der Berufsschule zurück und erzählte von Lehrern, die sich unsere Strukturen nicht vorstellen konnten«, schmunzelt Kurt Kammerer.

Die Mehrfachqualifikation ist Teil der Firmenphilosophie von LIVING SYSTEMS. Im Gegensatz zu anderen Unternehmen der Softwarebranche wollen die Villinger nicht nur Softwarepakete verkaufen, sondern auch einen zufriedenen Kunden zurücklassen. Aus diesem Grund wird sogar der Vertriebsleiter in das von ihm akquirierte Projekt mit einbezogen. Zwar wird er nicht programmieren, aber durch den Kontakt zum Kunden wertvolles Wissen einbringen können. »Gerade in der EDV-Branche habe ich das Verbrannte-Erde-Prinzip festgestellt«, sagt Kammerer. Um einen Vertriebsleiter zu finden, der nicht nach diesem Prinzip handelt, hatte sich LIVING SYSTEMS ein halbes Jahr Zeit für die Personalsuche genommen. »Unsere Produkte werden schon bald Vorstandsthema sein«, ist der Unternehmer überzeugt. Voller Stolz fügt er hinzu, daß sie ihr Unternehmen sicherlich dreimal pro Monat verkaufen könnten. »Das aber wäre Verrat an der Idee«, lautet die eindeutige Antwort. Dennoch ist er sich des Ernsts der Lage bewußt: »Entweder wir schaffen es international oder überhaupt nicht.«

Von Beginn an Strukturen wie im Industriebetrieb

Keine zwei Jahre besteht das Unternehmen im High-Tech-Park von Heidelberg. Doch von hemdsärmeliger Pionierstimmung, chaotischen Kreativen und hektischen Trendsurfern ist auf den weißen Fluren der Lion Bioscience AG nichts zu spüren. Der Vorstand, Dr. Friedrich von Bohlen, studierter Biochemiker und Betriebswirt, pochte gleich beim Unternehmensstart darauf: »Wir müssen in den Markt.« Bioinformatik und Genomics sind für ihn keine Spielwiese für Wissenschaftler, die außerhalb der Universitätsmauern ihrer Wißbegier nachgehen. Für Dr. von Bohlen, der das Geschäftsleben bei einem Automobilkonzern kennengelernt hat, muß auch Lion Bioscience wie ein Industriebetrieb funktionieren. Viele Arbeitsschritte wiederholen sich und sind dadurch bestens für professionell durchorganisierte Abläufe geeignet. Genau das tat Dr. von Bohlen, als er zusammen mit Dr. Reinhard Schneider, Dr. Georg Casari und Dr. Hartmut Voss im April 1997 an den Start ging. Das Gründerkapital von drei Millionen Mark brachten die vier Wissenschaftler gemeinsam mit privaten Investoren aus eigener Tasche auf. In der Kombination von Genomanalyse und der Entwicklung der speziellen Softwareplattform *bioSCOUT* steckt ihr einzigartiger Marktvorteil. In beiden Feldern hat Lion Bioscience Kompetenz und Fachpersonal vorzuweisen. Der gerade einmal 36jährige Dr. von Bohlen hat große Pläne. In Zukunft wird das Unternehmen auf eigene Faust den genetischen Ursachen des Herzinfarktes auf den Grund gehen und das erforschte Know-how an Pharmakonzerne verkaufen. 110 Mitarbeiter sind mittlerweile auf den Etagen des Unternehmens im Technologiepark beschäftigt. Rund 80 beschäftigen sich mit der Analyse von Genomen, 35 »füttern« die Computer, um die

Biosoftware zu optimieren. Das Wissen aus 180 wissenschaftlichen Datenbanken der ganzen Welt läuft auf dem Rechner von LION BIOSCIENCE zusammen, um täglich mit den neuesten Erkenntnissen arbeiten zu können. Das Team ist international, um der Konkurrenz weltweit gewachsen zu sein.

Bioinformatik

Mit zwei Produktbereichen ist die Heidelberger Aktiengesellschaft auf dem Markt: Auftragsforschung und Bioinformatiksoftware. Erstere betrifft *Genomics*, einen Kunstbegriff aus der Genomanalyse. Bis Ende der 80er Jahre hatte die Wissenschaft isolierte Gene analysiert, herausgeschnitten und in Bakterien verpflanzt, damit diese die gewünschten Proteine herstellen. Das erste industriell hergestellte, populäre Podukt war das Insulin. Nach dieser ersten Welle von Biotechnologie kam dank verfeinerter Methoden eine zweite Ära: Anstelle eines einzelnen Gens nahmen sich die Biologen nun das gesamte Genom vor, das aus einer Kette von Genen besteht, die jeweils den »Bauplan« für unterschiedliche Funktionen eines Organismus enthalten. Mit *Genomics* ist der Schritt von der Genanalyse zur Genomanalyse vollzogen. Der Prozeß beginnt mit dem Zerhacken eines Genoms in Fragmente (bei einem einfachen Ecoli-Bakterium sind das immerhin schon drei Millionen). Anschließend werden die Fragmente jeweils mit Hilfe einer Bakterienkolonie vermehrt, die ein Roboter mit hauchdünnen Nadeln aufnimmt und in einer Matrixform auf einer Nylon-Filtermembran ablegt. Es entsteht quasi eine aufbereitete Bibliothek von Genomfragmenten, die aber noch nicht identifiziert sind. Ein Roboter greift eines heraus: Der schwierige Prozeß der Identifikation beginnt. Jedes Fragment wird mit den anderen verglichen, um – wie bei einem Puzzelspiel – herauszufinden, welche zueinander passen und wieder ein vollständiges Genom entstehen lassen. Dank einer fluoreszierenden Markierung leuchten passende Fragmente in der Matrix (*Array*) auf, so daß eine Fülle von Mustern entsteht, die mit Hilfe einer Software ausgewertet werden kann. Hier ist der Einsatz von *bioSCOUT* gefragt, der aus diesen Infor-

mationen die Reihenfolge rekonstruiert. Die Software ist sogar in der Lage, bei Fragmenten überlappende Informationen zu erkennen und diese mittels einer virtuellen Rekonstruktion des gesamten Genoms herauszufiltern.
Schon seit einigen Jahren erforschen Wissenschaftler das Genom des Menschen. Die Schwierigkeit besteht darin, daß 99 Prozent der Gene keine relevanten Informationen enthalten. Zum Teil tauchen die Gene sogar in Fragmenten auf, die von biologischen »Leerstellen« unterbrochen sind. Wo diese Leerstellen sitzen, ist aber nicht ohne weiteres auszumachen. Die Bioinformatik hilft dabei, die biologische »Knobelei« zu lösen und Modelle für den Aufbau der Gene zu entwickeln. Dabei ist unter anderem der Vergleich mit bekannten Genen und ihrer Funktion hilfreich. Die Software arbeitet mit von Experten aufgestellten Regeln, die als Entscheidungsmodell programmiert sind. Wahrscheinlichkeiten treten dabei an Stelle von klaren Ja-Nein-Entscheidungen. Das angewendete Verfahren ist einem Mustererkennungsprozeß vergleichbar. In der Evolution haben sich für bestimmte Funktionen bestimmte Gene herausgebildet, die auch bei verschiedenartigen Lebewesen Ähnlichkeiten aufweisen. Um Vergleiche anstellen zu können, greift *bioSCOUT* auf das Wissen von 180 Datenbanken der ganzen Welt zu. Die Datenbank des Europäischen Molekularbiologie-Labors (EMBL) beinhaltet beispielsweise die aufgeschlüsselte Kette eines Gens, deren Funktion, die Angabe, in welchem Organismus es gefunden wurde, sowie Literaturhinweise. Als Ergebnis seiner »Arbeit« gibt der *bioSCOUT* schließlich an, mit welcher Wahrscheinlichkeit das analysierte Gen mit einem bereits von der Wissenschaft entdeckten Gen übereinstimmt. Mit dieser Information kann ein Biologe beispielsweise herausfinden, welche spezifischen Gene ein Krankheitserreger besitzt, die nirgendwo anders zu finden sind. Das wiederum ist hilfreich, um ganz gezielt ein Medikament zu entwickeln, das diese »bösen« Gene zerstört. Für die Pharmazie bedeutet diese Vorgehensweise einen Paradigmenwechsel. Streng genommen glich die alte Methode der einer modernen Kräuterküche, die nach Erfahrungswerten und einem Trial-and-Error-Verfahren arbeitet. Das führte aber nicht unbedingt zu der Erkenntnis, warum ein Medikament wirkt. Der Genomicsansatz dage-

gen arbeitet mit einem erforschten System nach dem Prinzip: »Welche Wirkung soll erzielt werden?«
Um immer auf dem Laufenden zu sein, bedienen sich die Heidelberger Bioinformatiker einer einzigartigen Software, die das Wissen aus den verschiedenen Datenbanken herauszieht und trotz deren unterschiedlicher Organisation in eine einheitliche LION BIOSCIENCE-Datenbank überspielt. Jede Nacht wird der Stand vom Sequence Retrieval Systems (SRS) abgeglichen. LION BIOSCIENCE setzt das Programm auf Basis der Sprache »Ikarus« nicht nur selbst ein, sondern verkauft es auch an interessierte Konzerne, die eine eigene Genomics-Abteilung aufbauen und dazu den *bioSCOUT* einsetzen wollen. Zugleich gibt die Datenbank Literaturhinweise und Quellen an. Sie sind in einem Feature-Report des *bioSCOUTs* sichtbar, der neben einer kurzen praxisorientierten Zusammenfassung zur Interpretation eines Gens Hyperlinks zu Hintergrundinformationen liefert. Das System ist so einfach wie möglich gehalten, bietet aber auch dem Prinzip des Internets entsprechend die Möglichkeit einer tiefergehende Recherche. Auf Seiten der Wissenschaft besteht das Interesse, Erkenntnisse so schnell wie möglich weiterzugeben.

Wissenschaft als Unternehmen

Dr. Friedrich von Bohlen, der kaufmännische Gründer von LION BIOSCIENCE, sammelte im Anschluß an sein Studium zunächst Erfahrungen in der Automobilindustrie, die für ihn zum Vorbild einer professionellen Organisation wurde. Deshalb ist LION BIOSCIENCE zwar ein forschendes Unternehmen, aber auch Produktions- und Interpretationsfabrik für biologische Daten und genetische Information. Dem Vorstand ist es besonders wichtig, keine »akademische Klitsche« zu führen, sondern einen industriellen Betrieb, in dem jeder seine Aufgabe und Verantwortung kennt. Die Mitarbeiter treffen jährlich Zielvereinbarungen mit ihrem Vorgesetzten, deren Erfüllung mit einer Option auf Vorzugsaktien belohnt wird. Die durchorganisierten Aufgaben im Unternehmen verteilen sich auf die Bereiche Lifescience-Informatik,

Genomics, Functional Genomics mit dem Fokus auf neue Wertschöpfung, Technologien für die Automatisierung der Prozesse, Marketing und Sales sowie Administration. In vielen Fällen führt LION BIOSCIENCE darüber hinaus Beratung für seine Kunden durch.

Bereits bei Aufnahme seines Studiums war von Bohlen klar, daß er später einmal nicht im Labor stehen, sondern sein Wissen unternehmerisch nutzen wollte. So führte ihn sein Weg nach Zürich, wo er den Studiengang Biochemie mit Nebenfach Betriebswirtschaftslehre belegte. Da Friedrich von Bohlen drei Jahre lang ein Schweizer Internat besucht und dort sowohl mit dem deutschen Abitur als auch mit der Matura abgeschlossen hatte, standen ihm in Zürich alle Türen offen. Dreieinhalb Jahre forschte er im Anschluß an das Studium im Labor, um seine wissenschaftlichen Lehrjahre mit einer Promotion im Fach Neurobiologie abzuschließen.

Danach hatte er von Theorie erst einmal genug. Weil er Managementerfahrungen sammeln wollte, reizte ihn die Arbeit in der Praxis. Den Anfang machte er bei der Firma Fresenius, wo er die Rolle eines Trainee übernahm. Gemeinsam mit dem Leiter des Pharmaziebereichs war es seine Aufgabe, eine Abteilung für die Forschung und Entwicklung aufzubauen. Doch schon neun Monate später wechselte Dr. von Bohlen seinen Arbeitsplatz. Die Gelegenheit, als freiberuflicher Assistent von Neukirch bei Kugelfischer zu arbeiten, wollte er sich 1993 nicht nehmen lassen. Dutzende von Sanierungsprojekten standen an, die er kontrollieren sollte. Außerdem war er in Teams von Unternehmensberatern eingebunden. Das Problem bestand darin, daß es in zu kurzer Zeit zu viele Produktvariationen auf dem Markt gab. Statt etwa 300 000 Artikelnummern waren es am Ende des Sanierungsprozesses immerhin »nur« noch 50 000. Auch Berater von Roland Berger waren an den Veränderungen beteiligt. Als Neukirch ausstieg, blieb Friedrich von Bohlen weiterhin im Consultinggeschäft. Ein zweimonatiges Projekt bei einem Automobilzulieferer, der unter hoher Kostenkonkurrenz aus dem Ausland litt, nahm seine Hilfe in Anspruch. Doch es sollte mehr daraus werden. Da der Kopf der Firma aus Alters- und Krankheitsgründen ausschied, nahm von Bohlen seinen Platz als Geschäftsführer ein. »Selbst Verantwortung zu tragen ist noch einmal etwas ganz anderes als jemandem zuzuschauen«, kommentiert der Unternehmer heute die damalige Situation.

Gemischte Geschäftsstrategie

Erst Anfang 1996 begann – eher zufällig – die Planung für LION BIOSCIENCE. »Viele Zufälle und Glück spielten dabei eine große Rolle«, meint Dr. von Bohlen, wenn er von der Erfolgsgeschichte seines Unternehmens berichtet. Der Vetter seiner Frau forschte in Heidelberg über die genetische Veranlagung von Darmkrebs. Er verwendete dafür ein kompliziertes Verfahren der Gensequenzierung. Glücklich war der Professor mit dieser Methode nicht; denn anstatt Forschung zu betreiben, war er mit den Routineanalysen beschäftigt. Als bei einem gemeinsamen Spaziergang dieses Thema angeschnitten wurde, witterte von Bohlen ein Geschäft. Seiner Eingebung folgend rief er einen Bekannten bei Boston Consulting an, um nach einer Marktanalyse zu fragen. Die Nachforschungen gaben ihm recht. Lediglich drei Firmen beschäftigten sich mit dem Thema, darunter das Unternehmen Tiger, das den Existenzgründer zu dem späteren Firmennamen Lion inspirierte. Einem Puzzelspiel vergleichbar kamen 1996 weitere Teile hinzu, die sich in Vorbereitung auf das Heidelberger Unternehmen zusammenfügten. Prof. Dr. Wilhelm Ansorge, der ebenfalls am EMBL tätig war, hatte zu dieser Zeit ein Sequenzierungsgerät entwickelt. Von Bohlen nutzte die Chance und nahm Kontakt mit dem Labor auf; schließlich brauchte er für seinen Start nicht nur das Know-how, sondern auch die entsprechende Technologie. »Man begann mit offiziellen Gesprächen über den Technologietransfer«, berichtet Dr. von Bohlen. Obwohl das Labor bis dahin noch keine Erfahrungen mit diesem Thema gemacht hatte, war seine Entscheidung sehr modern: Anstatt Geld für Lizenzen zu verlangen, ist es heute mit sieben Prozent an LION BIOSCIENCE beteiligt. Dr. von Bohlen gönnte sich keine Ruhe: Während seines Urlaubs im August 1996 schrieb er nachts an einem Businessplan, den er anschließend beim Bioregio-Wettbewerb des Bundes einreichte. Professor Abshagen, der die Ausschreibung in Heidelberg betreute, war von den

Plänen positiv angetan und erklärte sich dazu bereit, sie mit nach Bonn zu nehmen. Die Überraschung war groß, als er mit folgender Nachricht zurückkam: Es gebe einen zweiten Antrag, der ebenfalls aus dem EMBL komme und ähnlich gelagert sei. Bioinformatiker hätten ein Programm entwickelt, das die Identifikation von Gensequenzen unterstütze. Den Kontakt mit ihnen zu suchen, hielt Dr. Friedrich von Bohlen für das Beste. Am 23. September war es dann soweit: Das Gründerteam hatte sich gefunden. »Die Software ist nach wie vor die Stärke von LION BIOSCIENCE«, ist der Unternehmer überzeugt.

Die Sonderrolle der *Genomics*-Firma liegt in ihrer Geschäftsstrategie. Üblich sei die Entscheidung zwischen zwei verschiedenen Wegen: Entweder das Dienstleistungsunternehmen, das sofort an den Markt geht, oder die jahrelange Entwicklung eines Pharmaproduktes. »Wir haben uns für den Mittelweg entschieden«, erklärt Dr. von Bohlen. Mit dem durch die Dienstleistung erwirtschafteten Geld finanziere das Unternehmen die aufwendige Forschung und Entwicklung. Zugleich besteht das Ziel darin, die Bioinformatiksoftware zu einem Standard in Forschungseinrichtungen und Labors zu machen. Hier bekommt LION BIOSCIENCE auch den Marktdruck zu spüren. »Da kommt es schon darauf an, drei Wochen eher als die Konkurrenz auf dem Markt zu sein«, meint Dr. von Bohlen.

Das Kapital, um das Unternehmen aufzubauen, das mittlerweile viel mehr Mitarbeiter als ursprünglich erwartet eingestellt hat, legten die Gründer teilweise selbst auf den Tisch. Drei Millionen sind auf diese Weise zusammengekommen. Hinzu kamen 4,8 Millionen vom Bundesforschungsministerium und weitere 9 Millionen in Form von Krediten. Trotz zweimaliger Kapitalerhöhung ist Venture Capital bisher nicht notwendig gewesen.

Als Manager hat Dr. von Bohlen gelernt zu rechnen. Doch er weiß auch um die Bedeutung des Personals. Flache Hierarchien und wenig Anweisungen von oben sollen die Führungskräfte im Unternehmen zu Eigenverantwortlichkeit und Einsatz motivieren. Streit zwischen den vier Gründern, die aktiv bei LION BIOSCIENCE arbeiten, gebe es nicht. Während Dr. von Bohlen das Managment in Händen hält, konzentrieren sich die anderen auf die technischen Dinge.

Der persönliche Preis, den der Unternehmer bezahlen mußte, war freilich hoch. Beziehungen zu alten Freunden lägen völlig brach. Auch seine Familie mit zwei Kindern muß damit zurechkommen, daß er selbst im Urlaub zum Laptop greift. Die Motivation, den anstrengenden Weg des Unternehmers zu gehen, hat Friedrich von Bohlen zufolge vor allem zwei Quellen. Sicherlich sei es auch der Wunsch, sich zu beweisen. Vor allem aber mache es ihm Spaß, in einem Umfeld zu wirken, das keine festen Parameter kenne. Als Unternehmer betrete er Neuland. »Jeder Tag ist anders. Keiner ist langweilig«, erzählt Dr. von Bohlen. Bei den vielen Anforderungen, Entscheidungen und Ereignissen sei allerdings Gelassenheit gefragt. Wenn er wollte, könne er ständig weiterarbeiten. »Es gibt immer offene Baustellen«, erklärt der Manager. Erfolge und Mißerfolge wechseln sich permanent ab. Streßtolerant müsse ein Unternehmer schon sein. Typisch sei eine konstruktive Unzufriedenheit.

Schon vor dem Start hatten sich die Gründer gut gekannt. Allesamt hatten sie in demselben wissenschaftlichen Institut, dem renommierten EMBL, gearbeitet. Praktisch der gesamte Fachbereich war mit in die Unternehmensgründung eingebunden. Schwierig wäre es gewesen, so von Bohlen heute, aus Wissenschaftlern Unternehmer zu machen. Die Teilhaber von Lion Bioscience brachten Kompetenzen und starke Charaktere mit, die sich der neuen Situation erst anpassen mußten. Die Welt der Wissenschaft funktioniert trotz hoher Leistungen anders als ein Wirtschaftsbetrieb. Der Umgang mit Menschen ist für Dr. von Bohlen immer noch die große Herausforderung. »Im Prinzip steht die Frage im Vordergrund, wie eine Mannschaft von 120 Leuten zu motivieren und zusammenzuhalten ist«, bringt es der Manager auf den Punkt. Entgegen den besonders in den USA herrschenden Gepflogenheiten sollen die Fachkräfte möglichst lange bei Lion Bioscience gehalten werden. In finanzieller Hinsicht bietet die Heidelberger Firma jedem Mitarbeiter Vorzugsaktien an. Einmal im Monat ist die gesamte Belegschaft zu einem Stammtisch eingeladen. Zweimal im Jahr gibt es den Firmenevent. Im Winter geht es zum Beispiel zum Skifahren. »Der Mitarbeiter soll zu Hause wie am Arbeitplatz immer er selbst sein können«, meint Dr. von Bohlen. Als hervorragende Bestätigung empfindet er es, wenn Topkräfte in Eigeninitiative anrufen, weil sie sich bei LION BIOSCIENCE engagieren wollen. Für das Unternehmen ist das eine ideale Situation; denn die Technik ist für Dr. von Bohlen nur ein Teil des Erfolgsgeheimnisses. »Unternehmen sind deshalb erfolgreich, weil sie gute Leute haben«, ist der Gründer überzeugt. Die Rolle des Unternehmers sei es, die richtigen Leute zusammenzubringen und auf ein Ziel einzuschwören. »Man kann eine Vision haben, doch die Ziele werden durch Menschen erreicht, wenn sie richtig eingesetzt werden.«

Bitte beachten Sie auch die folgenden Seiten:

Christiane Naumann

Sprung in die Zukunft

Mit Medien- und Kommunikationsberufen zum Erfolg

Qualifikationen, Ideen, Karrieren

Der Beruf fürs Leben steht auf dem Aussterbeetat. Jobs mit zeitlicher Begrenzung gehört die Zukunft. Querschnittswissen und Flexibilität sind ebenso gefragt wie lebenslanges Lernen.
In einer Mischung aus Pragmatismus und Aufbruchsstimmung stellen sich viele in der Generation der heute Zwanzig- bis Dreißigjährigen bereits der neuen Herausforderung. Sie gehen Berufen nach wie Online-Redakteur, Teletutor, Screen-Designer, Projektleiter, Medienberater, Informationsbroker, Storyliner, Trendforscher, Forschungsmanager, Mediator oder Wellness-Trainer.
31 informative und unterhaltsame Portraits stellen berufliche Laufbahnen der neuen Jungakademiker vor, die den Weg aus der Berufsmisere durch kreative Ideen und Beharrlichkeit, durch Zukunftsoptimismus verbunden mit einem multiplen Berufsbild gefunden haben.
Sie verraten ihre Geschäftsidee, aber auch den manchmal steinigen Weg dorthin; sie berichten von ihrem Arbeitsalltag, den Voraussetzungen und Motivationen. Vor allem aber machen sie Mut, die neuen Spielregeln des Erwerbslebens anzunehmen und den Sprung in eine erfolgreiche berufliche Zukunft zu wagen.
Ein umfangreicher Anhang mit Kurzinformationen, Internetangeboten und Adressen bietet dem Einsteiger Orientierung in den verschiedenen Berufsmärkten und ermöglicht ihm erste Kontaktaufnahmen.

Deutsche Verlags-Anstalt, Stuttgart

Howard Bloom

Global Brain

Die Evolution sozialer Intelligenz

Futurologen und Wissenschaftler sagen die Entstehung eines globalen Gehirns voraus, welches durch Computernetzwerke und intelligente Agenten zusammengehalten wird. So spannend diese Vorstellungen auch sein mögen – der Soziobiologe Howard Bloom warnt dennoch vor unangebrachter Euphorie; denn Vernetzung ist kein Produkt des ausgehenden 20. Jahrhunderts, sondern ein Milliarden Jahre altes Erbe der Natur.

Bereits die primitivsten Lebensformen, etwa Bakterienkolonien, bedienten sich sozialer Intelligenz. Deren Entwicklung ging mit der Evolution der Lebewesen Hand in Hand und kehrte dabei auch ihre dunklen Seiten hervor: Konformitätsdruck, Gruppenzwang, erlernte Hilflosigkeit, sozialer Ausschluß. Bereits jetzt ahnen wir, daß auch das Zeitalter der globalen Vernetzung seine Ausgeschlossenen und Verlierer hervorbringen wird.

Anhand zahlreicher Fallstudien läßt Bloom die biologische Programmierung sozialen Verhaltens von bakteriellen Netzwerken bis zum World Wide Web Revue passieren und wirft einen neuen Blick auf den Bauplan und die Funktionsweise der sozialen Seele. Howard Blooms Geschichte des globalen Gehirns ist ebenso faszinierend wie erschreckend.

Deutsche Verlags-Anstalt, Stuttgart

ARTUR P. SCHMIDT

Der Wissensnavigator

Das Lexikon der Zukunft

New Work, Interaktivität, Bioinformatik, Netzwerk-Ökonomie, Wissensgesellschaft, Risiko-Management – Kurs in Richtung Zukunft kann nur nehmen, wer die Sprache der Zukunft spricht.
Der Wissensnavigator ist Ihre Eintrittskarte in die neuen Wissens-Welten. Das Lexikon der Zukunft enthält 256 Artikel zu den wichtigsten Trends in Wissenschaft, Ökologie, Technik und Management. Es erklärt ausführlich und kompetent Begriffe und Zusammenhänge und ermöglicht durch Querverweise und Links ins World Wide Web individuelle Formen der Wissensnavigation.
Mithilfe der beigefügten CD und des mitgelieferten neuesten Internet-Browsers von Netscape kann das Lexikon auf dem Internet frei schwimmen.

Buch + CD-Rom.

Deutsche Verlags-Anstalt, Stuttgart